志愿服务实务丛书

中国志愿服务联合会
中国志愿服务基金会
组编

社区志愿服务组织与管理

主 编 李向显 马 彬

中国人民大学出版社
· 北京 ·

《社区志愿服务组织与管理》编委会

主　　编　李向显　马　彬

编辑委员会　（按姓氏笔画排序）

马　彬　王姣姣　李向显　李洪儒

李雅雪　郝星至　雷　亮

总　　序

志愿服务是现代社会文明进步的重要标志，是加强精神文明建设、培育和践行社会主义核心价值观的重要载体和有效抓手。改革开放以来，我国志愿服务事业不断发展、服务队伍不断壮大、服务水平日益提升，志愿服务已经成为促进社会和谐、推动文明进步的重要力量。

中央高度重视志愿服务事业的发展。党的十八大以来，习近平总书记多次回信、寄语并做出重要指示，给予广大志愿者极大的鼓舞。一系列文件及法规，如《中华人民共和国慈善法》《志愿服务条例》《关于支持和发展志愿服务组织的意见》《关于公共文化设施开展学雷锋志愿服务的实施意见》的出台，为志愿服务事业保驾护航。党的十九大报告在加强思想道德建设层面，明确提出要推进诚信建设和志愿服务制度化，强化社会责任意识、规则意识、奉献意识，为新时代志愿服务事业指明前进的方向。如今，在习近平新时代中国特色社会主义思想的指引下，我国志愿服务事业步入历史发展的新阶段。

为进一步推动志愿服务事业健康发展，在中国志愿服务基金会的支持下，中国志愿服务联合会自成立以来便高度重视志愿服务培训工作，紧紧围绕志愿服务的制度化、法制化、规范化、信息化、专业化，积极探索志愿服务培训的新途径、新机制、新模式。依托全国宣传干部学院建立了中国志愿服务培训基地，并分别在武汉、青岛、河北、惠州、三明、长春等地及宋庆龄基金会建立培训基地，先后举办了秘书长培训班、理论研讨班、法制化培训班、信息化培训班、志愿服务组织负责人培训班以及青年志愿服务、公共文化设施志愿服务、巾帼志愿服务、助残志愿服务、社区志愿服务等各类培训班。全国各省市志愿服务联合会及志愿服务组织通过多种渠道积极开展了形式多样的培训活动。同时，各领域的专家学者积极开展理论研究，先后出版发行了《中国志愿服务大辞典》《中国特色志愿服务概论》《经验·价值·影响——2008北京奥运会、残奥会志愿者工作成果转化研究》等，为培训提供了智力支撑，为相关教材编写奠定了坚实的基础。

为了满足全国各行各业的志愿服务培训需求，中国志愿服务联合会、中国志愿服务基金会联合组织专家编写了这套具有较强针对性、可读性和实用性的“志愿服务实务丛书”，旨在帮助广大志愿组织和志愿者深入领会中共中央关于志愿服务工作的一系列文件精神和政策法规，了解志愿服务的内涵，掌握志愿服务的思路方法、实践路径，不断提高培训质量，提升志愿服务的能力水平。

本丛书由中国人民大学公共管理学院魏娜教授主编、中国人民大学出版社出版，通过公开征集的方式向志愿服务领域的专家学者和科研机构发布有关信息，在自主报名和推荐的基础上经过专家评审确定执行主编。

希望在各方支持和大家共同努力下，丛书在实践中不断丰富和完善，编纂工作顺利推进。相信本丛书会在推动中国特色志愿服务事业发展中发挥积极的作用。

前　言

现代志愿服务概念在20世纪80年代引入中国。1982年，北京团市委响应中央号召，提出“学雷锋 树新风”的口号。1983年2月27日，大栅栏街道团组织举行了学雷锋“综合包户”协议书签字仪式，标志着学雷锋志愿服务活动在全区乃至全市推广开来，催生了传统意义的学雷锋活动向现代志愿服务的转型。1988年10月，天津和平区朝阳里社区开启社区志愿服务之路，至今已30余年。2019年初，习近平总书记到天津市朝阳里社区，走进社区志愿服务展馆，为社区志愿者们点赞，称赞他们是为社会做出贡献的前行者、引领者，并明确志愿者事业要同“两个一百年”奋斗目标、同建设社会主义现代化国家同行。

党的十八大以来，在以习近平同志为核心的党中央的亲切关怀下，志愿服务事业开启了新的发展篇章。社区志愿服务作为社会服务、社会治理、基层党建以及社区养老等重要手段，已然成为新时代社会文明建设的重要标志之一。党的十九届五中全会创新提出要“健全志愿服务体系，广泛开展志愿服务关爱行动”，并发挥志愿者在加强和创新社会治理中的作用，将其定位为“改善人民生活品质，提高社会建设水平”的重要途径。从微观角度来看，这就将社区志愿服务与国家治理体系和治理能力现代化建设结合起来，更是将社区志愿服务的功能与实现人民对美好生活向往的目标结合起来。这两个“结合起来”的功能实现在社区疫情防控中创造了巨大能量，为新时代城市韧性服务建设提供了有力保障。

同时，在中国特色社会主义发展的历史阶段以及科学社会主义的未来进程中，决不能忽视社区志愿服务具有社会民主、人本发展、自由和谐等内涵，这也就意味着开展社区志愿服务在时代进程中所要面对的复杂性。而正是这些复杂性决定了必须要有规范的领导核心、制度体系和监督管理，以保证社区志愿服务的科学发展。由此，本书遵循社区志愿服务的内在发展规律以及人对事物的认知规律，按照以下原则和思路架构本书各章节编写的整体逻辑关系：

第一，整体编写逻辑按照从宏观（历史发展、基本要义等）到微观（社区志愿服务的实务流程等），再到中观（国家政策、工作机制、管理制度等方面的保障等）的方式进行架构。

第二，微观部分（社区志愿服务的实务流程）又分为两个层次编排章节，即基础性实务（需求分析、志愿服务力量整合与志愿者队伍建设、资源整合、项目管理等）和发展性实务（组织建设、文化氛围营造、评估和成果转化等）。

第三，“邻里守望”是中国社区志愿服务具有创新性的品牌项目，本书选择将其以章节形式单列呈现，较为完整地总结描述，以凸显其案例价值。

此外，本书不仅以社区志愿服务开展的流程为纲对社区志愿服务的基本知识、组织发展和培训评估等内容进行了介绍，还收录了很多社区志愿服务案例，其中一部分来自网络资料，一部分来自笔者多年的社区志愿服务实践，希望能够有利于社区志愿者掌握和运用。

本书能够顺利出版，要感谢陆士桢教授、魏娜教授、莫于川教授、谭建光教授、王忠平副教授等，他们对本书提出了专业、中肯的修改意见和建议，让本书得以充实、完善。最后，笔者对李洪儒、雷亮、郝星至、王姣姣以及为本书付出心血的所有人表示衷心的感谢！由于编者水平有限，敬请专家学者、读者对文中的不足之处批评指正，我们虚心接受。

社区志愿服务的发展在面临新时代新挑战中定然会出现新的

问题，笔者希望更多的专家学者、青年朋友以及服务在一线的社区志愿者、志愿服务组织、志愿服务工作者，坚守初心，砥砺前行，开拓创新，擘画出社区志愿服务在新征程中的新蓝图。

编者

2022 年 4 月

目　录

第一章　社区志愿服务的历史发展与基本要义 …………………………… 1
　第一节　社区志愿服务的历史发展 ………………………………………… 2
　第二节　社区志愿服务的概念、意义和功能 ……………………………… 8
　第三节　社区志愿服务的基础理论及其整合与运用 ……………………… 17
　第四节　社区志愿服务的主要内容和形式 ………………………………… 24
第二章　社区志愿服务需求 …………………………………………………… 31
　第一节　社区志愿服务需求类型 …………………………………………… 32
　第二节　社区志愿服务需求调查与分析 …………………………………… 35
　第三节　社区需求和志愿服务的链接 ……………………………………… 41
第三章　社区志愿服务力量整合与志愿者队伍建设 ………………………… 51
　第一节　社区不同类型志愿者的凝聚 ……………………………………… 52
　第二节　社区志愿者的骨干作用形成 ……………………………………… 59
　第三节　社区志愿者队伍建设 ……………………………………………… 66
第四章　社区志愿服务资源整合 ……………………………………………… 80
　第一节　社区志愿服务资源的概念与意义、内容与类别 ………………… 81
　第二节　社区志愿服务资源整合的概念、意义 …………………………… 84
　第三节　社区志愿服务资源整合的步骤、方式方法与技巧 ……………… 86
　第四节　社区志愿服务资源培育 …………………………………………… 94
第五章　社区志愿服务项目及其管理 ……………………………………… 103
　第一节　社区志愿服务项目策划 ………………………………………… 104
　第二节　社区志愿服务的运作要素和关键 ……………………………… 113
　第三节　社区志愿服务项目的总结与创新 ……………………………… 117
第六章　社区志愿服务的组织建设 ………………………………………… 125
　第一节　社区志愿服务组织的类型、特征及培育 ……………………… 126

第二节　社区志愿服务组织管理体系建设 …………………………… 133
第七章　社区志愿服务文化氛围营造 ……………………………………… 141
第一节　社区志愿服务文化 …………………………………………… 142
第二节　社区志愿服务舆论建设 ………………………………………… 154
第八章　社区志愿服务的评估与成果转化 ………………………………… 170
第一节　社区志愿服务评估的内容与方法 ……………………………… 171
第二节　社区志愿服务成果转化 ………………………………………… 187
第九章　社区志愿服务的宏观管理 ………………………………………… 197
第一节　政策法规体系保障 …………………………………………… 198
第二节　管理运行制度化建设 ………………………………………… 211
第三节　社区志愿者队伍管理 ………………………………………… 217
第十章　社区志愿服务特色品牌项目"邻里守望" ………………………… 224
第一节　邻里守望的目标和主要定位 …………………………………… 225
第二节　邻里守望的主要成果和经验 …………………………………… 230
第三节　邻里守望运行机制及发展 ……………………………………… 236

第一章
社区志愿服务的历史发展与基本要义

引 例

“我为人人、人人为我”的社区志愿服务开端

1989年3月18日，天津市和平区新兴街朝阳里居委会召开了一次特别会议，到会的有6位居委会成员、7位居民积极分子代表，他们要商讨一件与这里居民生活息息相关的“大事”。朝阳里居委会辖区还有13户困难家庭需要特别的帮助。经过这13位与会者的共同商议，他们最后决定要与这13户困难家庭结成“一对一”互助组，进行义务包户帮助。于是，全国第一个社区服务志愿者组织的雏形诞生了。13位老人开展“一对一”互助组活动的做法，受到了群众的广泛好评和赞誉，成为当时解决群众困难、化解社会矛盾、弘扬奉献精神、促进社会稳定的有效方法，更是弥补政府财力、人才、精力不足的有效手段。于是，和平区把新兴街作为试点，及时向24个居委会推广。

资料来源：http://blog.sina.com.cn/s/blog_17e1a1cb20102xbfy.html.

天津市和平区的社区志愿服务被认为是我国社区志愿服务的开端，至今已经过去30多年，一代又一代的社区志愿者们默默地为需要帮助的人送去关爱，以自己的行动践行了“奉献、友爱、互助、进步”的志愿精神。“我为人人、人人为我”的志愿服务精神感动着越来越多的人，也影响着越来越多的人，诠释着和谐社会构建的历史含义。社区志愿服务也越来越受人们关注，为了更好地了解社区志愿服务的基础内容，本章将主要阐述以下内容：

（1）社区志愿服务的历史发展、社区志愿服务的深刻意义。
（2）社区志愿服务的概念要素、基本内容和社会功能。
（3）社区志愿服务的相关理论基础。

第一节　社区志愿服务的历史发展

一、志愿服务的起源

志愿服务由来已久。广义的志愿服务是以造福近亲属以外的他人（个人或团体）或环境的所有活动。从狭义上讲，它意味着为一个非营利组织免费工作，也称志愿者工作。与狭义的定义相比，广义的定义中没有对提供服务的对象进行限制，对于服务对象的界定也更为宽泛。根据联合国的定义，志愿服务有以下三个特点：（1）不追求经济回报；（2）服务出于个人自愿；（3）造福他人和社会。现代意义上的志愿服务虽然仅有百年历史，但是关于志愿服务的思想很早就已经存在，并随着人们的生活实践而不断发展①。

志愿服务的产生根源于人类社会的需求。在人类社会的劳动分工以及地位分化的过程中，人们为了解决问题，需要产生相应的社会团结关系，同时也需要处理好个人利益和集体利益的关系。在长久的社会发展过程中，虽然没有产生与“志愿服务”相关的词汇，但各个文明社会都延续了互惠的精神。

志愿服务之所以能够深入并且持久地发展，是因为其从一开始就是社会建设和社会治理的需要。早在1601年英国就颁布《伊丽莎白济贫法》来帮助穷人，并以这种方式来稳定社会经济。在法案实施过程中，发挥作用的是宗教教职人员，这一过程可以看作政府与宗教志愿服务的合作。随着社会变迁与经济发展，19世纪末到20世纪初，欧美各国陆续通过一系列保障社会福利的政策与法规，在具体实施相应方案时仍需要大批志愿服务人员参与其中，志愿服务在此过程中发挥了巨大的作用，因此政府对志愿服务逐渐重视。一般意义上的志愿服务起源于19世纪初西方国家带有宗教性质的慈善服务，互助的实践促进了社会志愿服务的发展。1868年英国牧

① 北京志愿服务发展研究会．中国志愿服务大辞典［M］．北京：中国大百科全书出版社，2014.

师亨利为了协调政府和民间慈善机构，减少工作重复、救济冲突以及救助资源的浪费，提出建立理事会，并于 1869 年正式成立“慈善组织会社”。“慈善组织会社”被认为是世界上第一个志愿服务组织。在这之后，英、美两国兴起社区睦邻运动，亚当斯于 1889 年建立“赫尔馆”，以改善和提高社区居民的福利。由民众之间相互帮助而自觉产生的类似的社会组织在实践意义上推动了志愿服务的发展①。

在社会历史的发展过程中，志愿服务已经成为现代文明社会不可或缺的一部分，在人道主义援助、促进和平与社会民主等方面发挥了重要的作用。志愿服务也成为许多非政府组织、专业机构和各种民间组织的基础。

二、国外社区志愿服务的历史

国外志愿服务历史悠久，可以说现代的志愿服务是从西方国家兴起并逐渐影响到世界各地的，在志愿服务的具体发展过程中，社区是载体之一。北美殖民地建立之初形成的乡镇精神为志愿者的精神发展奠定了基础。托克维尔在《论美国的民主》中讲到，乡镇居民在地方公共事务中的参与和决定以及对乡镇的依恋和热爱都属于乡镇精神，这些精神在殖民地建立之初发挥了重要的作用。随着殖民地的进一步扩大和发展，这种精神对于美国的未来国家原则也产生了一定影响。在乡镇精神的影响下，人们能够更加关心国家事务，也更加愿意为公共事业的发展贡献自己的力量，因而可以说乡镇精神促进了志愿活动的开展。不仅在美国是这样，欧洲各国同样逐渐兴起了志愿服务，受到时代的影响，宗教影响下的志愿服务发挥了举足轻重的作用。在教会的影响下，一方面由资本家出资救助并开展志愿服务，另一方面通过走向各地的传教士将宗教思想进行传播，开展带有宗教色彩的社会志愿服务。

在志愿服务形成和发展的早期阶段，英国成立慈善组织会社，参与慈善组织会社服务的人员成为最早的志愿服务人员。慈善组织会社引入了德国爱尔伯福制管理济贫事务的办法，以规范慈善救济，通过对伦敦进行分区，每个区建立一个支援委员会的方式来主持开展救济的分配工作，并对申请者派出“友善访问员”进行材料甄别。在慈善组织会社的结构中，“友善访问员”为每个区内自愿参与的志愿者，它反映了志愿服

① 符成彦. 国外志愿服务及其对中国社会建设的经验启示［J］. 知识经济，2013（20）.

务的特点，同时促进了各个救助机构和慈善组织的协同参与，从而解决了社区问题；它也反映了整合本区域内资源的方式，成为社区志愿服务的原型。在19世纪后半期，英国兴起了鼓励人们和他们的邻居和睦相处的运动，即“睦邻运动”。由于英国社会的贫富差距随着资本集中而日益悬殊，社会矛盾集聚，社会动荡不安。一些民间志愿服务类型的组织大量出现，通过救济或教育的方式来为贫民提供服务，从而以志愿组织与国家合作的方式达到稳定社会秩序的目的。通过睦邻运动，英国开创了社区建设的思路并且建立了社区建设的方法，成为社区居民志愿服务的开端①。

19世纪末到20世纪初，关于社会福利方面的法案在欧美国家相继出台，法案的具体实施除了需要大批社会工作者以及管理人员之外，志愿群体的参与也必不可少。在动员和招募志愿服务人员、具体实施社会服务的过程中，志愿服务受到政府的关注和提倡，并在福利国家发挥了重要作用。

自20世纪中期以来，受资本主义经济危机以及第二次世界大战的影响，欧美国家逐渐形成了志愿服务的规范体系。联合国经济及社会理事会于1951年通过了390D号议案，倡导开展“社区发展运动”，在乡村社区中，由政府有关机构和社区（居民小组、合作组织等）共同努力，利用社区内部资源以及外部资源来改善社区的物质和生活条件。通过互助，居民可以自力更生，解决社区内存在的问题，从而促进社会的发展。在社区发展运动的扩张和影响下，志愿服务工作发展成为政府或者其他组织所开展的一种较为广泛的社会服务工作，受社会背景的影响，志愿服务也逐渐从关注被救助者发展到关注整个社会结构以及社会关系等方面，志愿服务工作更加专业。

1970年，联合国成立了义工服务组织。时至今日，志愿服务发展已成为一种组织灵活、形式多样的服务形式，不局限于宗教慈善服务、社会福利服务，更多已发展成为一种全民参与、受到大众欢迎的服务形式。随着现代社会的发展，许多国家的非营利组织和志愿组织越来越成熟和强大，成为相对独立的组织，通过与政府合作的形式继续发挥着解决社会问题、改善人民生活的作用②。

---

① 陆士桢．中国志愿服务概论［M］．北京：新华出版社，2017．

② 符成彦．国外志愿服务及其对中国社会建设的经验启示［J］．知识经济，2013（20）．

三、中国社区志愿服务的历史

尽管中国现代意义上的志愿服务起步较晚，但中国关于社区志愿服务的思想由来已久，在实践中，于20世纪80年代之前已经产生了社会志愿服务。志愿精神在中国古代以及近现代均有体现。春秋战国时期，儒家思想所提倡的“仁爱”是中国传统哲学思想和中华民族的核心价值观。仁，为“爱人”，与志愿服务当中的“利他”相符。在此基础上产生的扶危济困的社会精神以及互帮互助的民众精神也与现代志愿者“奉献、互助”等精神在本质上存在一致性。墨家提倡“兼爱”，用“爱”来打破差距。佛教传入中国后，也提倡“以慈悲为怀”，这些理念与思想构成了古代中国慈善服务以及社会服务精神。在国家层面，历朝历代都十分关注地方民生政策，并设置了许多应对方案。但凡遭遇天灾，国家都会部署相应的救灾政策和方案，比如在地方设置“义仓”“社仓”，灾害发生时用开仓放粮的方式解决民众困难。

案　例

将民众与事业目标结合在一起

“塔塔社区服务理事会”是联合国全球契约（United Nations Global Compact）在印度的联络机构，它将民众与事业目标结合在一起改变着人们的生活。这一计划自1994年开始实施，促进印度私营的塔塔集团企业员工参与社区志愿服务，促进社会可持续发展。

旗下的专为印度贫困儿童提供教育的民间组织Pratham，与泰姬酒店合作，为来自马哈拉施特拉邦40个村庄的酒店从业青年提供培训。泰姬酒店负责提供培训课程设计、培训项目和培训基础设施方面的知识。年轻人接受培训且在毕业时几乎能够达到100%的就业率。

【点评】

新时代以来，我国社区志愿服务所承担的功能由简单的互助转为社会治理、社会建设、养老、就业等各个方面，传统的服务模式与项目在可持续发展中面临很多不足之处。通过与各方的链接实现“公益创业”“志愿创业”等新形式，对于社区自身建设以及社区居民服务与发展具有十分重要的意义，是一种可尝试与推广的创新模式。

近代以来，受到西方文化的影响，民间组织在乡村开展一系列的志愿服务活动，其中影响最深的是晏阳初发起的乡村建设运动，目的是通过教育农民来改善人们在乡村中的生活和推进乡村建设。乡村建设运动使得知识分子确立了服务乡村社会的信念，也在中国社会提出了服务社会的思想和理念，扎根乡村、志愿服务乡村，探索发展之路。由此可以看出，志愿服务与志愿精神在中国已经存在了很长的时间，虽然现代意义上的志愿服务出现较晚，但是，中国志愿服务正在迅速发展，相应的社区志愿服务将在社区的发展和社会的互助中，随着社会的不断发展而发挥出更大的作用。

现代意义上的中国志愿服务起步较晚，当代志愿服务兴起与改革开放有着深刻的关系。改革初期，落后的发展情况使得人们发现单纯依靠市场经济并不能维持持久的幸福，随后才产生现代的社会服务与志愿服务。中国社区志愿服务的发展离不开我国城市社区服务事业的发展。由于城市化进程的加快，需要建立和完善社会保障制度以及社会化服务体系，社区志愿服务已经成为现代社会发展的客观要求。

中国的社区志愿服务起步较晚，所以发展远远不如西方国家，这与我国传统的经济模式密不可分。在传统计划经济体制下，我国的社区是由街道办事处和居委会来负责的，反映了社区的行政化。长期以来，社区服务范围较窄、服务作用单一、工作效率低下，这导致居民参与社区志愿服务的意愿不强。国家对社会基层方面的行政化控制导致其缺乏自主性，在缺少非营利组织的情况下，社区志愿服务很难开展。随着经济和社会的发展，传统经济体制弊端被揭示出来。1978 年的改革开放改变了政府包揽的社会公益部分，并将其功能转移出来，促进了非营利组织的崛起。与此同时，社区建设也开始转型，能够更加以人为本、为居民服务，坚持政府指导和社会参与。可以说，中国的社区志愿服务是社会主义市场经济的产物。

1982 年，北京团市委响应中央号召，提出“学雷锋 树新风”的口号。1983 年 2 月 27 日，大栅栏街道团组织举行了学雷锋“综合包户”协议书签字仪式，标志着学雷锋志愿服务活动在全区乃至全市推广开来，催生了传统意义的学雷锋活动向现代志愿服务的转型。1989 年 3 月 18 日，我国第一个正式的社区志愿组织出现，即“天津市和平区新兴街社区服务志愿者协会”，它也是全国第一个社区志愿服务协会。在此协会的示范作用下，和平区的其他街道也陆续成立了社区志愿者协会，全区所属 260 多个居委会也建立了社区志愿者协会分会。在民政部的推动下，全国范围内形成了“自下而上兴起，自上而下推广”的社区志愿服务的主流模式。

1993年，包括民政部在内的14个部委联合颁发《关于加快发展社区服务业的意见》，推动了中国社区服务工作的开展。在国家的高度重视下，社区志愿服务迅速发展，志愿者开展社区服务，以弥补社区功能不足。同年，“北京志愿者协会”成立。次年，团中央成立了中国青年志愿者协会，随后青年志愿者协会也在全国各地相继成立。志愿者组织的范围不断扩大，社区是其开展服务的基本地点。在青年志愿者协会的统一指导下，志愿者就近在所属社区开展服务，帮助居民排忧解难，同社区街道、居委会一起共建社区，推动了社区志愿服务的发展①。90年代后期，许多行业性志愿者协会也陆续建立，社区依然是重要的服务领域。1999年8月，广东省颁布了中国（不含港澳台地区）第一部关于志愿服务的地方性法规——《广东省青年志愿服务条例》，标志着中国志愿服务法制化进程的开启②。此后一系列法律法规不断颁布，为社区志愿服务提供了政策和思想的指导。

社区志愿服务不断深入，但由于缺少统一的规范和组织，沟通协调不畅，社区志愿服务资源尚未实现优化配置，这在一定程度上造成了资源浪费。为了适应社会发展的新形式，2004年，民政部批准成立中国社会工作协会社区服务工作委员会，作为社区志愿服务的倡导者和组织者，它在沟通政府和志愿服务组织以及社会工作方面发挥了重要作用。同时，它吸引了更多的人参与社区志愿服务。社区志愿服务逐渐标准化和规范化。2005年，民政部等部门联合发布了《关于进一步做好新形势下社区志愿服务工作的意见》，为做好社区志愿工作提供了指导思想和具体安排。2006年，国务院发布了《关于加强和改进社区服务工作的意见》，对社区志愿服务的开展提出了进一步的要求。各部门短时间内的联合发文，以及对社区志愿服务意义的特别强调，促进社区志愿服务不断完善。2015年5月，中共中央办公厅、国务院办公厅印发了《关于深入推进农村社区建设试点工作的指导意见》，要求完善农村社区志愿服务站点布局，搭建社区志愿者、服务对象和服务项目对接平台，开展丰富多彩的社区志愿互助活动。2016年7月，中共中央宣传部、中央文明办、民政部、教育部、财政部、全国总工会、共青团中央、全国妇联联合印发《关于支持和发展志愿服务组织的意见》，2017年12月，民政部发布《关于大力培育发展社区社会组织的意见》，推动了社区志愿服务组织参与社区服务与治理的规模化发展。2021年8月24日，民政部规定推广使用《社区社会组织章程示范文本

---

① 龙菲. 当代中国的社区志愿服务［J］. 城市问题，2002（6）.

② 魏娜. 我国志愿服务发展：成就、问题与展望［J］. 中国行政管理，2013（7）.

（试行）》，健全统一的社区社会组织备案信息系统，完善治理结构，鼓励有能力有资质的社区志愿服务组织或队伍也积极参照备案，促进社区志愿服务组织制度化、规范化建设。

而自中国志愿服务联合会成立以来，全国志愿社会性组织的层次结构进一步完善，尤其是在第二届会员代表大会召开之际，习近平总书记发来贺信，“希望广大志愿者、志愿服务组织、志愿服务工作者立足新时代、展现新作为，弘扬奉献、友爱、互助、进步的志愿精神，继续以实际行动书写新时代的雷锋故事。中国志愿服务联合会要认真履行引领、联合、服务、促进的职责，为广大志愿者、志愿服务组织服务他人、奉献社会创造条件。各级党委和政府要为志愿服务搭建更多平台，给予更多支持，推进志愿服务制度化常态化，凝聚广大人民群众共同为实现‘两个一百年’奋斗目标、实现中华民族伟大复兴的中国梦贡献力量”，这作为新时代志愿服务事业的纲领性文件，再一次为志愿服务发展指明了方向。

第二节　社区志愿服务的概念、意义和功能

案　例

社区巡逻志愿者

这是中央综治委在全国发起的社会治安综合治理志愿服务项目，始于2004年。由各基层市、区、县成立社区治安巡逻志愿者协会，协会的会员和志愿者主要由党政机关公务员、企事业单位职工、社区居民、在校学生、个体经营者、低保人员以及外地来京人员等热心于治保事业的各界人员组成。各区县的协会都设立了奖励基金，基金由区财政拨款和企业赞助两部分组成。协会统一为志愿者办理人身保险，保障志愿者的权益。志愿者每年参加社区治安巡逻不得少于200小时，志愿者根据实际情况自行安排巡逻时间，在社区党组织、居委会、治保会干部和民警的组织带领下开展社区治安巡逻。具体服务内容为：(1) 以社区为单位，在楼群街巷、平房村落进行治安巡逻、看门护院，积极开展安全防范；(2) 及时发现和反映各类违法犯罪活动和影响社会稳定的线索及信息；(3) 发生治安灾害事故等特殊情况时，协助有关部门做好紧急救助；

(4) 提出和反映社区治安管理工作的意见和建议。

资料来源：北京志愿服务发展研究会．中国志愿服务大辞典［M］．北京：中国大百科全书出版社，2014.

【点评】

社区巡逻志愿者在政府以及其他组织的支持下，充分发挥社区志愿者的作用和价值，在特殊时刻尤其是在国际重大事务之时，为社会稳定、环境治安等各方面工作节省资源的同时发挥了重要作用，是我国特有的社会志愿者队伍。

一、社区志愿服务的概念

民政部给社区服务的定义是：以城市街道、居民委员会为依托，依靠社会力量兴办的实行自负盈亏管理的社区型社会福利设施和社会服务网络。国务院和民政部发布的各项与社区服务相关的文件均认为社区服务具有双重性，它既是一项事业，又是一种产业。作为事业，是不以营利为目的的专业型社会服务；作为产业，是一种特殊的第三产业。其特殊性主要表现在社会福利属性上，开展社区服务必须以维护和保障社区特殊困难群众和大多数居民的基本生活权益为出发点，强调其社会福利属性，坚持把社会效益放在首位，防止为了片面追求经济效益而牺牲社会效益①。

社区志愿服务是以社区为基本阵地的，一种自愿贡献时间、才智或财务并且不求回报的行为，并不寻求奖励，通过这种行为来满足社区居民需求、促进社会服务。社区志愿服务是志愿服务的一种类型，在志愿服务无偿性、自愿性、组织性、公益性和社区性等基本特征之外，社区志愿服务主要针对社区内的居民以及社区本身，社区志愿服务的提供者是社会组织和个人，也就是说，社会组织和个人自发自愿地用自己的时间、技能、才智等资源，为居民、社区慈善事业以及社区公益事业提供帮助和服务。在民政部的定义中，中国社区主要指城市街道和居民委员会辖区，中国的志愿服务特别是社区志愿服务，总体的原则是“居民所需、志愿者可为”②。

社区志愿服务的内部要素包含志愿服务意愿、志愿者激励机制，同时

① 徐永祥．社区发展［M］．上海：华东理工大学出版社，2005.

② 北京志愿服务发展研究会．中国志愿服务大辞典［M］．北京：中国大百科全书出版社，2014.

也包括志愿组织、志愿服务所依赖的必要资源、志愿者激励机制的落地技术以及“我为人人、人人为我”的社区志愿服务文化。外部要素包括政府、社会组织以及社区居委会①。社区志愿服务各要素并非单一地发挥作用，而是作为系统的一部分发挥着整体的作用，缺一不可。

二、社区志愿服务的社会和谐功能

案　例

志愿服务让“回天地区”更美好

在人口众多的“回天地区”，有这样一群人，他们坚持数年从事公益事业——有主动服务社区居民的音乐老师、有坚守在自行车专用路上的志愿者、有宣传正能量的公共文明引导员……更有数以万计的“回天有我”志愿者。他们的公益爱心就像一粒粒种子，在“回天地区”生根发芽，播撒希望、传递温暖。

在龙泽苑东区，有一位居民熟悉的秦力力老师，她多才多艺、热心公益，用实际行动丰富着社区居民的文化生活。音乐教师科班出身的秦力力是龙泽苑东区合唱队的老师。为了让大家学习到专业的歌唱技巧，秦力力自费购买伴奏音乐和教材，自己编写教案，从最基本的乐理知识和发声技巧入手，一点一滴教导大家，从不因为大家基础弱、起点低而失去耐心和热情。为了让队员们在合唱比赛中展示出最美的风姿，她拿来家里的熨烫机，和几名队员花费了一整天的时间，将30套礼服一一熨烫平整。在她倾心竭力的指导和无私付出下，社区合唱团获得了“家园杯”合唱比赛三等奖，队员们深受鼓舞，从心底里赞赏和感激力力老师。

“能够用自己的音乐知识服务于社区文化建设，和大家一起营造积极向上的社区文化氛围，我感到很满足。”在秦力力看来，文体活动丰富了、交流沟通频繁了，邻里之间的关系就会越来越和谐，整个小区的精神面貌也会大大提升。如此一来，在日常生活中社区有什么事，大家就会心往一处想、劲儿往一处使。

资料来源：https://www.cprt.com.cn/news/cptw/pc_content_127643.shtml10.

① 陈伟东，吴岚波．困境与治理：社区志愿服务持续化运作机制研究［J］．河南大学学报（社会科学版），2018（5）．

【点评】

社区居民骨干作为社区治理中贴心服务的提供者、居民需求的代言者、社区参与的调动者、利他精神的感召者、社区自治的实践者，充分发挥其带头人力量，在服务工作中发挥积极作用，这有助于营造和谐的社会氛围。

社区志愿服务可以增强社区福祉。人在社会中生活是否幸福是由相互支持、信任和归属感来衡量的。社区志愿服务弥补了政府提供的公共服务和社会服务以及商业服务所难以覆盖的地方。除了改善社区健康卫生环境和提供社区服务外，它还能增强社区的适应能力以及自我恢复能力，减轻社区中的内部冲突，降低犯罪率，为社区居民提供更为和谐健康的社区生活环境。社区志愿服务还能够改善社区治理。习近平总书记在党的十九大报告中对社区提出了新要求，即“加强社区治理体系建设，推动社会治理重心向基层下移，发挥社会组织作用，实现政府治理和社会调节、居民自治良性互动”。社区居民参与社区治理的前提是社区居民参与以及其自身对社区的归属感。社区志愿服务作为一种社会动员的方式，能够在人们之间建立纽带、实现居民在资源基础上参与社区治理。社区志愿服务也是一个引进社会力量为社区服务的平台。社区内需求与其他类型需求相比，需求内容相对具体并且长期存在，且较容易得到满足。与学校、企业、社会组织等相比，在社区开展社区志愿服务，组织运营服务成本较低，易于实现任务和意图。引进外部资源来服务于社区建设、满足社区需求，对于社会组织和社区，都是一个双赢的选择。

社区志愿者在服务工作中能够发挥积极作用，防止社区中出现重大的社会问题或者减少重大问题带来的损失，为社区安全提供保证，为人民群众的人身财产安全提供保障①。其一，社区志愿者生活在居民中间，可以直接进行宣传工作，或者呼吁居民共同参与到构建和谐社会的行列之中，例如，提出构建资源节约型、环境友好型社会的口号之后，不少地区的社区志愿者根据国家的号召内容制作条幅、海报或者工作册，向社区中的人民群众讲解全民参与的重要性，让所有的民众都能够积极地参与社会主义建设。其二，社区志愿者能以身作则，带动社区内的居民共建和

① 刘霄羽. 浅析社区志愿服务对建设和谐社会的影响［J］. 人力资源管理，2016（12）.

谐社会。例如，一些社区志愿者会定期到需要帮助的孤寡老人家中去帮助他们，定期为老人带去食物和日用品，为老人打扫卫生。这些事情原本是相熟的邻居就可以帮忙完成的，但是在现代社会又是需要重新建构的。社区志愿者出现在老人家中会引起邻居的注意和情感波动，久而久之，这些邻居便会主动与老人建立起友好的关系，帮助老人做一些力所能及的事情。社区志愿者的带动作用让现代社会邻里之间能够融洽相处、互帮互助。

同时，社区志愿服务可以帮助政府了解到群众真正的需求，能够收集到广大人民群众为国家建设提供的真诚建议，更能推动国家和基层社会间的政治沟通，从而完善国家相关政策和治理行为。此外，人民群众可以通过社区志愿者向上级反馈社情民情。志愿服务这一平台不仅大大方便了社区居民，同时提高了人民群众参与构建社会主义和谐社会的热情度，从而推进了我国和谐社会的建设发展进程。

总之，社区志愿服务有助于整个社会的精神文明建设。社区志愿服务在社区中蔚然成风，必然有助于形成良好的社会潮流，促进社会的和谐稳定，进一步推动精神文明建设。

三、社区志愿服务的人本功能

案　例

社区应急服务队

张文原本是一名下岗职工，居住于北京朝阳八里庄街道的某个社区，自从下岗之后，空有一身的修理本事无处施展。后来，他发现自己所处的社区本就是一个老旧小区，环境脏乱差不说，老旧的房子在水暖电各项事上也经常出毛病，甚至有些人家尤其是老人会因此伤及人身安全。于是他便领头干起了社区志愿服务，除了一般的清理环境外，主要服务于一些居民的应急需求，24 小时随时服务的态度让他成为社区的焦点，后来在社区居委会的支持下，他成立了应急服务队，弥补了社区在基本维修上的漏洞，后来还由此成立了自己的小维修公司，但是他依然无偿或者低偿为社区居民服务，他也由此被评选为北京市劳动模范。

资料来源：陆士桢．中国社会工作本土化建设探究［M］．北京：人民日报出版社，2018.

【点评】

随着社会的快速发展以及经济的转型，社区逐渐成为一个新的经济增长点，而志愿者行事却是以社会效益为先的，案例中张文的角色就是一个例子，他在坚持社区志愿服务事业的同时也成就了自己。对于个人来说，服务于社区事务，确实能够实现自身的价值。

一方面，社区志愿服务将街道管理与社区服务结合在一起，将人们个人价值和社会价值的实现结合在了一起。通过参与社区志愿服务，将居民群体自我管理、自我教育与自我服务相结合，以此增强了人们对于社区的认同感和归属感。另一方面，邻里间的志愿服务改善了社区居民的人际关系，弥补了现代城市社区的某些缺憾，增强了社区的凝聚力，从而促进了整个社区的繁荣、发展和进步。社区志愿服务工作的开展是在社区内开展的，这一空间范围内的居民是基本固定的，社区志愿服务工作的服务对象就是这些固定的居民。随着城市现代化进程的推进，新的高楼林立，旧房被拆迁改造，原本熟悉的邻里分离，而新的邻居大都是零交流，这种情况下人与人之间的隔阂与距离感越来越明显。当志愿者与居民之间建立起感情基础，或者形成感情联系之后，社区中的居民之间也会通过志愿服务人员互相熟悉起来，从而增进社区内不同区域居民的交流，促进人与人之间的和谐①。

社区志愿服务弥补了政府和家庭职能的某些不足，提高了社会成员的生活质量。志愿者为社区成员提供的各类服务弥补了中国现有的社会保障机制的某些不足，特别是在社会服务方面，社区志愿服务填补了物质保障之外的精神服务需求，丰富了社会成员的生活保障层次，减少了因为生活危机而出现的社会疏离乃至社会波动，不仅在更深更广层面满足了个体的需求，而且为每个人的健康发展提供了越来越好的生活环境。

社区志愿服务能够帮助志愿者个人学习新知识和新技能。在市场经济条件下，随着物质生活水平的不断提高，越来越多的人渴望通过帮助他人、为社会做出贡献来获得内心的满足，同时在这个过程中能够学到一些对自己有用的生活技能。社区志愿服务在一定程度上满足了现代人的多样化需求。通过志愿服务，志愿者进一步掌握了适应现代社会的知识和

---

① 刘霄羽. 浅析社区志愿服务对建设和谐社会的影响［J］. 人力资源管理，2016（12）.

技能，同时也提高了自己。包括在奉献爱心和帮助他人的同时，提高了自身的沟通能力和沟通技巧，改善了与他人的关系；也包括在关心弱势群体和协助解决社区问题的同时，增强了自己对社会和国家的责任感和使命感。

对于被救助的对象而言，社区中的志愿服务切实解决了他们生活中的实际困难，改善了他们的生活状况，增强了他们对社区的归属感。社区志愿服务为老年人和残疾人提供了服务，为下岗职工提供再就业的技能培训，减轻了政府和被救助者家属的压力，也使被救助者能够真切地感受到来自他人的温暖，增强了自己对生活的信心①。

四、社区志愿服务在新时代的地位和作用

对于国家而言，社区志愿服务在社会中发挥着不可或缺的重要作用。社区志愿服务有助于维护社区和整个社会的和谐稳定，同时丰富参与服务的志愿者的生活体验，满足自我实现的需求。对服务对象而言，社区志愿服务为他们解决了生活中的实际困难、改善了他们的生活状况，从而增强了他们对社区的归属感，有助于全社会的精神文明建设②。在建设社会主义新时期，社区志愿服务是构建和谐社会的重要举措，是加强公民道德建设的有效途径，是完善社会保障体系的有机组成部分③。

社区志愿服务是构建和谐社会的重要举措。社区志愿服务深刻体现了以人为本的精神。和谐社会是一个以人为本的社会，志愿精神的核心追求是以人为本。党的十六届六中全会决议指出“构建社会主义和谐社会，重心在基层”。社区是城市的基本构成单位，是社会主义精神文明建设的重要阵地，是构建和谐社会的基础。构建和谐社会、关注社区、改善民生，着力解决人民群众最关心、最直接、最现实的利益问题，着力发展社会事业，是党和政府今后相当长一个历史时期的中心任务。中国进入社会转型期后，随着政府职能的转变和企事业单位社会服务职能的剥离，社区需要承担大量的福利、保障、就业等社会事务，这在一定程度上促进了社区居民利益的社区化。在这种背景下，社区服务的内在价值和其在社会保障体系中的重要性已经显现。但是，由于我国社会保障体系的建立起步较晚，仍然存在覆盖面小、制度不完善、保障水平低等问题，再加上由于政府力量的有限性以及可能产生“政府失灵”和低效、

①② 龙菲. 当代中国的社区志愿服务［J］. 城市问题，2002（6）.

③ 余逸群. 论社区志愿服务的作用［J］. 北京青年政治学院学报，2008（10）.

单纯的市场调节所产生的“市场失灵”，这一切都为社区志愿服务事业的发展提供了广阔的空间。在社会保障体系中，对社区弱势群体的援助首先要靠政府增加财政投入，完善法律制度，加快医疗教育、再就业保障制度的改革等措施，但是，为了使这些帮扶措施真正落实到具体的行动中，社会力量的支持十分必要，其中最为重要的就是社区志愿服务及其组织①。

社区志愿服务是加强公民道德建设的有效途径。公民道德建设强调以为人民服务为核心，以集体主义为原则。应该说社区志愿服务是这种核心和原则的一个重要体现。为人民服务需要公众为他人、为社会做好事，无私奉献。要坚持集体主义，就必须正确处理国家、集体和个人利益之间的关系。在社区志愿服务中，不管是自愿放弃个人时间，无私地为社区居民提供便利服务，还是利用闲暇时间帮助有需要的人，为社区老弱病残等困难群众提供帮助，或是参与环境保护、社区治安和抢险救灾，这些志愿者都是在主动地贡献自己的时间、智力、体力和财力，不计酬劳，不图名利，自愿为他人和社区提供帮助和服务。他们身上集中地体现了为人民服务的价值理念，也集中体现了公众利益、集体利益优先的原则。同时，现代社区志愿服务越来越需要像这样众多类型志愿者的密切协作，志愿服务的过程本身就是很好的集体主义教育过程②。

社区志愿服务是完善社会保障体系的重要组成部分。社区志愿服务作为现代社会动员和组织渠道有效便捷的方式，逐渐成为每个国家的社会保障体系和社会应急机制方面的重要组成部分与重要建设力量，并已经成为一种国际惯例。社会保障体系中，对弱势群体的帮扶首先要靠政府民政部门增加财政投入和政策支持，但要把这些帮扶措施和手段真正落到实处，必须依靠社会力量的支持，志愿服务组织就是这样一种重要的社会力量。社区志愿服务可以激发社会活力，动员和整合公众中所具有的建设美好和谐家园的巨大能量。在新的社会历史条件下，参与社区建设和管理、提供社会服务，已成为新的需求。但是，公众以个人方式参与社会公益的作用仍然有限，无论是参与的广度还是力度，都不如以社会组织的方式参与。社区志愿服务等社会组织的发展壮大，把分散的个人吸纳到组织中来，提高了志愿者的组织化程度，使志愿者的参与有序化。同时又搭建了一个平台、一条渠道，把公众参与社会公益的需求的积极性调动起来，这是志愿服务发展的动力，也改进了志愿者的组织形式。中国青年志愿者协会

---

①② 余逸群. 论社区志愿服务的作用 [J]. 北京青年政治学院学报，2008 (10).

的“一助一”长期服务社区计划是使志愿者更深入地走向社区乡村、关注弱势群体的志愿活动，主要服务于孤寡老人、残疾人、下岗职工、低收入家庭困难人员等，反映了社会对他们的关爱，有助于调节与化解社会矛盾或冲突，并在政府和社会之间建立一个缓冲区域，有效地起到社会整合的作用。此外，依托社区志愿服务的公众性，广泛地推动公众力量参与应对自然灾害、事故灾难、公共卫生事件、社会治安事件等各种风险和社会危机，能够提高保障公共安全和处置社会突发事件的能力。社区志愿服务“人人可为，人人能为”，具有很强的宣传力和公众性，针对不同社会领域的专业需求，组建志愿者应急队伍，加强日常培训与管理，应当成为应对各种风险和社会危机的重要举措。在发生危机时，能够以最短的时间、最快的方式集中广大公众尤其是青年人组成社会应急志愿队伍。志愿服务已经成为世界各国普遍采取的动员方法，并取得了显著成效①。

在新时代，社区志愿服务已经成为社区治理不可或缺的部分。中国特色社会主义已经进入新时代，社会主要矛盾已经发生转变，因此在中国经济转轨、社会转型以及社会矛盾和社会风险并存的时代背景下，创新社会治理，提高社会治理水平，构建全民共建共治共享社会治理格局，以确保人民安居乐业、社会安定有序已是时代命题。志愿服务组织作为新时代的重要社会力量，是组织公众参与社会治理的有效方式，是促进新时代社会创新的可行路径，是完善新时代社会治理体制的重要环节，党的十八大以来，中国社会组织积极参与社会治理，成为中国社会主义现代化建设的重要力量，也是解决新时代主要矛盾的有生力量，特别是公益慈善类社会组织已经成为社区治理的核心力量。习近平总书记在党的十九大报告中明确提出要“加强社会治理制度建设，完善党委领导、政府负责、社会协同、公众参与、法治保障的社会治理体制，提高社会治理社会化、法治化、智能化、专业化水平”，“推动社会治理重心向基层下移，发挥社会组织作用，实现政府治理和社会调节、居民自治良性互动”②。社区治理重心下移，基层社区是最重要的结构。

社区志愿服务成为基层党建的重要抓手。将党建融入社区志愿服务，不仅能够充分发挥基层党组织在社区治理中的政治引领功能，而且有助于

① 余逸群. 论社区志愿服务的作用［J］. 北京青年政治学院学报，2008（10）.

② 习近平. 决胜全面建成小康社会 夺取新时代中国特色社会主义伟大胜利：在中国共产党第十九次全国代表大会上的报告［M］. 北京：人民出版社，2017：49.

将社会主义核心价值观与“奉献、友爱、互助、进步”的志愿精神有机融合，形成“人人有责、人人尽责、人人享有”的社区治理和服务格局。重视和加强党对社区志愿服务工作的政治领导，将发展社区志愿服务事业纳入基层党建工作之中，通过党建引领将社区志愿服务融入社区文明实践、生态环境保护和社区治理创新之中；加强社区党组织对社区志愿服务组织的培育和引导，发挥党组织在社区治理中的主心骨作用，统领和促进社区志愿服务的创新与发展；发挥社区党员志愿者的模范带头作用，带动并影响更多的社区居民积极参与社区志愿服务活动，壮大社区志愿服务队伍。

第三节　社区志愿服务的基础理论及其整合与运用

一、社区志愿服务的基础理论

案　例

社区志愿服务计划

为了进一步弘扬“奉献、友爱、互助、进步”的志愿精神，倡导时代新风正气，以人为本，构建和谐社会，进一步建立、完善志愿者服务机制，倡导广大居民积极参与志愿者服务，社区将在全社区集中开展志愿者服务活动，特制订活动计划：

一、活动目的和意义

弘扬志愿服务精神，广泛开展丰富多彩的志愿者服务活动，让更多的居民群众参与到志愿者服务活动中来，使志愿者队伍成为具有广泛影响的社会动员力量，努力在全社会营造人人关心、人人支持、人人参与的社区志愿行动的氛围。

二、活动形式

志愿者活动利用传统节假日时间，如学雷锋纪念日、环保日、重阳节、春节等特殊的日子，集中组织社区志愿者开展大型志愿者服务活动，弘扬中华民族乐于助人、尊老爱幼等传统美德。

三、活动内容

（1）每月定期开展“关爱空巢老人”活动，每位志愿者走访两到三户空巢老人、孤寡老人、困难老人，进行精神慰藉、家政服务、陪同就医、保健指导、娱乐活动。

(2) 每周进行清理。志愿者每周对辖区内的野广告、白色垃圾、野草、卫生死角进行整治清理，并在辖区内动员大家都来保护小区环境，不要在墙面上乱涂乱画、乱扔垃圾。

(3) 节假日送祝福。志愿者对辖区内的困难老人、空巢老人、留守儿童、关爱对象进行节日慰问，关心他们的生活状况，让他们感受节日的气氛，知道社区时刻都在挂念他们。

(4) 在社区内开展法制教育、安全教育等讲座，组织社区党员对他们进行关心、教育、心理辅导，关心未成年人的学习、生活状况，让他们健康成长。

(5) 志愿者义务巡逻。每周二分成两组，一组四人对辖区内的小区进行义务巡逻，保护居民的人身财产安全，发放安全提示，提醒居民关好门窗。

(6) 志愿者文明劝导。在重要十字路口劝导交通文明，在车站提示大家文明排队上车，在公交车上维护秩序，提醒大家文明乘车。

(7) 结对帮扶。志愿者“一对一”对困难家庭实行走访慰问，和他们聊天、谈心，询问他们的生活情况，帮助他们解决困难。

(8) 志愿者植树活动。在当今社会，全球变暖问题已经成为世界各国关注的焦点，作为新世纪的社区志愿者，我们更应该以身作则，在植树节时组织开展植树活动，为改善温室效应做一些贡献，倡导大家保护环境。

(9) 关爱残疾人活动。在助残日，开展“关爱残疾人”活动，请他们看电影、帮助他们到社区图书室看书，理解、关心、尊重残疾人，为他们开展心理咨询、职业指导、就业培训和日常生活照料，使其感受到社区的关心，从而对生活充满信心。

资料来源：https://www.51test.net/show/8685145.html.

【点评】

此计划活动丰富多彩，且中心非常突出。在整体设计上，明显地依据社会建设与人的发展理论，无论是活动项目设计，还是服务人群的选择，都体现了以人的需求为本，以社区综合建设为本。这种基础理论和价值理念的追求，在社区志愿服务设计和实施中具有特别重要的意义。

（一）社区的理论

社区是进行一定社会活动、具有某种互动关系和共同文化维系力的人类群体及其活动区域。社区概念通常有四个含义：首先，社区总是有一定的地理区域，如村庄、集镇等，其社区形式都存在于一定的地理空间。其次，社区的存在总离不开一定数量的人。人口数量、分布密度和人口素质，都是考察社区人群的重要方面。再次，共同生活在社区的人们面临共同的问题，并且具有某些共同利益，他们共同需要将生产和其他活动结合起来。在此过程中出现了一些共同的行为准则、生活方式及社区意识，如共同的文化传统、民俗、归属感等。最后，社区的核心内容是社区中人们的各种社交活动以及互动关系。人们在经济、政治、文化活动和日常生活中互动，形成各种关系，并由此聚居共同生活，形成了不同形式的社区①。

关于社区的类型，不同的性质和模式主要是源于不同的自然地理环境、人文地理、人口条件和文化传统，这取决于不同发展阶段的经济、社会和文化条件。关于社区类型的划分，主要有以下两种不同的观点和方法：地域社区划分法和功能社区划分法。地域社区划分法是最常见的、最通用的划分法，主要根据地域条件和特点去比较和划分社区类型。据此，可以划分为三种类型：农村社区、集镇社区和城市社区。功能社区划分法的特点是关注或强调社区的某些功能特征，如经济功能、社会功能和文化功能，并根据这些划分为经济型社区和文化型社区等。

现代社区具有极其丰富的、多样的社会功能。例如，在满足社区成员需求方面的社会服务功能、社会保障功能、人类社会功能和文化的功能；在人际交往和人际互动方面，它具有社会互助的功能、人际协调和社会整合的功能、社会参与功能等；在国民生活领域，它具有政府行政的功能、社会控制和社会稳定的功能、政治动员和政治参与的功能等。社区的理论包含社会系统分析理论、社会冲突理论、社会交换理论等，其中社区工作的开展同样受到现代社会发展的影响，例如西方马克思主义、新女性主义、社群主义以及环境保护主义等。

（二）志愿服务的基础理论

关于志愿服务的基础理论，可以从很多学科角度进行阐释，志愿服务与人们的生活以及需求息息相关，所涉及理论与其他学科也有一定程度的交叉，如经济学、社会学、公共管理学等。研究志愿服务，不能仅仅从单

---

① 徐永祥. 社区工作［M］. 北京：高等教育出版社，2004.

一的角度进行分析，运用各种理论进行具体分析才能得出最适宜的方案。

志愿服务与福利经济学。无论是人类慈善事业的起源，还是现代志愿服务的起源，都根源于人类和社会的基本需要，福利经济学理论成为志愿服务的重要理论起源。福利经济学的“帕累托效率”体现在志愿服务中就是志愿服务所产生的直接经济价值是在不损害社会成员利益价值的基础上所产生的新的社会价值。志愿服务可以直接创造经济价值。志愿服务是指不计报酬贡献时间和精力来参加社会服务，但是其经济价值体现在志愿服务所创造的价值，即志愿服务的产出上。志愿服务的经济效益包含两个部分，一部分是直接经济效益，也就是志愿服务所消耗的人力、精力所折算出来的成本；另一部分是间接经济效益，指的是志愿服务发展所带来的经济效益，也可称为外部经济效益。志愿服务体现了一种资源的再配置；大力培养社会组织和志愿力量参与社会资源再配置，一方面可以将政府或社会转移出的一部分资源进行再配置；另一方面，社会分散的资源可以被整合和重新配置，通过这种再配置，弥补的空缺正是社会弱势群体所在的一方①。

志愿服务与社会冲突缓解。志愿服务对缓解社会冲突具有重要作用，志愿服务有利于减少社会焦虑情绪，缓解社会压力，其所倡导的社会公平和正义，有利于维护社会稳定。我国正处于经济发展加速转型的时期，贫富差距加大，社会矛盾突出，这都不利于和谐社会的建设。志愿服务增强了社会成员之间的信任、团结和互助，加强了社会成员之间的沟通、关怀和关爱，减少了人与人之间的疏离感。

志愿服务与赋权理论。在民主政治的建设过程中，志愿服务的赋权层面主要体现在社会层面，它主要影响的是社会民主政治的发展。志愿服务积极倡导公平、公正、民主和法治理念，志愿者和服务对象在志愿服务开展过程中不断实践公平法治，鼓励社会成员积极争取民主与平等，从而影响政策制定，应该说这是一种民主赋权行为。随着志愿服务的不断深入发展，很多志愿服务项目都积极吸收“助人自助”的理念，赋权成为志愿服务开展的重要目标或工作手段。

志愿服务与人的自我发展理论。志愿服务是个体实现人生价值的重要途径，志愿服务“奉献、友爱、互助、进步”的精神是其人生价值的一种重要体现，它是志愿者对于真善美的不懈追求。当青年人的内心世界变得越来越丰富的时候，尤其是受过良好教育的青年人，他们可能有意识和热

---

①

情进入社会的公共领域，去寻找自身、发现自身、表现自身、证实自身，进而实现自身价值。人们通过志愿服务积极地建构一个有意义的世界，以此来证明自身的人生价值。志愿服务是反映社会成员在社会中价值的重要途径，志愿服务主要以社会弱势群体为服务对象，在积极推动社会福利发展、缓解社会冲突的志愿服务活动中实现其社会价值，这一过程不仅是对志愿者本人的一种再教育和自我实现的过程，而且对于社会和他人而言也是一种自我实现的榜样力量①。

二、社区志愿服务理论的整合与运用

案　例

2016年8月11日上午9时，寮步志愿者协会牛杨社区志愿服务站联同巾帼志愿者在辖区内大泉传感器有限公司和石华堂纸品有限公司开展无偿献血活动，志愿者们在医务人员的指导下，积极配合，严格遵守献血秩序，认真填写表格，进行验血、抽血等，坚守岗位长达约5小时。

资料来源：sh. qihoo. com/pc/9f84b7efe7ce162e0? cota＝4&tj_url＝so_rec&refer_scene＝so_1.

【点评】

这是一个整合多方力量、组织志愿者服务社会的典型案例，其背后是社会资本理论在志愿服务运行当中起指导性作用的一种体现。

社区志愿服务的理论与志愿服务的理论密切相关，在开展社区志愿服务的过程中相应产生了适合其自身的实务理论。社区志愿服务的理论延续了志愿服务理论中的志愿者管理、志愿者组织管理和志愿服务发展理论，同时又包含了社区需求分析、社区力量、社区资源整合与志愿者队伍建设、志愿服务项目的开展与管理等具有实践性的操作理论，其涵盖内容较为广泛。社区志愿服务的理论主要来源于社区工作的基础理论和实践理论，基础理论包含了与社会学、经济学、政治学、管理学、心理学等学科相关的社会科学理论，实践理论即社区工作本身的实践模式、工作原理和基本方法等。在此笔者选取社会资本理论对社区志愿服务的影响以及社区

① 陆士桢. 中国志愿服务概论［M］. 北京：新华出版社，2017.

资源整合对社区志愿服务开展的影响，从基础理论和操作理论两个视角出发，结合具体案例分析社区志愿服务理论的运用。

社会资本理论对社区志愿服务的影响主要体现在社会关系网络、普遍信任、互助行为以及参与方面。作为社会资本重要表现形式的社会关系网络，能够给人们提供其所需要的认同、信任和情感等社会支持。在社区中，居民之间形成了较为复杂的人际关系网，社区志愿服务也就有了开展的前提和保障。信任作为一个指标，影响着人们从事互惠互利集体行为的能力，也是志愿者提供志愿服务的基础。居民之间的信任感越牢固，并且不断加深，社区志愿服务才能更好地发展。社区居民之间的互助行为可以增进彼此之间的了解与好感，从而积累与巩固社会资本。互助是志愿服务的精髓，人们之间的互助行为是志愿服务行为存在的前提。社会资本理论中的“参与”指的是个人参与社会、个人关系网络、社会事务的机会，其能够增强对个人关系网络的认同感和归属感。参与有助于加强内部沟通、增强网络联系和提高凝聚力。社会资本体现在参与中，更重要的是，社会资本的发展是在参与中实现的。因此，参与在社会资本理论中占据核心位置。与此同时，参与又是社区志愿服务的核心要素，是社区志愿服务发展的关键，个人的互助行为只能形成小范围的私人互惠，而大范围的居民参与有助于居民形成真正的公民精神，从而发展成为有组织、大规模的志愿服务团体。对于社区志愿服务而言，社会关系网络是前提，信任是基础，互助是精髓，公共参与是关键①。

案　例

北京市朝阳门街道的“和谐邻里文化节”

由北京市朝阳门街道发起的社区志愿服务项目，始于2009年。2009年7月，朝阳门街道举办了首届“和谐邻里文化节”。在持续三个月的邻里节里，有9个社区被挂上了“邻里驿站”的标牌，还评选出了百名“好邻居、好居民”。邻里节以“邻里守望　共建和谐”为主题，旨在增进邻里之间的感情，营造温馨的、相互关爱的邻里亲情。此次邻里节还将通过“邻里驿站”搭建邻里互助平台，使社区居民成为本次活动的主角。同时，驿站也将长期招收志愿者，安排他们利用业余时间为社区孤寡老人、残

① 魏娜. 志愿服务研究：硕士论文集（第一辑）[M]. 北京：北京出版社，2018.

疾人家庭提供志愿服务。

资料来源：北京志愿服务发展研究会．中国志愿服务大辞典［M］．北京：中国大百科全书出版社，2014.

【点评】

在此项目中，充分利用社会资本理论动员社区居民参与志愿服务，以建立友好邻里关系，从而增进居民互信，帮助居民建立相互支持的社会关系网络。该项目以增进邻里之间的感情，营造充满温馨的社区环境为出发点，将整个社区居民紧紧地凝聚在以社区为核心的平台上，通过活动使得居民更加积极参与社区志愿服务，为将来在社区开展系列志愿服务打下了坚实的基础。

由此可见，社会资本理论在社区志愿服务的开展以及动员环节，发挥的作用不容小觑。在具体的实践操作中我们可以发现，社区资源是指“一个社区能够掌握、支配和动员的各种现实的社会资源”。从资源整合的角度讲，社区资源包括物质资源、组织资源、文化教育资源和社会资本等，社区资源为社区服务提供资金保障和物质支持，社区服务可以将社区内的人力、物力以及财力等多种资源合力投入、科学配置，开展长期有效的社区服务，因此，“整合社区资源是社区服务的源泉和保障”①。整合社区资源，同时也是开展社区志愿服务所不可或缺的重要环节。

案　例

多方参与下的留守儿童保护

由云南连心社区照顾服务中心计划和执行、南都基金会新公民计划出资资助、云南大学社工研究所提供技术支持和督导的关爱流动儿童志愿服务项目，始于2007年。项目的受益者主要是课余时间在社区缺少活动和缺少照顾的流动儿童、专业实习生、热心志愿者以及机构本身。该项目旨在通过公益机构组织社会志愿者，关注城市留守儿童的生命安危，探索减少儿童意外伤害的预防措施，提高其抗风险能力；通过资源整合，

① 高超．社区党群服务中心资源整合研究：以深圳市A区社区党群服务中心为例［J］．社会工作，2017.

家庭、学校和社区为流动儿童创造了一个良好的生活环境和成长环境。其服务内容为着眼城市流动儿童安全及意外伤害、被拐卖的预防，通过组织大量专业社工及志愿者深入家庭、学校和社区，面向家长和学生开展多种形式的安全教育活动以及相关培训，借助研究和社会倡导推动公众参与，减少流动儿童意外伤害及被拐卖事件的发生，建立安全网络，最终形成一套由社会组织、单位、民办学校、社区组织及流动人口共同参与的外展服务模式。

资料来源：北京志愿服务发展研究会．中国志愿服务大辞典［M］．北京：中国大百科全书出版社，2014．

【点评】

在本案例中，社区充分调动周边资源，形成一套由社会组织、单位、民办学校、社区组织及流动人口共同参与的服务模式，在此环节中通过资源整合，扩大了受益人群，不仅满足了社区中关爱留守儿童的需求，也为专业实习生和热心志愿者以及机构带来了极大便利。在志愿服务中熟练使用社区资源整合的方法，充分调动一切资源为社区服务，这在社区志愿服务中是必不可少的。

在社区志愿服务理论的整合与运用中，理论是开展服务的基础，为开展服务提供了指导；实践丰富了志愿服务理论的内涵，在社区志愿服务蓬勃发展的今天，各种各样的实践方法为服务开展积累了许多经验。因此，在社区志愿服务开展的过程中，既要注重理论与方法的借鉴和总结，也要注重在实践中完善和发展理论。

第四节　社区志愿服务的主要内容和形式

一、社区志愿服务的内容

案　例

2022 年，上海市疫情形势严峻复杂，抓紧抓实抓细各项防控工作是当务之急。金山区张堰镇充分发挥“家门口”的党群服务阵地优势，有效链接区域资源，驱动“红色引擎”，激活“红色细胞”，落实各项防控措施。

（1）结合镇社区党群服务中心体系功能建设，凝聚党群条线、职能部门、窗口单位等人力、物力、资源优势，将党群中心定位为疫情防控期间招募志愿者、统筹志愿服务的“指挥部”，广泛集结党员干部，设立党员先锋岗，负责防疫期间志愿服务的指挥和调度，并向村居配送口罩、消毒水等防疫物资，为基层党群阵地提供疫情防控基础条件。

（2）深化“党建＋公益”品牌实践，充分发挥“爱心驿站”功能作用，关注新就业群体，高效落实关爱户外工作者行动，将暖心服务进行到底，为户外工作者提供饮水、饭菜加热等服务，并推动快递员、外卖送餐员到党群服务中心报到备案，参与社区防疫志愿服务。同时，将党群服务资源和工青妇群团组织资源捆绑打包，整合力量为一线工作人员开展心理解压、集中理发等服务，让党群服务中心成为舒缓疲惫、加油充电的安心港湾。

志愿者们有的通过“地毯式”排查全面掌握返沪人员情况，做到人员摸排、信息登记和健康检测“三个全覆盖”。他们有的在住宅小区、“三无”小区门岗检测点加强值守，严格做好入口人员、车辆排查工作，落实测温、登记、查码等防控措施；有的协同物业公司对公共部位包括电梯扶手、垃圾厢房等位置进行全方位消毒。鲁堰村如雁党员志愿者队深入村民家中宣传防疫知识，并为老年弱势群体提供上门测量血压、检查燃气安全隐患等服务。

资料来源：https://mp.weixin.qq.com/s/xL3ykR_vwYfXbOMFWHCRDA.

【点评】

在本案例中，发挥党群服务中心党员志愿者纵队、村居党员志愿者支队作用，集结多支专业党员志愿者队伍力量，汇集暖心力量，到人民群众最需要的地方发光发热，扮演不同“角色”，为抗击疫情贡献力量，这体现了我国基层志愿服务共建共治共享的能力以及自身的韧性。

关于社区志愿服务，我国民政部在相关文件中的定义如下：社区志愿服务是指社会组织和个人自愿利用自身的时间、技能等资源，在社区为居民和社区慈善事业、公益事业提供帮助或服务的行为。社区是居民日常生活的空间，发生的问题往往是日常和具体的；与此同时，社区也是公民成长、参与和自治的空间，因此社区中的问题具有一定的整体性和普遍性。因此，存在于社区中的志愿服务的内容也一定是全面而又具体甚至琐碎的。民政部于2007年底开始全面实行社区志愿者注册制度，在随文下发的“中国社区志愿者注册登记表”中，“有兴趣参与的社区志愿服务项目”一栏下列出了17个项目，包括“服务儿童、服务老年人、服务病者、服务伤残人士、法律援助、社区活动策划组织、慰问探访、心理辅导、功课辅导、社区调解、医疗服务、社区代购、环保工作、维修服务、电脑技术、社区安全、其他”，这几乎涵盖了根据对象、内容、形式等方面定义的社区志愿服务。

由于社区志愿服务的对象和领域的多样性以及接近生活的特点，很难对社区志愿服务的内容进行清晰明确的分类。然而，基于日常生活空间的社区特点，有关社区的服务可以说就是广义的生活服务。在基本层面上，生活包含个人生活和公共生活两个方面。这两个方面并不是完全分开的，特别是在社区这个规模适中、人际交往互动频繁、带有“熟人共同体”特点的环境中，在个人生活和公共生活中都有直接的互动和反馈行为。因此，在社区内，个人生活的志愿服务和公共生活的志愿服务是相互关联和相互促进的。帮助社区中的弱势群体克服困难，增强他们对生活的信心和自我发展的能力，也一定会扩展他们自身的活动空间，提高其参与公共活动的意愿和能力，从而促进社区公共生活的全面改善；相反，整治社区整体环境，提供更全面的公共服务，为社区居民的公共参与创造条件和提供便利，也一定会使居民受益，并提供更多机会使居民更好地解决个人问题和改善个体生活。社区类似于一个有机整体，在社区中开展的志愿服务构成了外延界定相对较为明确而内涵在不断丰富与发展的体系。

在我国社区志愿服务的发展过程中，服务大多是以项目的形式设计和实施的，即以内容、对象与形式为综合体的状态设计和实施的。例如，自2002年夏天以来，中国青年志愿者协会开展了大中专学生志愿者科教、文体、法律、卫生“四进社区”服务活动，就是为了丰富社区的文化生活、满足城市中人民群众不断增长的精神和文化需求；瞄准社区中的公共生活，将文化知识和技能传播作为内容，项目主要形式侧重于集中、定点提供咨询和宣讲服务。这种基于项目的运作形式目前已经成为中国社区志愿服务发展的主流，而由社会上的志愿服务组织进入社区服务也成为社区志愿服务的重要组成部分，具有丰富的创新潜力。在农村地区，目前的社区志愿服务仍然处在发展的初期阶段，基本上是以基于救济的狭义生活服务为主。民政部在《关于在农村基层广泛开展志愿服务活动的意见》中指出，当前和今后一个时期内农村基层志愿服务的主要领域是“以贫困户、老年人、未成年人、残疾人、五保户、优抚对象、特困党员、外出务工人员家庭以及刑释解教人员、社区矫正人员为重点服务对象，把支援义务教育、普及科技文卫及法律知识、扶贫开发、社会救助、优抚助残、敬老扶幼、治安巡逻、环境保护等作为重点服务领域，致力于兴办农村社区公益事业和公共事务，致力于改善农民生存环境和生活条件，致力于解决农村特殊群体的生产生活困难”。其扶危救困、针对具体问题的导向是十分明显的①。

二、社区志愿服务的形式

案　例

老年乐园

上海市闸北区社区服务协会开展的为老服务项目，始于2009年底。项目以社区公益性社会组织为依托，以各老年活动室为载体，以规范活动开放时间、活动形式和活动内容为抓手，充分发挥街道老龄干部、专业社工、社区为老服务志愿者的积极作用，在整合社会资源、完善配送服务、激发社区自治的内在活力上下功夫，旨在提升志愿者服务他人的能力和志愿者自身的能力，帮助老年志愿者实现发挥余热、体现价值的期望，这是对实现社区自我管理、自我教育和自我服务的一次有力探索。

资料来源：北京志愿服务发展研究会．中国志愿服务大辞典［M］．北京：中国大百科全书出版社，2014.

【点评】

老年人服务是社区志愿服务中极其重要的一部分，随着我国老龄化问题的加剧以及社会变迁导致的家庭结构重组，老年人的服务问题在当下以及今后很长一段时间都将成为重要议题，如今社区的为老服务尽管做出了成绩，但是面对时时刻刻的变化也需要抽象出具有普遍性的应用模式，以便在关键时期及时保障老年人的权益。

从服务涵盖领域来看，志愿服务的形式包含以下几类：

---

① 穆青．社区志愿服务的类型、内容与形式［J］．北京青年政治学院学报，2008（10）.

（1）扶弱济困类，为孤寡以及空巢老人、困难的学生、困难的群众和残疾人等弱势群体提供帮助。

（2）便民利民类，提供法律咨询、法律援助、代理程序、设备维修和其他服务。

（3）就业指导服务类，为下岗失业职工提供技能培训、职业联系、职业介绍、权利协调等。

（4）治安维稳类，进行自愿巡逻、矛盾调解、青少年帮助、防火防盗、预防流行病疫情和抵制非法活动等服务。

（5）环境保洁服务类，开展环境保洁、绿色维护、家庭养花指导等服务。

（6）医疗保健服务类，为患者、残疾人、老年人和育龄妇女进行健康检查、康复和保健、卫生健康防疫、计划生育和心理咨询等。

（7）宣传教育服务类，进行政策法律、科普知识、安全常识和健康知识的宣传等。

（8）文体娱乐服务类，提供文艺宣传、健身活动、棋牌娱术、书画爱好等服务。

（9）其他社会公益性服务类。

从服务时间来看，它可分为两种形式：长期服务和短期服务。社区志愿服务最重要的特征就是其与基层日常生活相一致的长期性、连续性和日常性。因此，长期服务是社区志愿服务的最主要形式，它通常基于对服务对象的了解和认知，建立针对特定和具体需求的对接关系，并进行长期服务。长期志愿服务可以是入户式的家庭服务，也可以基于社区志愿服务中心或辖区福利院、敬老院、孤儿院等服务中心而进行。短期服务可以满足临时性的特殊需求，通过与政府决策配合，充分发挥志愿者组织的动员能力，开展服务活动。

从服务方式来看，它可分为两种形式：分散服务和集中服务。对于具体和个体化的需求，通常采用分散服务的形式，“一助一”是一种典型的形式。但是，社区中也存在各种规模化的共同需求，并且需要相应地开展集中服务。针对居民在医疗、卫生、法律、教育和知识等领域的需求，各种专业组织开展社区义诊免费宣传、法律普及和援助、教育咨询等志愿服务；针对社区建设中存在的公共问题所开展的卫生整治和绿化美化等集体性活动，都属于集中型的社区志愿服务。此外，在社区服务站中开展文化交流联谊、体育锻炼、兴趣交流和其他活动，以及残疾人服务中心或“温馨家园”、老年人活动中心、青少年活动中心与区单位志愿服务队合作进行的康复训练、老年大学、课外发展和其他活动也是集中志愿服务。

从服务类型来看，它可分为两种形式：普通服务与专业服务。普通服务主要指以体力劳动和简单技能劳动为特征的志愿服务，它是志愿服务的基础形式，强调大众性和广泛参与性，也是目前开展最多、最具发展前景以及影响面和参与面最广的社区志愿服务。专业服务指进行心理咨询、法律咨询、医疗服务、社区自治和公共参与等较为专业的志愿服务工作，它对志愿者有更高的素质要求，需要更为严格的招募、培训和管理机制，并且需要社区和专业志愿者或服务团队建立相对稳定的合作关系。

从服务载体来看，它可分为两种形式：定点服务与流动服务。建立社区志愿服务站并成立社区志愿服务队，为社区需求提供有针对性的服务，是社区志愿服务的重要成立形式。但是，社区建设也需要共享资源，每个社区的服务设施建设不可能全面覆盖，特别是对于那些专业性强、规模效应明显的服务项目，我们应该考虑在区、县或街道、乡一级建立基础设施或成立服务队伍，开展定期的常规流动服务。

从服务目标来看，它可分为两种形式：补救服务和预防服务。补救志愿服务主要针对新出现的社会问题，旨在解决问题和消除危机。在中国开展的社区志愿服务主要以此类为代表，并已经在社会困难救助和矛盾缓解等领域取得了显著成绩，它有效地补充了当前社会福利制度的不完善之处。预防志愿服务旨在预测危机并建立社会危机管理信息系统，以此来应对在发展过程中可能会出现的问题。社区预防志愿服务的实施意味着扩大志愿服务领域，把志愿者组织作为载体，将不同领域、不同专业、不同技能和能力特长的志愿者团结起来，通过社会调查研究、信息收集与共享、教育普及等各种方式，及时发现新的问题需求，设计并实施有针对性的服务项目。对于一些边缘青少年，长期服务的重点是问题出现之后的解决和救助，并且逐渐发展为一种预防性的成长咨询形式。也就是说，通过志愿者的积极干预，引导心理健康和正确行为，以减少问题的发生。预防志愿服务的发展可以提高居民参与社区公共生活的积极性，提升公众意识，促进志愿服务的深入发展。

虽然社区志愿服务的形式可以从六种不同角度进行区分，但在具体服务的发展中往往体现为一种综合性的形式。从发展的角度来看，社区志愿服务的基本形式应该建立在一个普遍、便捷的互助网络之上，将长期服务与短期服务相结合，并且在现有的普通服务和补救服务的基础上发展专业服务和预防服务，通过社会调查、专业培训、组织体系构建等方式，实现社区志愿服务的规范化和前瞻性发展。

思考与讨论

1. 你怎样认识社区志愿服务？
2. 请结合一个实际例子说明社区志愿服务的定位与功能。
3. 你认为基础理论在社区志愿服务发展中有什么意义？请举例说明。

第二章
社区志愿服务需求

引 例

社区——青少年健康成长的家园

北京红庙北里社区针对社区内的青少年需求开办活动，丰富他们的课余生活，活动分为两个部分，一是日常活动，二是寒暑假活动。“课后四点半”就是一项日常活动，在工作日的下午孩子们放学后，将他们聚在一起，请社区社工和大学生志愿者为他们辅导功课，教授一些兴趣课。在寒暑假则会举办一些系列活动，活动的内容和形式很丰富，有毛猴制作、秋冬守护、中式插花、楼门文化进社区、青少年绘画活动、书法活动、趣味英语、布艺扎染等等。这些活动不仅丰富了青少年的课余生活，让孩子们学到了各种技能，也替家长们分担了照顾的压力，保障了孩子们在社区内的安全，所以每次活动报名，孩子和家长都特别积极。

资料来源：陆士桢. 中国社会工作本土化建设探究［M］. 北京：人民日报出版社，2018.

红庙北里社区针对社区青少年的实际需求，为家长分忧解难的同时也让青少年学习到了各种技能，社区、家长、孩子以及学校在此活动中都满足了需求。在社区志愿服务实践中，需求调查理应作为服务的第一步。因此，本章将阐述以下几个要点：

（1）社区志愿服务的需求类型。

（2）社区需求分析的内容、方法以及如何进行需求选择。

（3）社区需求和志愿服务的链接。

第一节 社区志愿服务需求类型

一、个体物质需求

个体的物质需求包括对自然和社会中的物质对象的需求。在马斯洛的需求层次中，物质需求包括人类生理需要和安全需要。生理需要，这是人类维持自身生存的最基本要求，包括饥饿、口渴、衣着、住房等要求。如果不满足这些需求，人类的生存就成了问题。当这种需求相对满足时，它就不再是一种激励因素。马斯洛认为，只有这些最基本的需要得到满足，达到可以维持生存所必需的程度后，其他的需要才能成为新的刺激因素；对安全的需要是人类需要确保自身安全、摆脱职业和财产损失威胁、避免职业病等方面的需要。当这种需要相对满足后，它也就不再成为激励因素。马斯洛认为，整个有机体是追求安全的机制，人的感受器官、效应器官、智能和其他能量主要是寻求安全的工具，甚至可以将科学和人生观视为满足安全需要的一部分。社区志愿服务中个体的物质需求，即社区成员对于自身生活社区中基础设施、安全设施等的需要，相对明显且容易满足。

二、个体精神需求

个体的精神需求，是人类生活中必不可少的。所谓精神需求，就是人对精神生活的需求，包括尊重、友谊、爱情、审美、道德、求知、才能、理想等等。人不仅有物质需求，而且有高级的精神需求。与普通动物不同，动物只能本能地获取食物以满足自己的生存需要，而人类是有意识和有思想的高级动物，除了衣、食、住、行等生存方面的物质需求外，还有文化生活、理想、荣誉和友谊等精神需求。事实证明，物质需求的满足并不能使人感到真正幸福，只有加上精神生活的满足，才能产生真正的幸福感。在马斯洛需求层次中，情感需要与一个人的身体特征、经历、教育和宗教信仰有关。这一层次的需要包括两个方面的内容：对友谊的需要和归属需要。对友谊的需要，即每个人都需要建立与合作伙伴和同事之间的和谐关系；每个人都想要得到爱，希望爱别人，并且渴望接受别人的爱。归属需要，即人们都想属于一个群体，想要成为群体的一员，并且彼此关心和照顾。社区志愿服务的精神需求，即通过参与社区志愿服务，实现精神满足，实现与邻和睦，形成一定的社区归属感①。

三、社会支持

社会支持是指使用一定的物质和精神手段对社会弱势群体进行无偿帮助的行为的总和。一般来说，它指的是来自个人之外的各种支持的总称，是伴随着弱势群体存在的社会行为。人与人之间的亲密关系是社会支持的本质，是从社会互动的关系上理解社会支持。同时，社会支持不仅仅是一种单向的关怀或帮助，它在多数情况下也是一种社会交换，是一种人与人之间的社会互动关系。

人寻找社会支持的过程也是建立尊重的过程，通过参与社区志愿服务，建立人与人之间的亲密关系，也是建立归属感与爱的需要。在现代社会中，单位制的解体、人口流动频繁、家庭破裂加剧、利益冲突加剧，使人们变得逐渐陌生和疏远。因此，建立一个每个人都向往，有一种亲密感而且能够彼此关心、易于接触的社区已经成为现实的需要。同时，为了实现尊重的需要，每个人都希望自己拥有稳定的社会地位，并且要求个人的能力和成就得到社会的认可。尊重的需要又可分为两种：内部尊重需要和外部尊重需要。内部尊重需要意味着一个人想要在各种情况下有实力、胜任、充满信心、独立自主。总之，内部尊重需要就是人的自尊。外部尊重需要意味着一个人希望拥有地位和威信，并且得到别人的尊重、信任和高度评价。马斯洛认为，尊重需要的满足能使人们对自己充满信心，对社会充满热情，体验到自己活着的价值。社区可以为人们提供满足这种需求的条件。

案　例

阳光爱心车队

2004年，杭城一家电台号召组建阳光车队，提供接送困难老人、送医爱心接力、高考应急服务。黄飞华和十多名志同道合的出租车司机组成了阳光车队第一分队。车队日常最主要的任务就是免费送老人就医。

---

① 何雪松. 社会工作理论［M］. 上海：上海人民出版社，2007.

“很多行动不方便需要打车的老人，都是坐轮椅的。”黄飞华说，有些出租车司机觉得，做这样的生意耽搁时间，不划算，再加上老人不懂怎样搭乘网约车，打车特别难。车队就在这方面出力，甚至为需要固定时间去医院的老人们排出一张张排班表，免费接送，解决他们的后顾之忧。黄飞华和他的队友们也被亲切地称为“传奇的哥”。当时，流水东苑的一位居民为邻居张奶奶寻求帮助，张奶奶独身一人，没有子女亲朋，90 多岁的高龄，就医是个难题。得知这个消息后，黄飞华第一时间接下了任务，从此，黄飞华成了张奶奶的“专车司机”。只要老人有需要，黄飞华总会及时出现。这份情谊不限于此，知道奶奶独身一人后，每到节假日，黄飞华就会拎上蔬菜水果去探望。他说，老人就怕寂寞，陪她聊聊天，老人家特别开心。2014 年，黄飞华查出胃癌，住院手术治疗。车队队员徐刚主动接过了接送张奶奶就医的任务。尽管黄飞华再三嘱咐徐刚保密，可耐不住张奶奶的软磨硬泡，徐刚还是说了实情。90 多岁的老人特地赶到医院看望黄飞华——人和人之间的感情，就是在这样你来我往中愈发深厚。接过护送张奶奶的接力棒后，队员们一点也不马虎。G20 杭州峰会期间，张奶奶发来紧急求助信息，车队方伟卿等 5 位师傅两辆出租车马上赶到张奶奶家。因为张奶奶装着心脏启搏器，腿上又装有不锈钢管，既不能抱又不能背，队员们就让张奶奶坐到轮椅上，一前一后抬着张奶奶上楼——这张照片黄飞华一直存在手机里，他说队员们真的太好太可爱了。

【点评】

爱心车队一开始主要服务于打车困难的老人，这主要是针对老人的打车需求。我国的交通问题已经持续甚至仍然要持续很久，这样的爱心车队迎合人们需求，与社区需求紧密对接。免费接送虽然与市场效率冲突，但是志愿服务于出行需求应该是我们支持并且需要长期思考的事情。

四、人际交往

人际交往指人与人交往关系的总称，包括亲属关系、朋友关系、学友（同学）关系、师生关系、雇佣关系、战友关系、同事及领导与被领导关系等。人具有社会性，每个人都有其独特的思想、态度、个性、行为模式。然而，人际关系对每个人的情绪、生活和工作都有很大的影响，组织气氛、组织沟通、组织运作、组织效率及个人与组织之间的关系都会对个人产生很大的影响。人际交往的客观动机是当人们进行交流时，双方都希望他们所获得的价值大于自己的付出。有的时候人际交往的基本原则是基于双方的成本价值，实现等价交换。

人际交往可以促进自我意识的深化。在我们的互动活动中，有时两方面的评价会有一定的差距，很多人会因此产生烦恼。这就要求我们善于调节两方面的评价，全面提高自己的整体素质。正确的自我认识有助于我们找到合适自己的社会位置，扮演好自己的社会角色，发挥自己的社会作用。人际交往推动社会化进程。人际交往是社会发展的必然产物，是社会发展的基本前提。如果没有人际交往过程中形成的各种各样的关系网络以及人们所扮演的各种社会角色，社会就不会成为社会。人际交往与我们密不可分，是我们生活的一部分。良好的人际交往能力是年轻人社会化的起点，是在社会生存的必要条件，也是为社会做贡献的基础。人际交往也是实现人生价值的桥梁。生命的意义在于奉献，人际交往也是我们奉献的桥梁。良好的人际交往使我们能够掌握更多的社会信息，了解人们的生活和需要，并与人民群众保持血肉联系，以便更好地为人民服务。参与社区志愿服务，可以实现个人与社区内部以及外部人员的互动，并且在志愿服务的开展过程中满足人际交往的需要，提高成员的人际交往能力，拓宽人际范围，同时实现自我实现的需要。自我实现的需要是最高层次的需要，它是指实现个人理想、抱负，发挥个人的能力到最大程度，完成与自己的能力相称的一切事情的需要。换句话说，人必须做适合自己的工作，以便使他们感到最大的快乐。自我实现的需要是实现自己的潜力，使自己越来越成为自己所期待的人的需求。

第二节 社区志愿服务需求调查与分析

案 例

东城双玉南街社区成立关爱独居老人志愿服务队

2018年9月8日上午，北京市东城区体育馆路街道双玉南街社区党委组织回社区报到在职党员开展了“双玉南街社区党委报到党员关爱独居老人”主题志愿服务活动，社区党委工作人员、回社区报到党员、党支部等参加。

现场，双玉南街社区党委报到党员关爱独居老人志愿服务队正式成立，双玉南街社区书记张婧为服务队授旗。随后，在职党员、志愿者与独居老人结对并入户走访，进一步了解老人的日常生活需求及困难。

北京市体育设施管理中心何小东、王松涛和刘琳三位在职党员在社区工作人员的带领下，走访了东四块玉南街37号楼2单元5号刘振福家，他们详细了解了老人每天的日常生活，询问老人生活中的困难，并将自己的联系方式和地址留给老人。“刘大爷平时想找人聊天或者需要搭把手，就随时找我们，以后家里需要米面油，我都负责了。”何小东说。

北京工商管理学院的两名青年志愿者吴海江、刘春辉从昌平赶来，和三名党员志愿者一起入户走访了天坛东里50号楼3单元302的孙丽莉家。交谈中得知老人家的煤气有些不好用，党员志愿者表示与老人住得很近，晚点会带上工具来帮助老人修理。两名青年志愿者也表示，以后只要来到老人家附近都会到家中与老人聊聊天，帮着干些活。

“我们社区独居老人基本都有退休金，在经济上没有太多困难，主要缺的就是关爱和陪伴，因为他们的子女有的还在国外，回来的次数不多。”双玉南街社区书记张婧告诉记者。

资料来源：http://www.cncv.org.cn/content/2018－09/1537430642260.html.

【点评】

关爱独居老人志愿服务队的成立，发挥了社区报到党员居住在辖区内的优势，可以更便捷地为独居老人提供及时的一对一关爱，让独居老人及其家属真正体会到党的关心，促进了邻里和谐，同时也为在职党员提供了一个便利的、为人民群众服务的新方式。

一、社区宏观需求分析

社区志愿服务的第一个问题是“如何了解和分析社区”。只有尽可能多地了解社区，才可能有更好的志愿服务。了解社区宏观需求是一项基础而系统的任务，包括收集有关社区的信息以及了解社区和居民需要、社区拥有的资源等，在此基础上才能制订志愿服务发展计划，实施工作安排。

在具体实践中，我们将社区分为两部分。第一个是地域性的社区，例如我国城市中的街道和社区居委会所辖的范围；第二个是功能性的社区，指的是具有相同问题、共同兴趣和需求及文化背景的社会群体，例如下岗职工、单亲家庭、街头流浪儿童和独居老人等。要全面深入地分析和认识社区，首先要完成三项基本任务，即了解社区背景，找到工作发展方向，探索社区存在的动态，从而建立社区关系。

对社区背景的了解主要包括三方面的内容：

（1）社区的基本情况。包括社区居民的人口及其组成：人口的规模和流动性、年龄的比例和分布、家庭的规模和类型等；住房状况：住房的结构和类型、设施的配套情况和人均居住面积等；就业情况：就业的人数和职业类型，失业人员，双薪家庭、单薪家庭、双下岗家庭的数量等；社区的地理环境和交通：区域、位置、行政区划、交通设施和道路状况；社区的基础设施与资源状况：电力、供水、排水、卫生等设施，邮电、通信及娱乐场所，满足社区居民需要的状况；社会服务：医疗保健、教育、社会福利等；社区的历史、经济、政治和文化传统：社区的历史、曾经有过的重要事件及其影响、社会舆论和社会习俗等；价值观念：居民对社区的态度，遵守规范、参与社区活动的意愿。

（2）社区居民和群体的关系和权力结构。包括社区机构和组织：政治经济和其他特定群体的规模和发挥作用的形式，社区权力的分配以及居民个人或者团体的政治参与对政府决策的影响等。

（3）社区问题和社区需要。社区问题是社区中存在的对社区居民生活产生负面影响的事件或问题，社区需要是在以上这些方面存在的不足的地方。了解社区的基本情况不仅是社区工作计划的先决条件，也是社区志愿服务发展的先决条件，这将极大地有助于社区未来的工作。了解社区团体与居民之间的关系和权力分布将为动员居民和组织社区活动提供指导。了解和解决社区问题和社区需求，是开展社区工作的出发点和归结点。在实践中，以社区居民的关注为切入点，引起居民的兴趣和投入是社区参与的关键①。

社区的宏观需求分析基于以上对社区基本状况的了解，结合居民个体的具体实际需求进行分析，得出与居民生活相关的需求及问题内容，便于开展社区志愿服务。

---

① 徐永祥．社区工作［M］．北京：高等教育出版社，2004．

二、需求调查的具体方法

关于需求调查及收集社区资料的方法有很多，通常可采用以下几种方法：

1. 文献分析法

一般来说我们可以通过查阅四个方面的资料，丰富对社区的认识，即人口普查数据、地方志和政府相关资料、社区机构的原始记录资料、媒体报道和评论以及个人或团体资料。人口普查数据：获取年龄、性别、家庭结构和人口就业等基本信息；地方志和政府相关资料：从当地历史、地图、资料手册和政府资料中了解社区；社区机构的原始记录资料：社区中的工作记录、演讲、工作计划和社区前领导人的总结摘要等；媒体报道和评论以及个人或团体资料：报纸报道、个案访谈、小组讨论等。这些都是收集我们经常用于社区分析的信息的方法。

2. 参与式观察法

进入社区直接参与和观察，是一种积极的收集资料的方法。开展工作时可以通过与人们自然交流的方式，去社区公园、游乐场、商店等人们经常聚集的日常活动场所，近距离仔细观察研究他们的行为方式，了解社区的真实生活状态，并且为建立社区工作关系奠定基础。应该指出的是，这种观察并不是完全被动的，不能作为一个纯粹的观察者，所以应该积极地与被观察者交流。

3. 访问法

访问法通常是指以一种口头的方式收集社区中部分代表性人物相关信息的方法。通过访问法，进行面对面的谈话，可以比较深入地了解社区的需要，并且更容易与受访者建立亲密关系。然而访问法需要花费大量的时间，并且还要对访谈所得的数据和信息进行整理和分析。如果访问的对象数量过少或者不具有代表性，所得出的数据参考和引用价值就变得非常有限了。

访问可以从自己熟悉的人开始，然后再让受访者建议一些值得访问的人，可以是当地的领导人物，这些人可能对社区有更为全面的了解，但他们可能对社区中相对细微或底层的问题较为陌生。因此，访谈清单必须注意受访者的年龄、性别、社会经济地位状况和职业分布，并应尽量涵盖各类不同群体。

当运用推荐法进行访问时，有必要告诉受访者是谁推荐他受访的。在访谈的过程中如果能让受访者了解你认为他代表某类群体，也能指导受访者思考该群体对社区的想法和意见。

一般访谈中会问到的问题有：

我们社区目前需要改善的部分有哪些？
如何能让我们的社区成为更好的社区？
需要哪些设施或服务，社区居民的生活才能更舒适方便？
社区中是否存在迫切需要解决的问题？

4. 社区普查法

社区普查是通过问卷调查或访谈对社区中每个家庭进行的调查，以了解他们对社区需求的看法。此外，经验告诉我们，如果社区普查被设计为社区居民可以共同参与的活动，那么这将是一个促进社区参与和建立社区共识的好机会。

社区普查法适用于较小的社区，如社区居委会和楼门，这是通过普查了解社区居民需求的理想选择。这种普查能系统且全面地了解居民对社区的要求和期望以及他们在社区问题上的个人经历和对社区问题的切身感受，并通过调查工作人员与社区居民建立关系，为将来的工作奠定基础。当然，这种方法要求研究者有关于社会调查方面的专业知识或者是能够借助相关的专业人员，这样得到的资料才会比较可信。

社区普查的方法及步骤：

（1）确定调查的主题和目标，即调查的预期信息。

（2）界定调查的问题与范围。例如，这项调查只关注居民对社区环境的需求，或了解居民对建立家政服务团队的意愿和想法等等。居民对社区需求的调查，可以优先地考虑以下的问题：

社区内现存的问题有哪些？
目前社区内需优先改善的问题有哪些？
所在社区过去曾办过的社区活动有哪些？
对过去开展（参与）活动有什么看法？
过去有没有引起整个社区关注和参与的活动？
您认为社区现在还需要哪些设施或服务来改善社区条件？
如果未来在社区内举办活动，您想参与吗？
您觉得自己可以贡献给社区的是什么？

（3）设计问卷。如果社区中没有专业人员进行社会调查，则需要外部资源来协助社区制定调查问卷。

（4）问卷发放及回收。这项工作最好由社区居民进行，一方面可以增加居民的参与度，另一方面通过邻里关系调查的运作，也有助于问卷的回收并提升有效性。

（5）数据整理及分析。这项工作还需要由社会调查专业人员进行，从而使所获得的信息更为有效。

（6）公布社区普查结果。工作者可通过社区居民大会和社区媒体来公布结果。如果通过社区居民大会公布普查结果，则更有可能为居民创造一个共同思考社区现状和问题的机会，它还让社区居民有机会在一起思考和决定社区未来的发展方向①。

收集社区资料的方法有很多，关键是要持续不断地进行，才能适应社会发展变化给人们的生活带来的影响。因此要取得社区工作的高品质服务效果，就要不断从社区分析中寻找突破口，只有不断创新才能满足人们不断提升的需要，而且不间断的调查还可以帮助我们预见问题和需要，做好预防，争取工作的积极主动性。

社区问题和需求是社区工作的重要导向，了解社区问题和需求可以为社区工作者更好地开展工作指明方向。因为人们有各种各样的需求，这些需求基本上可以划分为基本需求（如衣、食、住、行）和心理需求（如归属感、安全感、自我实现等）。当社区中大多数人的某些需求得不到满足时，就会出现社区问题。因此，了解社区问题和需求就成为社区工作的重中之重。

三、需求选择

通过了解社区基本情况和认识需求，我们必须有策略地将资料进行整理，描述和界定社区问题，确定问题的范围、起源和动机，然后找到解决问题的关键，并设计与之相匹配的志愿服务项目。

1. 描述问题和需求

当我们了解社区的情况后，我们会发现居民特别关注某些问题，而描述问题就是在讲居民是怎样看待这些问题的，了解居民的思想感受，理解居民对问题的看法。

2. 界定问题和需求

首先有必要澄清如何界定居民所认为的问题和需求。为什么如此界

① 徐永祥．社区工作［M］．北京：高等教育出版社，2004．

定？这已经是一个问题，还是仅仅为一种状态？这是一个长期的历史问题，还是一个概念问题，抑或一个有明确指标的问题？有必要从居民的角度去考虑，而不是从自己的观点出发，从自己的角度看社区事务的状态是不客观的。

3. 明确问题和需求的范围

弄清楚受问题影响的人有多少，居民受影响的方式如何，这种状况持续了多久以及居民需要多久才能发现问题或需求，明确问题集中的地点和人群，问题涉及的价值观冲突有哪些，个人和社区的收益和损失是什么？

4. 问题、需求的起源和动力

找出导致问题产生、渗透和恶化的原因，然后考虑解决这些问题的可能驱动因素。如是否有可以解决问题的人，行动的方法如何，在什么条件下可以行动，人们愿意为行动做哪些贡献？

总之，从一定意义上说社区志愿服务就是社区组织居民在紧急需求面前共同解决问题，使人心能够凝聚，居民因而更愿意走出家门为自己的社区尽一分力量，这已经被许多先进的社区经验所证实。但是，大多数的居民常常觉得社区中的许多需求很难实现，也不知道如何开始，所以当面对社区中不太迫切的问题时，居民往往容易采取“只关注自己”的态度和做法。但是，如果社区居民发现许多居民感受到同样的问题、有相同的需要，并且愿意解决问题和实现共同的需求，那么，社区共识就逐渐形成了①。社区志愿服务作为一个组织的过程，就是要明确社区的问题和居民的需要，发动社区居民的力量，通过志愿服务的过程，让居民在参与的过程中互相了解，然后引发共同的情绪，愿意相互沟通、互相帮助，共同努力提高社区生活质量。

第三节　社区需求和志愿服务的链接

一、社区需求和志愿服务的链接机制

志愿服务的开展应该根据社区的具体需求量身定制，社区及其居民的

① 徐永祥. 社区工作［M］. 北京：高等教育出版社，2004.

需求具体可分为物质需求、精神需求、社会支持和人际交往。志愿服务的开展与社区需求相结合是客观存在的本质要求，也体现了需求的个性化满足。根据人本主义理论及存在主义需求理论，人的需求是客观存在的，通过不同水平的需求满足，可以实现人的发展。

人本主义心理学的基本理论为需求层次理论。需求层次理论是人本主义心理学的一种动机理论，马斯洛认为，动机是人类生存和发展的内在动力，需求是产生动机的源泉。需求的强度决定了动机的强度，但只有最为强烈的需求才能形成主要动机。低层次需求是高层次需求的基础，各级需求的产生与人类发展阶段密切相关。在社区中开展的志愿服务，应当从人在社区中的需求入手进行分析，满足其生理、安全、归属与爱和尊重的需求，并随着需求的变化而进行改变①。

存在主义理论主要强调三个方面：（1）人的存在：指人的整体，难以用语言描绘。存在先于本质，人的“存在”，是一个从过去推向未来的、自由选择以突破限定自我、实现新可能的过程。“人除了他自己认为的那样以外，什么都不是。”人绝对自由，并应对自己的选择负责。任何逃避选择的行为都会对自我的存在产生不利影响。（2）存在的三个世界：构成生理和物理环境的内部和外部世界，或称周围世界；由他人组成的人际世界；人与自我和自我价值所体现的、潜能的自我内在世界。三个世界息息相关、互为条件，人同时存在于物、人、己三个世界中。（3）存在的基本特点：空间性和暂时性、分享与参与、焦虑和内疚。人的需求是真实存在的，在开展志愿活动的同时进行社区需求的分析，不局限于社区的宏观分析，更加着眼于个人的存在以及个人变化的动态需求，从而满足自我的生理和物理的周围世界、人际世界与内在世界，在促进社区发展的同时达到满足个人的目的②。

社区志愿服务作为社区治理的创新手段，在关注居民需求时需要以现代社区治理理念为指导，在社区内关注居民状态、关注居民需求，将社会宏观发展与各社区和社区居民个体需求紧密结合起来，实现具体的对接，才能达到个人、社区乃至社会全面发展的目标。

二、需求与志愿服务形式的对接

社区内不同的需求可以与不同形式的志愿服务相结合，以满足社

①② 陆士桢．中国志愿服务概论［M］．北京：新华出版社，2017.

会和个体的需要。在社区中，主要的需求可分为发展性需求及补偿性需求，发展性需求着眼于个人、社区的发展，致力于在满足需求的同时实现发展，以增促社区融合。补偿性需求是对现存有缺陷的地方进行弥补，以保障居民福利。需求与志愿服务的对接形式具体可分为以下三种类型：

1. 社会支持与人际交往可选择邻里互助与志愿服务队

寻找社会支持的过程也是个体进行人际交往、发展和建立尊重的过程。参与社区志愿服务、建立人与人之间的亲密关系，也是建立归属感与爱的需要。邻里互助与志愿服务队是满足社会支持与人际交往需要的好形式。

几千年来，邻里互助就是中华民族的传统互助形式，相互认同、相互依赖、社会互助是人类社会赖以生存的最基本的观念和行为之一。从原始社会开始，人类就过着群体生活，共同分享快乐并且共同分担痛苦。这种生活方式使个人产生了对群体的认同感；人类社会的共同利益又进一步使人与人之间必须构成这种以积极的互动关系为经纬的社会支持网络，于是便产生了相互往来。为了维护整体利益，社会中的每一个成员都不能随心所欲地做任何他们想做的事情，他们必须学会妥协、学会让步、学会约束自己，克制自己的欲望。约定俗成，就产生了每一个社会成员都必须信奉和遵守的行为规范和价值准则。只有这样，人类社会才具有凝聚力，才能成为一个整体。由此，形成了两个层次的社会互助：一是从人类最为朴素的情感出发的纯利他主义的相互支持，二是从功利主义的理性出发的相互依存。从人类社会的发展历史看，第一层次的社会互助是贯穿始终的，只要有人类社会，就要有这种相互支持；第二层次的社会互助从原始社会末期人类社会有了剩余产品之后就渐渐出现了。我们现在要回到社会互助的本来意义上来理解上述概念：我们强烈主张的是第一层次的社会互助，因为这是人类古老的传统；但也不反对第二层次的社会互助，因为它虽然具有功利主义或实用主义的一面，但其对社会发展仍有进步意义。邻里互助就是满足利他主义与利己主义的相互交融，在社区生活的过程中，帮助社区居民也就是帮助自己。比如，住在同一楼道的夫妇，他们都是 80 多岁的老人，老人家虽然有儿有女，但却不住在身边，生活居住都有些不方便，如果发生着急解决的事，子女们不能及时赶到，同一楼道的居民就是他们的干女儿、干儿子，会帮他们把事情解决好。

案　例

文昌社区红丝带志愿者协会

文昌社区红丝带志愿者协会成立四年，在协会的带动下，越来越多的社区居民参与到奉献爱心的活动中，使得社区志愿服务工作体系逐步完善、志愿服务发展环境不断优化。红丝带志愿者协会在社区帮扶下，由最初50余人发展到如今的268人，并广泛开展志愿服务工作，使得志愿服务精神深入人心。据介绍，红丝带志愿者协会下设鹤之梦艺术团、文之荟合唱团、晚晴京剧票友会、文明平安巡逻队、五老网吧监督员、太极拳协会6个志愿服务团队，服务内容包括扶贫济困、敬老助残、应急救援、社区矫正、平安文昌创建等，在推进和谐社区建设方面取得了显著成效。为夯实志愿团队根基，社区制订了《和谐文昌青年志愿者管理办法》，使召集队员、服务时间统计、注册志愿者工作、活动建档、例会制度、活动组织筹备等在内的各项工作实现了管理的科学化、制度化、规范化。在社区的大力支持下，红丝带志愿者协会“走出去”和“引进来”双管齐下，不断拓宽志愿团队的服务格局，提升服务能力。从刚开始只在社区范围内为居民表演，到近两年走出家门，协会内的鹤之梦艺术团已成为在全区乃至全市范围内比较活跃的群众性广场舞团队，在各级表演和比赛中屡创佳绩，2016年荣获扬州市首届“绿杨城郭”社区广场舞大赛“最佳创意奖”，2017年荣获江苏iTV“舞动人生”广场舞大赛扬州站比赛一等奖。

红丝带志愿者协会坚持常态化与精细化服务相结合，在扶贫助困、服务青年就业创业、关爱农民工子女、居家养老等方面发挥了积极作用。协会开展“情系空巢老人，志愿暖人心”活动，为空巢、独居、孤寡老人送上慰问品与问候；开展“关爱小候鸟”“七彩的夏日”“希望村塾”“缤纷的冬日”等活动，为留守儿童、随迁子女提供了活动的平台；举办“好妈妈”“好婆媳”评选，讲述社区里的好故事、好家风；高考期间在社区服务站设立“高考驿站”，为高考学子和家长免费提供休息场所、便民药箱、解暑饮品等；开展“废旧衣物回收利用”绿色公益活动，减少废旧衣物因随便处理对环境产生的污染，同时帮助了贫困地区有需要的人。红丝带志愿者协会已经逐渐成长为被社会和居民所需的志愿者队伍，也让“奉献、友爱、互助、进步”的志愿精神在社区里生根发芽。

资料来源：http://js.ifeng.com/a/20171220/6242551_0.shtml.

【点评】

文昌社区红丝带志愿者协会的成立一方面是建立在社区志愿精神发光发热的条件下，另一方面则是针对居民的需求而进行服务，受到了居民的欢迎和热爱，比如其中所说的鹤之梦艺术团，紧贴居民的娱乐生活，让跳舞成为一件健身、休闲的幸福事，得到居民的支持，该志愿者协会便也理所当然地壮大起来了。

2. 专业性的服务可整合专业志愿服务组织

在社区中不仅存在简单的生活问题，有时也涉及专业的领域，依靠社区内的邻里互助与志愿服务无法满足其专业性的要求。在这种情况下，可以选择整合专业志愿服务组织的力量。近年来，由于政府的大力推动，社会工作迅速发展。与此同时，与社会工作密切相关的词语“义工”也越来越受到社会的关注。“双工联动”“三社联动”等模式在全国各地不断创新，展示出勃勃生机。在各个领域存在的社会工作服务组织可以帮助社区管理并改善社区不足，例如：社区老年人家庭安全改造，专业的老龄机构可以帮助社区老年人对居家环境进行改造，从而使其生活环境更为安全；日托中心可以照顾老年人、小孩，缓解职工压力等。专业的志愿服务组织可以用专业的方式和方法帮助社区内更多的群众。

案　例

青少年文博志愿服务总队

3月4日，在“爱满京城——北京市2016年学雷锋志愿服务推动日”活动现场，北京青少年文博志愿服务总队正式成立。“博识、博爱、博雅”是这个专业志愿服务组织的理念。志愿服务总队面向北京的中学生和小学生，像提供志愿服务的专业团队一样，在北京已经有应急救援、医疗卫生、博物馆讲解、科普、知识产权保护、禁毒、心理援助、助老等20多大类服务，是全北京53 000个志愿服务组织中成规模和具有专业性的一部分，也是北京志愿服务组织进入细分时代的标志。与此同时，志愿服务总队提供咨询服务、组织能力建设、职业平台服务、国际志愿服务、理论研究与实践创新等，成为北京志愿服务组织的“服务提供者”。

应急志愿服务队

八里庄街道下属的甘露园社区是一个老旧小区，住户中老年人占总人口的60%，房子内管线老化严重，时不时就会影响居民的正常生活。为了让居民生活更加方便，在遇到棘手的事情时能够在第一时间得到处理，一个志愿者便带领一些居民自愿成立了应急服务队，24小时帮助居民应急处理水、暖、电的突发情况，保障居民的生命财产安全。应急志愿服务队的多年志愿服务让整个社区都享受到了便利，于是社区便大力支持其成为一家社会企业，更加专业地为社区服务。企业成立之后不忘为居民服务的根本，为老人及弱势家庭免费服务，对社区内别的家庭服务则收取低于市场20%的费用，这支“招之即来、挥之即去、来之能战”的队伍长期驻扎在社区之内，以“诚心诚意解难题，方便快捷到您家”作为服务口号，随时为社区居民服务，在社区和谐发展中发挥了不可替代的作用。

资料来源：陆士桢，马彬．志愿服务与基层社会治理［J］．社会治理，2018（11）．

【点评】

事业单位和企业具有多种专业能力与丰富资源，可以成为志愿性供给的重要组成部分。在社区治理中，沿街企业融入社区服务既具有十分重要的意义，又一直是一个工作难题，这不仅需要好的指导思想，更需要长效机制。同样，具有各种专业力量的事业单位，也是一种特别重要的服务资源。

3．居民动员，社会参与可选择大型志愿活动

简单开展志愿服务的形式受众群体较小，难以做到多方位的社区参与。为调动居民社区参与的积极性，此时可选择利用大型活动的志愿服务，或在社区内开展大型的志愿服务活动，吸引更多的人参与社区志愿服务。这种活动有两类，一类是服务大型活动的志愿服务，随着我国的改革开放，越来越多的政治经济文化体育活动在各地开展，此时社会安全需要社区更多的居民参与，社区红袖标已成为我国城市大型活动的重要标识，也是大规模居民参与的重要形式。另一类是在社区内开展的志愿服务活动，如在社区内组织老年活动，到老年中心拜访那里的老人、与老人们聊天、打扫卫生、逢年过节和老人们一起包饺子联欢等。在社区内组织阳光助学活动，帮助社区内或社区外的那些由于家庭贫困而面临失学的儿童，

寻找失学儿童的资助人，并在他们和爱心人士之间建立一座爱的桥梁，让这些孩子在爱心人士的支持下顺利完成学业，回报社会。在社区内开展慈善募捐活动，开展帮助山区和贫困孩子建立春雨图书馆的图书募捐活动，此类活动主要包括收集图书、课本、文具文娱等学习用具。在社区内组织环保类活动，通过拾取社区路边的垃圾，通过时间和行动告诉自己和他人，并且成为公共环境的保护者；通过在社区内种植树木，提高环保意识。

案　例

相城区元和街道凌浜社区老年人免费体检

2018 年 8 月 27 日上午，相城区元和街道凌浜社区的志愿者们早早地就到了街道社区卫生服务中心，接待辖区内纳入社会化管理的老人进行免费体检。本次服务项目包括血常规、尿常规、肝功能、肾功能、空腹血糖、血脂和心电图检测、B 超等检查。体检过程中，医生认真地检查老人们的身体，还了解老年人吸烟、饮酒、体育锻炼、饮食、慢性疾病常见症状和既往所患疾病、治疗及目前用药情况，为老年人建立健康档案，对老年人的健康生活方式和健康状况进行评估，并提出健康建议。凌浜社区的季杏英老阿姨第一个来到卫生服务中心，在体检登记处递上了自己的体检表。“退休后还能享受到政府的关心，组织我们参加体检，让我们对自己的身体状况有个全面了解，真的是很惠民。”季阿姨开心地说道。此次免费体检为期 9 天，共计将有 700 余名老人参加，社区每天合理安排老人前往，确保体检有序进行。此次体检不仅能让老年人了解自身的健康状况，及时纠正老年人的不良生活习惯，有效降低患病率，同时也能提高老年人对公共卫生服务的知晓率和参与率，并以实实在在的为民服务的行动，践行社会主义核心价值观。

资料来源：http://www.cncv.org.cn/content/2018－09/1537434892290.html.

【点评】

志愿者免费为社区老人体检，对于社区的老人来说无疑是一件大事，让老人们不用走出社区大门就可以知晓自身的健康状况，参与的人群无疑是相对广泛的。近些年来这样的活动越来越多，但是这样的体检服务不能关注于表面，而应该真正为社区老人的健康做点什么，甚至将这样的服务常驻于社区之中。

综合案例

“管的宽”志愿服务队

湖北省武汉市百步亭社区“管的宽”志愿服务队提供的日常志愿服务，始于2001年。湖北省武汉市百步亭社区“管的宽”社区志愿服务队共2万名志愿者，组成160多支服务队，常年为社区居民提供志愿服务。服务内容包括管环境卫生，管出绿色社区；管社区治安，管出安全港湾；管老人孩子，管出温馨家园；管家庭琐事，管出万家和睦；管居民关系，管出邻里情深；管文化活动，管出百花齐放。志愿服务传播了“有时间做志愿者，有困难找志愿者”的理念。

资料来源：北京志愿服务发展研究会．中国志愿服务大辞典［M］．北京：中国大百科全书出版社，2014.

以下为对上述案例的具体分析：

（一）社区需求评估与诊断

结合本章内容，案例中“管的宽”志愿服务队的服务内容为针对社区中需求开展服务，包括社区环境卫生、社区治安、社区生活、家庭关系、社区文化活动等，这体现了社区志愿服务需求类型中的物质需求、精神需求、社会支持以及人际交往。其中物质需求即对社区中基本环境的需要以及安全的需要，根据这一方面社区针对性地提供了志愿服务队；针对精神需求开展社区文化活动，让社区百花齐放，使社区成员体会到成为群体一员的满足感；在社会支持以及人际交往需求方面，帮助社区居民照顾老人孩子，协调家庭关系，改善居民关系，创造了和谐的社区环境。

通过多种志愿服务队伍的建设，有针对性地在社区各个方面遍布志愿队伍，能够充分结合社区居民各类型需求，对症下药。这样做的好处在于志愿队伍各自的服务方向明确，避免了志愿服务内容的重叠，减少了不必要的人员浪费；此外，针对单个问题的志愿服务队伍在服务过程中更显专业，能够更好地满足社区需求。

（二）项目设计

在各类志愿队伍建设之前，应当充分了解社区需求，全面搜集社区资料，针对社区中的需求进行评估，并制订相应的计划，从而建设具有针对性的志愿服务队伍。

1. 进行社区调查

在社区中开展志愿服务应当首先进行社区分析，了解社区背景，即了解社区的基本情况、居民及团体关系、权力结构、社区的问题以及社区需要。社区调查可以采用多种形式，如文献分析法，通过查阅社区资料丰富对社区的认识；参与式观察法，通过进入社区观察，从与人们的自然交流中获取信息；访问法，用口头的方式针对部分有代表性的人物进行访谈，获得更为详尽的资料；社区普查法，用分发问卷的形式对住户进行广泛调查，全面了解居民期望。

2. 社区问题和需求分析

通过资料收集调查之后，对资料进行梳理整合，界定社区的问题和需求，明确社区问题和需求的范围，找到问题产生的原因。将需求与志愿服务的形式对接，让居民感受到问题的存在，达成社区共识，进而有改进社区意愿。在此基础上设计志愿服务的项目，组织队伍，开展服务。

3. 制订工作项目与计划

当居民改变意愿强烈的时候，建设相应的服务队伍就需要制订较为详尽的计划，首先应当掌握活动的基本目标以及衡量其需求，结合本社区内的宗旨和服务特色，评估社区本身存在的资源以及可以发掘的资源，制订计划，包括对象、形式以及活动的具体日程和形式。在对计划做出可行性分析之后，确立项目，并订立详细的计划，明确计划的困难以及提出解决方案。

（三）项目实施

1. 志愿队伍的招募

明确活动的服务对象以及主题，通过微信、网站、社区公告等形式发布招募信息，招募遴选适合相应队伍的志愿者。如负责社区治安的志愿服务队的招募要求可能包括性别以及身体素质等。

2. 社区资源的链接

社区针对志愿者招募需求以及志愿者所具备的资源进行分析，链接相关资源，如社区内有文艺团体类型的组织，可以招募一些居民成为社区文化志愿服务队的一员，为社区创造贡献。

3. 具体实施阶段

（1）志愿者队伍培训。

在开始服务之前针对具体服务类型对志愿者进行系统性的培训，了解志愿活动的注意事项以及对志愿者的要求，引导志愿者贴合服务对象需求以提供较为专业的服务。

（2）服务开展。

在志愿服务开展的过程中，要注重志愿者团队建设，在志愿者队伍中形成管理体系。在开展服务遇到问题时及时反馈并了解具体信息，在考虑服务对象时也应当顾及志愿者的状态。

（3）志愿者服务评估。

评估的内容包括过程评估和成效评估，在过程评估中了解服务对象的情况，看是否实现了目标；在成效评估中评估服务的整体效果以及活动参与者、服务对象的满意度以及整个活动的人力、资金投入等。评估可以采取现场询问、个别访谈以及问卷调查的形式。

思考与讨论

1. 结合实际例子说明社区志愿服务有哪些需求类型？
2. 你认为应该如何进行社区需求分析？
3. 如何将社区的需求与志愿服务对接起来？

第三章
社区志愿服务力量整合与志愿者队伍建设

引例

有组织、有计划、有规模的社区帮扶活动

在新竹社区，居户邻里间“互帮互助”是一种传统风气。但社区仍然一直在思考、谋划，如何才能把传统发扬光大，做到有组织、有计划、有规模地在全社区开展帮扶活动，并吸引更多的人参与进来，最终形成主动帮、都来帮、人人帮的可喜氛围。

(1) 强化管理，精心组织。新竹社区志愿服务工作领导小组由社区党委班子亲自挂帅，并把共建单位作为主体纳入成员单位，形成由社区牵头、辖区单位主动参与、居民群众自愿加入的志愿服务工作体系。领导小组定期研究部署社区志愿服务工作，制订并实施开展社区党员、青年志愿服务活动的工作方案，使志愿服务活动更有效。同时，通过建章立制、规范管理，进一步保障社区志愿服务工作的有序顺利开展。

(2) 整合资源，形成合力。社区以单位、职能部门为依托进行广泛动员，通过整合辖区资源，联系、带动广大居民群众尤其是党员、团员青年等服务力量，最终形成有一定规模、有组织的志愿服务队伍。目前，新竹社区注册志愿者已达 1 283 人。

(3) 政府助力，打造阵地。2011 年，新竹社区落成了近 2 000 平方米的多功能服务中心，这个中心集政务服务、学习教育、文化娱乐、体育健身、技术培训为一体，开设了志愿服务站、图书室、健身房、书画苑、远程教育培训中心、儿童乐园等。此外，再加上社区多年精心打造的 1 200 多平方米的中心花园及配套建成的“大家乐舞台”和全民健身场等活动场所，居民群众与志愿者在这里可以随时随地开展关爱空巢老人、关爱残疾人、关爱留守儿童等多项志愿服务活动，搭建起了社区志愿服务的新平台。

资料来源：http://zt.cncn.org.cn/2016/20160707/dxal/2016-07-06/1709.html.

新竹社区通过有组织、有计划、有规模地建设志愿服务组织、创新服务方式，最终取得了非常可观的成绩。在强化管理、精心组织、整合资源之下，最终将志愿服务队伍形成合力，起到了一加一大于二的作用。可以说，社区志愿服务队伍建设与力量整合是新时代志愿服务发展的必然要求，也将是社区志愿服务工作的又一个难题。本章内容将重点阐述以下问题供志愿者学习：

（1）社区志愿者的类型以及志愿者激励方式。

（2）社区志愿者骨干及作用、社区志愿服务力量的整合内容与方式。

（3）社区志愿者培训的相关内容。

第一节　社区不同类型志愿者的凝聚

一、社区不同类型志愿者的类型与聚合

志愿者招募是寻找能够满足组织需求的志愿者的过程。这些人被志愿组织设定的职位所吸引，并且愿意参加志愿组织规定的工作。因此，招募是一个匹配志愿者并把他们安排在适当位置以实现组织目标的过程，同时志愿者通过志愿者职位能满足自身的发展目标。一些学者总结了志愿组织在招募过程中经常遇到的两类问题，一个是志愿者组织和志愿服务的组织普遍担心招募不到足够的志愿者，另外一个是很难招募到合适的志愿者。一些学者总结了两种不同类别的志愿者招募，一种是招募岗位内容简单、技术性不强的志愿者。这种岗位可以适合大多数人，没有特殊的技术要求，或者只需要简单的培训即可胜任；另一种是目标招募，这需要志愿者具备一定的技能。志愿者招募可以通过许多渠道进行，例如分发机构宣传资料，发布招募启事以及使用电视、广播、报纸和广告等大众传媒，组织社区成员进行宣传，口头宣传，使用互联网等媒介发布招募信息。在社区志愿者招募过程中，应该首先把握社区的居民结构，识别社区居民中潜在

的不同志愿者类型①。

案 例

用行动回报社区真情

北京崇外街道都市馨园社区的董大妈在1969年开始在延安冯庄公社插队，1970年被招工到青海当一名知青，由当时的交通部二局管理，任务就是筑路。这条路是周恩来总理亲自审批的0701战备路线工程，也就是中巴公路。后来董大妈又调回了陕西，在纺织厂干了多年的计生工作，随后调回北京，在中外合资的一个工艺品厂做了6年书记。她在北京一边照顾瘫痪的老公公，一边照顾孩子上学，有时还在小区卖菜，赚一些生活费。她一大早先去把菜买回来，放在小区门口，还不能立马开始卖，得回家先照顾老公公起床、孩子上学，等到出来准备卖菜的时候菜已经蔫了，但是好多居民就等着买她的菜帮助她，即使菜已经蔫了。后来董大妈被返聘到社区的时候就怀着一颗报答的心，只要居民找到她，就会尽一万分努力去帮助他们。对于社区内别的事情，她也主动发现，主动解决，就是想为社区居民做一点事情，建设共同的大家庭。比如，董大妈在社区的支持下成立了车管会，历时几年，社区的停车治理问题终于得以解决。到现在，她在社区做了多年的居民代表，小区内有离婚的、和婆婆关系不好的、和自己妈妈打架的、夫妻之间闹不和的，他们都特别愿意找董大妈去调解，说就信任她。

资料来源：陆士桢．中国社会工作本土化建设探究：北京东城崇外的故事［M］．北京：人民日报出版社，2019.

【点评】

上述案例中董大妈凭借自身的生活经历与经验，成为一名居民领袖，并且被社区返聘，帮助社区工作人员开展服务工作。其实社区中有许多类似的居民领袖，只要社区善于发现并动用他们为社区建设出一分力，很多工作就会开展得十分顺利。居民领袖是社区志愿服务的特殊力量。

一般来说，社区志愿者大都由下述几类人员组成：

1．社区居民领袖

社区居民领袖指的是自发形成或接受社区发展培训的社区人物，能够

---

① 北京志愿服务发展研究会．中国志愿服务大辞典［M］．北京：中国大百科全书出版社，2014.

反映和满足社区的需求并且影响社区思想和生活趋势。社区领袖具有一定的专长或能力，愿意无偿为社区公共事务出谋划策做贡献，并且能获得社区群众的支持和信任。他们可能有时间和精力，或有能力获得知识，但他们有一个共同的特征，即代表社区群众的利益要求。社区居民领袖是现代社区中的群众精英，他们在引导得当的情况下能够发展成为社区建设和发展的骨干力量①。

依据社区居民领袖在社区里的功能定位和引领作用的不同，可以将其划分为以下几种类型：(1) 团队领袖：在团队活动中，成员因为突出的专业水平或人际交往能力，自然而然成为具有影响的团队带领者。一方面，他承担着团队建设的责任；另一方面，他起着表达民众在社区其他事务中意志的作用。(2) 意见领袖：社区中自发产生的领导者，作为公众与政府之间的中间层。他们直接参与危机管理，表达公众的需求；研究危机的真相，帮助居民消除恐慌；引导更多居民参与，依法推进政府管理，整合社会力量，发挥推动作用，解决各种社区问题。(3) 楼组长：从居住在社区的居民中选出的楼组长不仅协助管理委员会做好社区管理工作，而且还倾听居民的意见，反馈社会意见和舆论，协调社区内部矛盾，充分发挥社区居民的自我管理能力。楼组长是表达居民利益和实现利益的一个能级。通过楼组长居民可以向政府、非政府组织反映自身的利益诉求和各种建议，从而与它们建立了解和沟通、相互信任、和谐共生的良性互动关系。(4) 业主委员会主任：居民选举产生的业主委员会在社区物业管理中具有非常重要的作用。由于社区的物业管理主要由业主委员会的主任负责，自然他们有较大的责任和权力。或是选举产生，或是能力突出，或具有服务公众的精神，业主委员会主任在居民中自然具有影响力，他们在沟通社区居民与居委会和政府方面发挥着重要作用。

社区居民领袖在社区工作中具有特别重要的作用，其作用主要体现在广泛参与社区治理，在一定程度上推动志愿服务的发展。

(1) 满足社区群众的需求。随着人民生活水平的不断提高，物质文化需求日益多样化。社区领袖在满足社区居民日常生活需求和精神需求上作用突出。在社区居委会的领导下，社区为居民提供家教、晚托、尊老服务以及举办科学教育和健康知识讲座等。活跃在社区的群众领袖人物，是社区各方面的骨干力量，是在社区中创造丰富多彩生活、为居民争取权益的

---

① 徐永祥. 社区工作 [M]. 北京：高等教育出版社，2004.

力量。

（2）引领社区居民思想和生活趋势。社区领袖指导下的社会组织利用自身优势和各类社会资源，扩大服务项目和活动领域，有效实现需求与资源的链接，引导居民思想和生活趋势。在各种文娱和健身活动中，社区领袖是骨干，人们互相帮助、互相关怀，体现了现代社区的和谐共生与繁荣。

（3）有助于社区自治管理。由于历史原因，目前的城市社区居民委员会只是政府职能的延伸，其在促进居民自我教育、自我管理、自我服务方面的功能还没有得到有效发挥。社区领袖的形成和发展在一定程度上弥补了这一不足。社区领袖身为社区居民，可以吸引社区居民参与社区、整合社区，增强居民的社区认同感和归属感，切实实现居民的自我教育、管理、服务和监督，实现社区自治。

但在某些条件下社区领袖也会产生负面影响。在现实生活中，一旦形成社区领袖，最可能的情况就是社区居民对社区领袖的盲目遵从。如何最大限度地发挥社区领袖的作用，培育社区领袖，使他们能够真正成为促进社区建设的桥梁，成为社区志愿服务的骨干，这是每个社区工作者都必须认真考虑的问题①。

2. 居民中的积极分子

在社区中，除了社区居民领袖之外，还有一群积极参与社区活动的积极分子。他们积极响应社区号召，能够配合上级街道工作人员、居委会和社区领袖开展工作，以自身的热情为社区发展出谋划策，积极践行自己作为社区一分子的责任。他们是社区志愿服务的积极分子，应当重视其在社区事务中发挥的作用。

3. 一般居民

一般居民是指居住在社区中并且对于社区活动态度相对不是特别积极的社区居民。他们对社区活动的关注度没有居民中的积极分子高，对社区生活参与态度较为一般，更多的是较为关注自身的利益和自我生存状态。开展志愿活动需要对此类社区居民进行动员和鼓励，推动其参与到社区的建设中来，构建和谐社区，实现社区的更好发展。

4. 居民中具有专业技术的人员

专业技术人员是依照国家人才法律法规，通过了国家人事部门的统一

① 徐永祥. 社区工作［M］. 北京：高等教育出版社，2004.

审查，并经国家主管部门登记备案，具有注册执业证书的人员，也泛指一般意义上具有特别技能的人员，包括在公司或机构从事专业技术工作的技术人员和从事专业技术管理工作的人员等。生活在社区的成员来自各行各业，有许多人具有特殊的专业知识。发掘具有专项技术的人员参与社区志愿服务，能够使其充分发挥专业所长，为社区解决实际性的问题。例如，如果对某社区车库设计存在质疑，而居民中有专业设计人员，就可以请其协助社区更好建设车库，便于居民出行。

二、社区志愿者的激励

案　例

志愿者激励制度

2016年11月2日中午，衡阳市义工尹玉莲在联系落实敬老活动中遭遇车祸，至今昏迷不醒，相关医疗费用没有任何着落。同样的悲剧发生在河南，一个叫雨林的志愿者在参加志愿活动途中，发生车祸。事故中一名女孩离开人世，死者家属提出80万元的赔偿要求，而雨林只是个月收入三千多元的合同工，全家人花了十几天时间四处筹钱，最后只筹到11万元，离80万元甚远 。这两个事例在志愿者队伍中造成一定影响，做志愿服务本是出于善心，也没有酬劳，如果发生类似的突发情况，风险和责任没有保障，全部由个人承担，这在一定程度上影响了志愿者们的积极性。这两个事例看似是个案，但从全国范围来说，实质上反映了我国志愿者队伍建设中保险、保障机制缺失的问题。

为解除志愿者的后顾之忧，需要加强制度建设，建立志愿者和志愿者组织激励保障制度：

（1）建立注册志愿者参与志愿服务的保险制度：要积极鼓励志愿者通过统一渠道进行注册，对于能够坚持在一定期间开展指定的志愿服务项目的注册志愿者，要根据志愿服务时间的长短，相应投入财政资金，为志愿者购买必要的意外伤害保险，减少志愿者从事志愿服务的后顾之忧。

（2）建立注册志愿者参与志愿服务的个人奖励制度：要按照志愿服务实际小时数，设定星级，累计分值，定期公示表彰一批星级志愿者。星级志愿者持相应卡证在指定区域享受就餐、乘车、游玩、观影等公共服务时，可以享受不同的优惠。

（3）逐步探索志愿服务与慈善事业接轨的新路子：从长远看，志愿服务项目应当走与慈善事业相接轨的道路，对于经过长期组织，实施效果好、口碑好，有良好社会效果和品牌效应的志愿服务项目，应当通过组织爱心企业与志愿服务组织和项目“双向选择”的方式，吸纳社会资金注入。

资料来源：http://www.cndca.org.cn/mjzy/lxzn/czyz/jyxc/1113294/index.html.

【点评】

上述案例及问题的提出具有重要意义，社区志愿者都是普通居民，在普通居民生活当中从事服务，对其进行激励和保障意义重大，不可忽视。

社区志愿者的激励源于志愿服务的动机和志愿服务可以提供的支持。根据志愿者服务的动机提供奖励，并且配合志愿服务，鼓励社区志愿者，可以使社区志愿者积极参与志愿活动，让社区志愿行为成为全社区的共同追求。

一般通过因素分析或内容分析对志愿者服务的动机进行分类。有学者将志愿者服务的动机分为三大类：

（1）利己型。指促进个人利益的行为，利益可分为有形和无形利益，有形的利益类似于金钱、物质的报酬等，无形的利益主要是指他人的赞赏或者鼓励。

（2）利他型。指在无回报的情形下，自愿帮助他人的行为。

（3）社会责任型。指的是感受到“取之于社会，用之于社会”的理念，然后以实际行动回馈社会的志愿参与动机。

具体而言，利己动机包括社交、个人发展、获得成就感、自我表现和形象的提升，利他动机包括满足他人的需要、帮助他人，社会责任动机包括为社会贡献力量、回报社会等等①。

志愿者支持是指志愿者组织和其他部门根据志愿者的服务意识确保和协助志愿者完成服务任务的过程。志愿者支持包括基础设施提供、服务监督、志愿者福利、认可和奖励等。志愿者支持的目的在于为志愿者提供保

① 北京志愿服务发展研究会．中国志愿服务大辞典［M］．北京：中国大百科全书出版社，2014.

障和发展的机会，帮助志愿者在服务期间克服困难，发挥自己的潜能，在有限的时间内尽可能地提供高质、高效的服务，达成社会效益，并获得个人发展。志愿者支持的范围包括以下几个方面：

（1）行政后勤支持。为志愿者提供基本的健康和安全保障、食品保障、交通保障、工作安全和环境保护保障等。例如，为志愿者购买医疗和意外伤害保险是一项基本的健康和安全保障。

（2）个人成长支持。志愿者可能会在个人生活或者志愿服务过程中遇到挫折或困难，这会影响到其志愿服务的信心、热情和决心。志愿者个人成长支持是帮助他们保持健康快乐的状态，提高自信心，增强自我意识和自我控制能力，从他人的生活经验中汲取营养。

（3）专业发展支持。这是指向志愿者提供支持，帮助他们提高技能，并且向督导和同事学习更多的知识，同时掌握新的技能，具体包括为志愿者提供学习、锻炼和交流经验的机会等①。

社区志愿者的激励体现在物化激励和价值激励中：

（1）物化激励：物化激励在激发志愿者积极性方面起着非常重要的作用。其有多种实现方式，但必须根据每个岗位的不同特点采取相应的方式，才能达到最好的激励效果。物化激励没有绝对的高低之分，更多的是一个相对概念，在设计物化激励的过程中最重要的是要体现公平原则，根据每个志愿者服务的结果，在志愿服务的内容和目的指导下，制定基于绩效的物化激励体系，充分体现"多创造价值多得回报"的理念。例如，在招募社区志愿者的过程中采取积分兑换奖品的方式，吸引社区居民参与活动，就是给予居民所需求的回报，从而调动他们参与志愿活动的积极性。

（2）价值激励：价值激励是激励志愿者的另一种方式。价值激励的方式有很多，社区志愿服务组织者要善于创新价值激励的方式，充分激励每位志愿者的积极性。为了最大限度地发挥激励作用，必须善于把物化激励与价值激励相结合。如果只使用其中一项激励措施，那么可能无法实现有效激励志愿者的目标。片面强调物质激励，容易使志愿者产生拜金主义思想，违背参与志愿服务的初衷，增加社区的激励成本。过度依靠价值激励也不管用，价值激励只能在短期内调动志愿者的积极性和创造性，如果没有相应的物化激励作为保障，难以产生长期效果。在社区志愿活动中鼓励

---

① 北京志愿服务发展研究会．中国志愿服务大辞典［M］．北京：中国大百科全书出版社，2014.

居民参与志愿服务要创新激励方式，将物质激励与价值激励相结合，以达到激励的效果。

第二节　社区志愿者的骨干作用形成

案　例

社区文艺骨干兼志愿队队长

张秀芳，女，1951年生，中共党员，退休前在华油一机厂子弟学校工作，退休后是广开街格调春天社区居委会的义务制委员、社区文艺社团的骨干和社区志愿队队长。

人们都说她是“女强人”，家里家外的一把手。三代人居住在一起，虽然家务负担很重，但是她能合理安排好家务，同时又积极参加社区志愿者队、合唱队、模特队、舞蹈队活动，是邻里眼中热心的张大姐、张奶奶。

自从入选居委会义务制委员后，社区的大小事情，她更是积极主动地参加。有些需要入户的工作，她利用自己的休息时间带领志愿者们走遍了大半个小区，入户排查、调查。在入户的过程中，还招募了更多的社区居民成为志愿者，通过她的努力动员，社区志愿者又增加了92名，这为小区各项工作的开展发挥了正能量的积极作用。

资料来源：http://shequ.enorth.com.cn/system/2016/07/12/031059913.shtml.

【点评】

俗话说“远亲不如近邻”，居住在一个社区，社区就是一个大家庭，邻里间互相帮助，团结友爱，这是和谐社会的基础。一个人做点好事并不难，难的是一辈子做好事，而为了能够让这些好传统传承下去，就得依靠社区的志愿者骨干力量。

一、社区志愿者骨干素质要求及其培养

社区志愿者骨干是指在志愿服务项目和活动中积极参与、主动承担专业或管理工作的志愿者个人。社区志愿者骨干是志愿者团队中的支柱，他们是志愿者管理的关键角色，是志愿者项目或志愿者团队中承担领导和管理职能的人。

社区志愿者骨干可以是全职的社会工作者、志愿者组织的全职员工或普通志愿者。社区志愿者骨干通常具有以下特质：

（1）领导力。能够领导和召集志愿者为实现共同的志愿服务目标而具备的能力和意志力，能够鼓励其他志愿者积极参与的能力。

（2）个人魅力。志愿者领袖能够通过积极自信的言语和行为影响其他志愿者，并使他们积极参与志愿服务。

（3）沟通技巧。能够把自身的知识和行为理念通过良好的表达能力传递给其他志愿者并促使其他志愿者积极投身志愿服务的能力。

（4）个人能力。能够独立承担某项事物的能力，如顺利地完成某项任务的能力。

（5）责任意识。能够积极主动地在志愿服务的过程中勇敢地承担志愿服务的后果①。

培养社区志愿者骨干的方法主要包括：

（1）理论指导：主要包括志愿服务基本理论和志愿者团队建设、新时代志愿服务发展趋势、志愿服务心理研究、志愿服务的策划与运作等知识和理论的传授、讨论。

（2）实践培养：包括组织志愿者骨干进行集中讲解，并通过素质拓展、实地考察、案例分享、心得交流等活动，为学员互相学习、交流合作搭建平台等。

二、发现、培育社区志愿者骨干

社区骨干是指能够把握住群体希望和要求的实质，代表团体意愿，为群体行动提供意见和指导的核心人物。良好的社区骨干应具备以下特征：善于倾听、勇于面对困难、轻松与别人建立良好的人际关系、严格自律、勤奋工作、有强烈的自我认同感、乐于助人、帮助别人建立自信和表达能力、具有历史感和前瞻性、思想开放、善于处理压力。事实上，上述特征对骨干的要求非常高，很少有社区骨干可以完全拥有。在鼓励居民参与的同时，应该积极、认真地观察有哪些居民拥有以上特质，并探索和适当培养他们，以达到事半功倍的效果。

此外，社区工作者应积极传授社区骨干从事社区志愿服务的技巧，包括：人际关系技巧、媒体联系技巧、会议技巧、资源动员技巧、演讲技

---

① 北京志愿服务发展研究会．中国志愿服务大辞典［M］．北京：中国大百科全书出版社，2014.

巧、沟通技巧、组织技巧、管理技巧、谈判技巧、战略和战术技巧、游说技巧、检讨技巧、小组带领技巧等。

社区工作者可以通过培训、实习、示范、阅读文章、录音、观看影音教材、观察、讨论和角色扮演等方式来加强对社区骨干的技能培训。执行技能培训时，应遵循以下要点：

（1）每次培训的内容应该很少，而不应该很多；

（2）每次培训应该专注于学习一两项技能，而不是过多；

（3）从经验中学到的技能是最好的，要紧密围绕社区志愿服务中的相关问题练习学习技巧；

（4）学习的课题必须是社区骨干有兴趣的；

（5）学习的目标是利用其优势并减少其缺点，因此培训的内容应针对不同的骨干进行设计；

（6）倡导交流学习，从中取长补短，但不要刻板复制，照搬照抄。

培育社区骨干时要防止问题骨干的出现。这包括骨干不尊重社区普通居民，强迫居民参与，公私不分，重视个人利益而忽视组织利益，不受组织控制、独裁、言而无信、过分集权于自身，形成超负荷的状态和情绪问题，影响社区志愿服务组织工作等。因此，社区志愿服务组织者和进入社区的志愿服务组织的工作者不应沾沾自喜于培育一两名居民志愿服务骨干，应该建立良好的权力和责任分工，并需要不断和尽量培育居民骨干，在组织内建立和完善民主参与和监察机制；要使居民通过分工学习新技能，从而成为潜在的支柱，不断在组织内灌输民主意识和概念，建立沟通和相互支持的文化，以加强彼此之间的支持。

发现、培育社区志愿者骨干应关注以下培训技巧：

（1）鼓励参与。参与是社区邻里互助的重要组成部分，所以社区工作者应该主动邀请具有潜质的骨干参与社区邻里互助的组织工作。

（2）给予鼓励和肯定。它针对的主要是居民缺乏自信的问题。社区工作者应该鼓励和肯定居民骨干在服务他人服务社区的实践中表现较好的地方。

（3）宣传当家作主的精神。社区工作者应该不断宣传社区内当家作主的精神，以给居民自主和自立的感觉。

（4）建立民主的领导氛围和精神。应该根据居民的意愿和利益评测居民骨干的行为，同时应积极培养社区志愿者骨干的民主意识。

（5）不断为骨干提供学习的机会。社区应根据居民的能力水平为这些志愿服务的骨干人员提供适当的学习机会。

(6)养成从检讨中学习改进的习惯。居民自助组织和居民骨干的成长不仅是对实践中知识与经验的学习和吸收，而且来自实践中的成败得失。借以发挥所长，改进不足，协助居民骨干培养检讨和自省的习惯。

(7)建立居民骨干分工的意识。许多居民骨干通常不知道如何划分他们的工作，并且经常将工作集中在一起，甚至由于分工不明、权责不清，在居民骨干之中出现摩擦和令工作效率低下的行为等。应注意居民互助活动中骨干权力分工的认识和理念的提升。

(8)培养理性讨论、充分沟通和尊重少数群体的领导风格。许多居民的骨干把民主精神等同于多数人的决定，而看不到民主的原则也包括理性讨论、充分沟通和尊重少数群体这些方面。因此，社区工作者应注重培养居民骨干对民主原则的理解和认同①。

三、党员是社区志愿服务的先锋

(一)发挥先锋模范作用是对党员的基本要求

党员的先锋模范作用是指党员在人民群众中应该发挥的作用，即在生产、工作、学习和一切社会活动中应该具有的影响。党员通过自己的骨干、带头作用，影响和带领人民共同为实现党的纲领和行动路线而奋斗。共产党员的先锋模范作用，是党的先进性的具体体现。党员必须在任何时间和任何条件下发挥先锋模范作用，只有这样才能无愧于“中国工人阶级的有共产主义觉悟的先锋战士”的称号。共产党员无论在何时何地，在任何的条件下，都要发挥先锋模范作用，这是对每个党员的基本要求。共产党员的先锋模范作用在不同的历史时期具有不同的内容，党员在新时代的先锋模范作用应具有鲜明的时代特征。社区党员应当自觉充当社区志愿服务的骨干，成为社区骨干中的先行者，积极建设社区，自觉学习中国特色社会主义理论体系。此外，要坚定中国特色社会主义信念和社会主义理想，放眼全局、心系群众，奋发进取、开拓创新，立足岗位、脚踏实地地无私奉献，充分发挥先锋模范作用，团结一致，带领社区群众前进，为改革开放和社会主义现代化建设做出贡献。

党章在党员必须履行的八项义务的第二项中规定：党员必须“贯彻执行党的基本路线和各项方针、政策，带头参加改革开放和社会主义现代化

---

① 徐永祥. 社区工作［M］. 北京：高等教育出版社，2004.

建设，带动群众为经济发展和社会进步艰苦奋斗，在生产、工作、学习和社会生活中起先锋模范作用”。在新的历史时期，每一名共产党员都要珍惜作为工人阶级先锋战士的光荣头衔，承担起自己的责任和使命，为实现全面建成小康社会的目标发挥先锋模范作用：要做学习的模范，贯彻执行党的路线、方针和政策的模范，克己奉公、无私奉献的模范，服从组织并且严格遵守纪律的模范，维护党的团结统一的模范，维护真相和纠正错误的模范，密切联系群众的模范，弘扬社会主义道德、建设社会主义精神文明的模范。

（二）党员先锋模范作用的集中体现

和其他领域一样，在社区和社区志愿服务活动中，共产党员的先锋模范作用主要集中在以下三个方面：

（1）带头作用。共产党员要以身作则，走在群众的前面从事各项工作和开展活动，在各方面为群众做出表率，为群众树立榜样，成为群众学习、影响和激励人民共同努力实现党的目标和任务的榜样。榜样的力量是无穷的，只要共产党员带了头，就会在群众中产生巨大的示范作用，群众就会对党员产生一种信任感、向心力。这样，党员才能真正成为群众眼中的领导者。

（2）骨干作用。共产党人应该成为群众参与各项工作的核心和支柱。对于群众在工作和生活中的困难，共产党人应该积极热情地帮助解决；正确地解释和回答群众提出的各种问题；当群众的合法权益受到损害时，必须勇敢站出来，保护群众的利益。在生产、工作、学习和社会生活中，要表现出对党的事业的自信和责任，表现出坚定、积极、主动，以形成强大的吸引力和凝聚力，赢得周围群众的支持，然后沿着党的指导方向紧紧地团结在党的周围。

（3）桥梁作用。共产党员是维护党和人民联系的桥梁，是党组织与人民之间的纽带。一方面，要不断向群众宣传和解释党的路线、方针、政策，使群众真正了解其意义、实践、与自身利益的关系，从而有意识地为实现党所提出的各项任务而奋斗；另一方面，要始终关注群众的情绪，及时、真实地向党组织报告群众对党和政府工作的意见。这样，党组织就能听到群众的声音，更好地改进工作，从而确保决策能正确地代表群众的利益。要进一步巩固和发展党和人民群众之间的密切联系，党员必须用自己的模范工作把党的指示和精神变为群众的自觉行动，把群众的利益和愿望转化为党的政策和决策。

（三）如何在社区志愿服务中发挥先锋模范作用

党员在基层社区发挥先锋模范作用是国家发展、社会变迁的必然要求。随着我国经济发展的进一步市场化，原来由党政机关和企事业单位所承担的许多社会服务和社会保障的功能，逐渐转移到街道和社区。各种社会组织在街道落户，企事业单位离退休人员、下岗失业人员、外地务工人员大量涌入社区，越来越多的单位人变为“社会人”，如何加强社区党员的教育管理，发挥党员在经济建设和社会进步中的积极作用，日益成为社区党建工作的重要课题。面对新的形势和新的挑战，我们必须从不断变化的社区现实出发，以创新的精神探索新思路、新形式、新方法，充分发挥社区党员的作用。

（1）从改变方式入手，加强对社区党员角色的有效指导。

社区党员来自各行各业，要想在社区中切实发挥党员的先锋模范作用，需要社区党组织进行有效的引导。社区党组织要调动广大社区党员参与社区建设和管理的积极性，关键是不断创新党组织的领导方式。创新社区党组织的领导方式应该从以下三个方面着手：一是保持政治导向的正确性。在社区党建工作中，要始终坚持正确的政治导向，在政治上保证居民委员会在党的路线、方针和政策指引下，在国家法律法规规定的范围内开展工作。参与社区重大问题的决策时，重视对党员的教育和管理，发挥上情下达、下情上达的信息传输功能，要注意及时向上级党组织反映一些重大问题。二是科学的分类管理。在社区成员中有退休党员、下岗党员、流动党员和在职党员。为了使党建工作有效，有必要实施分类指导，使工作更具有针对性和有效性。三是合理把握继承与创新。随着社会主义市场经济的发展，越来越多的人由“单位人”变为“社会人”，社区党员人数急剧增多且类型多样，给社区党建带来新的问题。要切实解决这个问题，必须在党的基层建设中继承党的优良传统，又要在新的形势下进行创新，使社区党建工作顺利进行并且充满活力①。

（2）从创新工作方式出发，不断为党员发挥作用奠定基础。

首先有必要建立社区党员资源信息数据库，并以填写信息卡的形式保留党员信息。充分了解各位党员的特点、兴趣、技能，掌握第一手资料，充分发挥党员的作用。其次是创新社区成员发挥作用的活动载体。在把握社区党员特点的基础上，依据党员的特点、兴趣、技能等，围绕

① 陆士桢．中国志愿服务概论［M］．北京：新华出版社，2017．

社区建设和发展的中心工作，设立党员特殊服务岗位、志愿者特色服务队伍和其他活动载体，发挥党员的先锋模范作用。再次是引导和鼓励社区成员“工作”。对在职党员，积极引导和鼓励他们探索“八小时内在单位、八小时外在社区”；对离退休党员，鼓励他们实现老有所为，努力在社区发挥余热；对下岗职工党员而言，关键是要做好再就业培训，使他们能够在致富创业和参与社区建设中发挥应有作用，从而充分发挥党员在各个领域的先锋模范作用。最后，党员还必须不断加强自身的学习和教育，提高理论素质，这是发挥好党员先锋模范作用的重要保证。在当前深化改革形势下，共产党员必须把坚持学习党的理论、党的历史建立在自觉的基础上。重视党课，重视自我检查，只有这样才能切实发挥党员先锋模范作用。

案　例

龙井市天图社区“党员邻里守望服务队”促进基层组织力提升

龙井市天图社区成立“党员邻里守望服务队”以来，坚持把党建工作重心深入到小区、延伸到楼院，着力引导辖区非在岗党员“离岗不离党、退休不褪色”，逐步形成党组织引领、多方参与的社区治理新格局。“党员邻里守望服务队”以空巢老人、留守儿童、残疾人为重点服务对象，实行“一管三带一联”模式，即党员管好自己，带好家庭、带好邻居、带好楼院，联系若干群众家庭，形成覆盖全社区的民情服务工作机制，拉近邻里之间的距离，营造共处和谐邻里、共建美好“乐居”家园良好氛围。他们采取个别走访、发放问卷、召开座谈会等多种方式，找准群众“忧、急、想、盼”，重点解决弱势群体在生产生活中的实际困难和问题，针对各类群体不同特点和不同需求，提供“五式服务”，即“订单式”精准服务、“代办式”贴心服务、“组团式”公益服务、“预约式”上门服务、“经常式”结对服务。年初至今，仅通过“五式服务”惠及的群众已达 12 名，有效破解社区管理服务盲区和死角。

“党员邻里守望服务队”的成立，有效扩展了社区党组织服务群众的覆盖面，激发了社会治理的新活力，赋予了新时代下党员与居民、居民与社区共融共生的新内涵，为进一步提高社区基层党组织和非在岗党员共同服务居民、服务社区、服务社会的整体实力提供了新力量。截至目前，“党员邻里守望服务队”累计开展公共服务、环境整治、大型募捐等各类活动50余次，清理垃圾2吨，捐赠慰问金、慰问品价值近万元，惠及群众300余人次。

资料来源：https://www.sohu.com/a/299033545_99902017? sec=wd.

【点评】

天图社区成立专门的党员服务队的做法值得推广，通过这一组织，党员的核心骨干作用和带头作用在社区志愿服务中得到有效发挥。

第三节　社区志愿者队伍建设

一、社区志愿者培训的意义与目的

社区志愿者培训是针对志愿者进行的必备的知识和技能培训，包括基础知识培训和专业知识培训。培训志愿者是志愿服务实施过程中不可或缺的一部分，目的是让志愿者掌握具体技术，建立工作网络，并根据工作要求为其履行特殊职责做好准备，让志愿者掌握工作所需要的知识、技能和态度，确保服务质量达到应有的水平。适当的培训可以使志愿者对自己的工作更有信心，帮助他们发现自己的潜能，促进个人发展。培训有很多种方法，包括讲座、阅读、研讨会、实地考察、观看录像、专题讨论、学习案例、角色扮演、示范等。一些学者将培训分为基础培训、专题培训和自我培训三种，内容概括为两个方面：一是对志愿者工作的一般描述，为什么要做志愿者和为什么要完成设定的工作，什么事情不能做，在特定环境下必须做的事情，等等；二是角色和责任，与什么人一起工作，责任定位是什么，等等①。

志愿服务的精神是“奉献、友爱、互助、进步”，志愿行动的核心理念是“以志愿求公益”，它在构建社会主义和谐社会、提高大众文明素质方面发挥着重要的作用。志愿者所产生的影响是多方面的、多样化的，对志愿者

① 徐永祥．社区工作［M］．北京：高等教育出版社，2004.

进行培训的目标也不应该是单一的，培训可以围绕以下几个方面开展：

（1）提高志愿者的整体素质和服务能力。《中国青年志愿者注册管理办法》中对志愿者做了这样的定义：志愿者是指不为物质报酬，基于良知、信念和责任，自愿为社会和他人提供服务和帮助的人。但是，在志愿服务过程中，充满热情是不够的，还应该掌握一定的服务技能、行为规范、沟通技巧、应变能力等，这样才可以圆满完成服务任务，顺利进行志愿服务活动。志愿服务活动必须遵循“不培训不上岗”的原则，只有通过科学、系统的培训，志愿者才能在相应的服务岗位上，用自己的能力为社区志愿活动的顺利开展提供优质服务。因此，将志愿者的社会责任和热情服务转化为优秀的志愿服务是培养志愿者的首要功能，提高志愿者整体素质和确保服务质量是核心功能。

（2）学习、领会志愿精神，培育志愿服务文化。文化的整合功能、指导功能、维护秩序功能、思想传承功能等可以在特定的范围和层次以及志愿服务中发挥巨大的作用。志愿文化的存在，使志愿活动有了持续发展的动力和活力。我们的志愿活动应在志愿文化的滋润和引导下进行，志愿文化的宣扬与培育也成为志愿活动长期开展的重要保障。“奉献、友爱、互助、进步”的志愿精神，使我们积极向上、不断进取、无私奉献、和谐相处、共同成长。志愿者是志愿文化的主要载体。志愿者的培训有助于使志愿精神深入人心，加强志愿者对志愿者本身、志愿服务、志愿精神的理解。强化志愿精神，有益于志愿者性格的塑造和成长，提升志愿者的志愿情怀，进而在整个社会范围内使志愿精神深入人心。

（3）完善个人发展，帮助志愿者成长、成才。社会学理论指出人人具有社会性特征，个人只有在群体中才能形成和塑造科学的人生观、价值观。志愿者接受大型活动的培训，一方面在一定程度上有助于磨炼志愿者吃苦耐劳的品质，培养志愿者的团队合作精神，同时也有助于志愿者的心理素质以及人际沟通、应急应变能力的提高，有助于志愿者习得相关专业技能、提升业务能力。另一方面志愿者能够结交很多朋友，扩大社会交往，这对于志愿者走向工作岗位甚至对其职业生涯规划都有一定的帮助。总之，志愿者接受培训，是其融入社会的一种方式，通过培训，他们能够更好地适应社会，获得更好的发展。

（4）为志愿服务事业留下宝贵的遗产，包括教科书体系和教师体系。21 世纪，通信技术、网络技术的高度发达使得中国社会乃至整个世界连成一片。中国的志愿服务事业还处于起步阶段，开展志愿者培训工作有利于开发志愿者培训的教材体系，建立、发展教师队伍，建立完善的志愿者培训流程和模式；另一方面，志愿者通过培训，提升了个人的精神境界、强化了服务意识，有利于志愿者资源和志愿事业的可持续发展，并为志愿服务事业积累宝贵经验。

案 例

社区志愿者自我管理能力提升培训

为具体落实志愿者队伍建设，建立健全社区志愿者管理制度，提升社区内志愿者队伍的综合素质和参与社会服务的能力，凝聚社会力量，提高使命意识，树立良好的工作理念，弘扬助人的精神，让志愿者积极参与社区工作，9 月 21 日上午，丰台区乐助社会工作事务所开展“社区志愿者自我管理能力提升培训”，40 余名社区志愿者参加了此次培训。

培训开始前，事务所社工带领志愿者们进行破冰活动，带领大家做手指保健操，短短几分钟的互动，拉近了志愿者之间的距离。此次培训主要从志愿精神、志愿服务基本常识、志愿者的基本权利和义务、志愿者的素质和技巧等方面去讲解，让大家充分了解志愿服务相关知识，充分体会“我参与、我奉献、我健康、我快乐”的志愿服务精神。八一社区志愿者主要以老年人为主，因此在培训中社工通过提问和互动游戏的方式，提升大家的志愿服务意识。除对志愿者进行知识讲解外，针对在志愿服务中面临的一些压力，事务所社工也对志愿者进行心理减压练习，引导大家以积极乐观的心态去参加志愿服务，并把志愿服务行动作为居民参与社区治理和公共服务的重要途径和有效载体。通过此次培训，志愿者们纷纷表示收获很大，此次培训不但加深了大家对志愿服务精神的认识和理解，也使自身素质得到了提高，更对自己日后参与志愿服务工作给予了很大帮助。

资料来源：http://www.sohu.com/a/194094857_100006884.

【点评】

对社区志愿者的培训应该形成一个长期的、系统的体系，因为社区志愿者基本由社区居民组成，在志愿服务技巧、能力上还比较欠缺，所以对于社区志愿者进行培训具有十分重要的意义。

二、社区志愿者培训的内容及管理

（一）培训内容

社区志愿者培训内容是为志愿者、管理者及重要的利益相关方开展的授课与训练活动。志愿者培训的目的在于：提高志愿服务水平、培养志愿者对志愿服务及其组织的认可、提高志愿者的专业技能、提高志愿者素质、推进志愿者队伍建设、普及志愿服务精神。志愿者培训的内容包括很多方面，要从培训目的出发选取有针对性的内容，同时要注意培训内容的涵盖性。下面列出了社区志愿者培训内容的大类，每个组织可以根据自身的需要展开其中的具体内容：

（1）志愿服务通用知识培训。作为志愿者，必须首先了解志愿服务的基本知识，这其中的内容包括志愿者和志愿服务的概念、志愿者的责任和定位、志愿服务的目的和要求、志愿者的权利和义务等。

志愿服务通用知识培训具体是指被选拔出来的志愿者在上岗之前，需要经过相关的基础培训如心理培训、技能培训等，帮助志愿者掌握一定的服务技能，尽快适应志愿岗位。志愿服务通用知识培训一般包括以下主要类别：1）志愿服务知识培训，即志愿服务基础知识的教学，包括志愿服务的历史演变、世界发展现状以及志愿服务宗旨与理念的未来趋势、志愿服务的意义和价值、志愿者的作用和责任、志愿者的发展范围以及其他机构的发展历史、组织架构、政策和制度等。志愿服务知识培训的目的是使志愿者能够对志愿者和志愿组织有基本的了解和掌握。2）志愿服务技能培训旨在使志愿者根据志愿服务岗位的专业要求，掌握相关专业知识和技能。3）志愿者心理辅导，也称志愿者心理健康辅导，它指的是心理辅导者和志愿者之间建立一种具有咨询功能的融洽关系，以帮助志愿者正确理解志愿服务的功能和价值，以及志愿者自身在志愿服务过程中的价值，从而使志愿者接纳自己，进而欣赏自己，并克服志愿服务中的障碍，充分发挥个人潜能，更好地参与社会服务。4）志愿者团队培训是通过协调志愿者所在团队成员的个人绩效从而实现志愿服务的共同目标。志愿者团队培训的重点是协调实现志愿服务目标的不同个人之间的协作①。

（2）志愿服务专业知识培训。专业知识培训是针对志愿服务中所需专业技能的针对性培训，例如针对老年志愿服务开展的护理专业知识培训、为救灾志愿者服务开展的急救专业知识培训、对残奥志愿者的相关专业知识培训。

志愿服务专业知识培训以一般培训为基础，并提供志愿活动所需专业技能的培训，内容包括会议服务技能、医疗保健知识、突发事件和紧急情况应对等，并要求志愿者根据不同活动的需要了解不同服务对象的差异

① 北京志愿服务发展研究会. 中国志愿服务大辞典［M］. 北京：中国大百科全书出版社，2014.

(包括精神病患者、伤残人士、行动不便的老人、小孩及慢性病患者等)①。

(3) 社区管理的相关知识及本社区基本社情的培训。社区志愿者生活在社区当中，但这并不意味着他们对于社区发展的方向以及社区基本情况有着充分的了解，对社区管理和服务相关知识理论的培训，可以帮助他们更清楚地认识到社区志愿服务的意义及其重要性，增强自我的责任感；对本社区基本社情的分析，也可以帮助他们更好地认识社区环境，提升志愿服务的针对性和有效性，发挥志愿服务的重要作用。

(4) 素质提升培训。素质提升培训是志愿者培训的重要组成部分，可以分为两个方面，一方面是志愿服务伦理价值观的培训，包括志愿精神培养、尊重服务对象、保护隐私及自我防护等；另一方面是志愿者素质能力提升培训，包括沟通和聆听技巧、建立关系技巧、理解及自信心提升等。素质提升培训帮助志愿者提升自身能力，实现自我价值②。

(5) 管理知识培训。这主要针对志愿服务的管理人员以及骨干志愿者。随着志愿者团队的发展，志愿者需要自我管理。因此，志愿者中的管理者应接受有关规划、组织、协调等方面的管理知识培训。

此外还有一些专门的培训，如志愿者岗位工作培训，它为志愿者提供相关岗位职责、工作任务、业务流程、操作规范、会务技巧、办公室工作、办公用品的使用以及礼仪等相关培训，是志愿者上岗前的最后一次培训。如骨干志愿者培训，它是对志愿者领袖或骨干志愿者的培训，是对某一部分志愿者素质的进一步提高。通过培训，志愿者可以学习志愿服务管理方法，进行志愿服务项目设计，并为志愿服务的推广做出贡献。例如，北京“绿色之星”废电池志愿者服务队在志愿者招募、选拔、培训过程中，就有意识地区分出普通志愿者和骨干志愿者。北京“绿色之星”废电池志愿者服务队要在全市3 000多个社区设立废旧电池回收箱，志愿者将负责回收箱的日常管理。因此，组织必须在每个社区建立一个志愿者小组，通过骨干志愿者开展日常的活动来管理各个过程的各个方面。为了确保骨干志愿者能够顺利完成相关任务，“绿色之星”废电池志愿者服务队在志愿者招募过程中，先对骨干志愿者进行一个独特的测试，只有通过相应的测试，方可成为骨干志愿者，并且在以后的服务过程中，“绿色之星”废电池志愿者服务队也会通过现场培训的方式锻炼骨干志愿者领导、协调、组织、管理等方面的能力③。

---

①②③ 北京志愿服务发展研究会．中国志愿服务大辞典［M］．北京：中国大百科全书出版社，2014.

（二）培训管理

志愿者培训管理是对志愿者培训工作进行需求调查、培训开发、规划准备、实施和监测评估的过程。有效的培训管理可以有效提高培训的针对性和有效性，进而提高志愿者的整体素质。培训管理须具备以下条件：

（1）完善的组织机构。建立社区志愿者培训基地，整合社会性培训机构资源，开展一些有针对性的培训。

（2）合理的组织结构。社区志愿者培训涉及的方面很多，包括上级机关的精神及物质投入、社区层面的工作安排、购买服务的社会机构的介入、居民参与志愿服务的基本状况等等，需要最大限度地降低垂直水平，扩大直接沟通的基础和条件。

（3）及时沟通。必须保证社区管理者、社区志愿服务组织、志愿者骨干及普通志愿者之间的信息流动。

（4）各部门相互协调。培训中的每项工作都需要进行详细和科学的工作分析，以确定培训内容和相关资源。同时，必须建立一套完整的规章制度，科学地管理整个培训流程。

志愿者培训管理有四个主要部分：

（1）社区工作人员及有关组织通过调查志愿者的培训需求、人员背景和特征来开发培训课程体系并设置类别。

（2）根据需要确定培训课程和内容，依据社区志愿服务状况及志愿者的需求准备相关的教材、教学计划和教案，并且选用适当的培训方法。

（3）配备师资，进行培训授课、现场管理。

（4）培训会务与保障，包括培训资料、设备和用品以及培训活动管理①。

三、社区志愿者的招募与遴选

在开展志愿者培训之前，应当了解社区志愿者的工作目的和意义以及志愿者的具体招募方式，以便根据志愿者的情况开展志愿者培训。

关于志愿者工作的目的，主要从以下角度进行阐述。对于社会来说，几乎每个人都希望志愿服务能够造福社会，给社会带来爱，减轻社会负担，节省大量的社会资源。对于志愿者来说，服务工作应该给服务对象提

---

① 北京志愿服务发展研究会．中国志愿服务大辞典［M］．北京：中国大百科全书出版社，2014．

供关怀，送去快乐和温暖，帮助弱势群体，让他们的生活更加美好。此外，志愿者大都已经认识到，参与志愿者工作进一步增强了他们的社会责任感，提升了其自身的价值。总的来说，志愿者工作应当具有以下的含义：表达爱心，关怀、分享的积极行动；体现互助、互爱、互相学习的精神；每个人都平等参与，具有共同的潜力和对社会的共同贡献；促进人与人之间的联系，帮助反映社会问题和服务对象的需要；提供和丰富人力资源，以协助、加强和改善服务质量；志愿者可以充当桥梁，帮助加强福利机构与社区之间的沟通；丰富个人的生活体验；发挥所长并学习新知识、新技能；尽公民责任，贡献和回馈社会。而社区志愿服务在建立关怀互助的社会、唤起大众对促进社会进步所应肩负的责任和培养对社会的归属感、充分利用人力资源等方面有着特别的优势。志愿服务使社会上愿意将自己的个人能力、时间、知识和经验投入志愿者工作的人发挥余热，使有需要的人得到了帮助，最终促进了社会资源的再开发。

（一）志愿者招募

志愿者招募是社区志愿服务开展的关键环节之一，对于社区发展及服务而言，有效的招募具有多种功能：

（1）可以为感兴趣的志愿者提供一种途径，社区及志愿者团体也能吸纳新的资源，帮助有需要的人实现互惠互利。一些社区志愿者因个人在参与服务一段时间后，会因工作时间的变化等原因而逐渐退出，岗位空缺、人手流失对志愿服务来讲是一个自然的现象。定期招募新的志愿者可以培养新的接班人，以便社区志愿服务能够持续发展。

（2）扩展服务。随着社区志愿服务组织或团体服务的经验累积，社区志愿服务的质量和居民期望自然会增加。招募新的人手对服务扩展的重要性更加明显。

（3）备用资源。社区志愿服务是一个十分活跃的动态过程，需要建立梯队形的志愿者队伍。如果能在社区志愿者登记册内保留一定数量的志愿者名单，就可以保障在有特殊服务需要时，动员相应后备力量，提供及时服务。

但在这个问题上需要遵循志愿者人数准则。志愿者数量可以丰富社区志愿服务的人力资源，但如果备用人员太多，可能会延迟团队的决策并导致管理问题。如果志愿者人数太少，就很难连续提供并拓展服务。因此，当团队在决定招募志愿者时，必须在精与多之间做一个平衡，同时还要注重保持团队活力。新的志愿者可以向经验丰富的团队成员学习，而后者也会得到新人和新思维的影响，让志愿者团队保持活力①。

招募志愿者的方法如下：

（1）志愿者介绍。志愿者可以与亲朋好友分享宝贵的服务经验，这将树立良好榜样，鼓励更多的人加入志愿者的行列。这在社区志愿服务当中是一种常见的方式，相邻相熟悉的居民，会被骨干志愿者所带动，投入志愿服务队伍。

（2）举办志愿者培训课程。居委会及有关机构可通过举办各种形式的个人及团体培训活动，指导和鼓励所有年龄段的人，包括青少年、成人及老人参与社区志愿者工作。

（3）活动推广。可以安排在大厅等场所或职员聚会及学校演讲等活动中，介绍志愿者工作，并将一些宣传单等派发给参加者做参考用。这样有助于肯定志愿者工作的价值和志愿者的贡献，从而吸引更多的人士参与志愿服务。

（4）媒介宣传。可以利用各种形式的大众传播工具，包括互联网等，广泛宣传志愿者工作以及配合宣传志愿者招募的信息。

（5）举办专场志愿者活动。例如可以在社区层面举办定期的招募周，在活动中招募志愿者；同时配合宣传，在街上设立志愿者招募站，发放宣传招募表，为有兴趣参加志愿工作的居民及时办理志愿者登记手续。

（6）编制志愿者服务信息手册。内容简介包括志愿者工作，志愿者的权利、角色和职责的含义，以及现有的志愿者服务团队及机构名单。还可附设志愿者登记申请表，并且提供简易登记手续，让有意参与志愿工作的居民及时填写。

（7）充分利用社区局域网、手机聊天群等现代传播手段，在一定范围内，详细说明服务性质、机构资料等信息，鼓励社区志愿者和有兴趣的居民在线上进行交流互动，激励更多的人投入志愿服务②。

（二）志愿者遴选

关于遴选社区志愿者的技巧有以下几点：

第一，遴选会前期准备事项。在此之前，必须清楚地考虑社区整体需求，特别是服务需求和要求，以概述志愿者的理想人选，包括兴趣、技能

---

① 北京志愿服务发展研究会．中国志愿服务大辞典［M］．北京：中国大百科全书出版社，2014.

② 徐永祥．社区工作［M］．北京：高等教育出版社，2004.

及经验等。这包括：

（1）遴选会应由社区工作人员与资历较深的志愿者共同进行。这样的组合有助于平衡观点，更有利于日后安排工作和督导。

（2）设计详细的志愿者登记表，记录相关信息。包括受教育水平、宗教信仰、技能，参加志愿服务的动机、原因、期望和服务时间等。这些信息有助于了解志愿者的背景，但必须谨慎储存和使用志愿者个人资料，不得滥用。

（3）考虑运用一些简单的测试帮助未来的志愿者了解他们的需要。

（4）了解人才的使用情况，衡量社区志愿者的身体素质、能力和心理状态，以配合不同的志愿者岗位需要。

（5）给志愿者以详细信息，有系统地安排志愿者了解他们将会负责的服务内容。让志愿者了解社区和居民对他们的期望，并给他们一个选择机会。

（6）对志愿服务的时间和地点做出适当安排，以表示对他们的尊重，这也有助于他们对志愿服务工作留下好印象，有利于建立良好的关系。

第二，遴选会进行时的注意事项。

（1）详细解释志愿者工作的性质和要求。包括志愿者的权力、组织的服务宗旨和服务对象的类型。

（2）解释本社区为志愿者提供一定的适应期。社区志愿者大多是在长期的社区生活中逐渐适应而确定的自己的服务领域和岗位，对于新招募的志愿者，要提供这个适应过程，以确定所分配的工作是否适合志愿者的利益，以便他们决定是继续此项服务还是选择其他内容的服务项目。

（3）坦率地告诉志愿者他们将会遇到的挑战，以便他们能够做好心理准备，尽量为他们提供多种岗位的选择。

（4）解释志愿者必须参加相关的培训课程，以增加他们对志愿者工作的兴趣和理解。

（5）遴选会后，可以安排社区志愿服务骨干或者社会组织资深志愿者分享一个人作为志愿者的乐趣和经验，以培养新志愿者的投入感。

第三，如何提高招募效果。如果志愿者及其服务不能对应社区居民的需求，或者志愿者的人数短缺甚至流失，都会影响志愿服务计划的实施，特别是整个社区的和谐发展。以下是为了提高招募效果给工作者的一些建议：

（1）加强培训和管理。如果新招募的志愿者对持续参与志愿服务活动缺乏兴趣，进而导致人员流失，社区负责志愿服务工作的工作人员应不断检讨运作方式，并且提高岗位的吸引力，例如定期的培训等。

（2）评估招募的途径。社区负责志愿服务的工作人员应该注重大众传媒的影响，尤其是广告宣传，特别需要注意小区内的社会舆论及群众评价。

第四，评估及回馈。志愿服务管理者必须定期评估整个招募流程并尽可能收集意见，以便收集更多的信息并衡量招募策略上可以改进的地方。一些机构在招募表格上会询问参加者获知机构招募志愿者的信息来源，这样做的目的是评估宣传渠道的效用。此外，工作人员还可以进行简短的调查或访谈，以研究新志愿者加入该组织的原因。这些资料为小组工作人员评估整个招募程序提供了参考。

新招募志愿者的培训是指知识、技能和态度的输入与交流，其主要目的是：

（1）了解志愿者工作。让志愿者了解志愿者工作的意义，了解社区的目标和理想使命，并且促进志愿者的个人目标与社区目标保持一致。

（2）实务工作训练。根据工作要求，志愿者需要掌握所需的知识、技能及态度。实务工作训练可以确保其服务质量达到应有的水平。

（3）志愿者个人发展需要。培训可以使志愿者对自己的工作更具信心，帮助他们发展潜能，促进个人发展。在规划培训志愿者活动时，培训机构应首先考虑学员所属工作岗位的工作要求，帮助他们掌握应有的知识、工作技能和培养服务态度。

成功的新招募社区志愿者培训计划应充分考虑以下因素：

（1）通知参与培训的志愿者。内容包括培训计划简介；举行培训活动的地点；培训内容和预先准备的教材；提示学员准备自己的资料作为上课时讨论的材料，例如以往的工作问题等；一份简短的调查问卷，了解志愿者的经验、兴趣和对培训课程的期望。

（2）时间安排。将培训课程分为几个单元，一步一步由浅入深地将单元部分分几个阶段进行教学。除了可以取得更好的结果外，更容易观察到学生的学习进度以及是否必须参加课程。此外，安排还必须考虑到教材的内容、培训方法和费用等因素。

（3）学员人数。预计学员人数和培训的设备、地点、活动时间及方式等内容。如果学员人数太多，教师将难以平衡教学，无法知道是否每个人都明白培训内容。在这种情况下，应该考虑安排课程或安排助教协助。对于人数较少的培训课程，可以让学员进行活动式的培训，使参与者更容易理解课程的内容。

（4）课程讲义。发送讲义有助于学员复习课程内容。讲义的内容最好包括练习活动、评估表、作业和参考书目，从而使学员有机会思考和找到更深入的学习资料。

（5）视听设备。在课程上使用视听教材，可以增强学员的学习效果。例如，播放与培训课程有关的视频、录影，有助于增加学习趣味，提高学员吸收能力，使学员更容易理解学习内容①。

培训活动的设计应考虑志愿者在不同阶段的发展需要。简而言之，志愿者培训策略应该有三个不断发展的阶段：

（1）基础培训。对象是刚刚自愿参加志愿者工作的志愿者。开展的活动为迎新课程。内容为志愿者工作的概念、须知；了解组织和志愿者团体对志愿者工作的目的与期望；志愿者应掌握的基本技能，如人际交往、活动编程等。

（2）专题培训。对象是已委派工作岗位的志愿者。内容是了解服务对象的特征、需要及特别技能训练，如探访技巧、急救知识等。

（3）进深训练。对象为资深志愿者。活动是领袖训练。内容为领袖才能、服务策划及评估、团队合作技巧、资源管理等。

志愿者培训管理的具体实务内容有：（1）设计培训活动必须符合工作要求。在规划及开展培训时，必须考虑以下因素：志愿者参与，让志愿者参与培训活动的规划，这可以加深他们对培训的了解，以提高他们在培训中的兴趣和认同感；服务对象参与志愿服务组织，使得志愿服务机构、社区等能更好地解释志愿者应具备的条件与能力，他们的参与和支持在培训活动的有效性方面发挥着重要作用；成本控制，培训活动必须考虑机构或者小组的资源限制，有些活动设计可能很理想，但是却需要昂贵的经费，这并不是每个机构都能负担的；时间配合，志愿者培训活动的时间安排，应该做到志愿者在投入服务之前已经接受了足够的培训，这样才能确保服务质量。（2）志愿者的培训内容。志愿者的培训内容可归纳为两个范畴，一类是基础理论，一类是技巧培训。每项培训活动都需要平衡两者的比例，以避免培训活动流于表面。基础理论内容包括：志愿者工作概念及服务须知，了解社区对志愿者工作的期望和目标，掌握社区的需要及资源，了解服务对象的特征与需要。技巧培训的内容包括：志愿者工作技巧（人际沟通、自我认识、活动程序设计），特别技能训练（探访技巧），与其他

---

① 徐永祥．社区工作［M］．北京：高等教育出版社，2004.

服务提供者的合作技巧，急救训练，带领游戏技巧，小组工作技巧，管理技巧训练（服务策划课程），领袖才能训练，资源管理①。

综合案例

青苗计划

广州义工联发起的志愿服务项目“青苗计划”，始于2011年。项目面向广州市各区（县级市）义工协会、社区及家庭综合服务中心义工队、各类各级社会服务机构以及草根社区义工组织征集公益项目并进行资助。项目旨在扶持和鼓励上述义工组织，立足社区、服务社群，推动“社工义工联动机制”和社区助老义工服务发展，促进社区义工服务活动常态化。项目主要通过经费及物质支持等方式开展相关义工活动，合作内容分为社区义工发展方向和社区助老义工服务专题方向。任何社会服务机构或义工组织只能申报其一。其中，社区义工发展方向资助的项目包括帮困助残、呵幼扶弱、治安环保、科普卫生、司法矫治、文明创建等各类常态化的义工服务活动；社区助老义工服务专题方向支援的项目包括医疗保健、陪伴出游等以空巢老人为服务对象的助老义工服务活动，项目单项的资助最高达1万元，体现计划的扶持力度。除提供资金支持外，项目更加注重通过建立“师徒制”培训，着力提升团队骨干组织能力，以达至团队的可持续发展。广州义工联邀请香港义工发展局资深督导为项目负责人开展项目管理、义工管理系统及团队带领技巧的专题培训。广州义工联全程监察团队实施项目过程，并适时给予咨询和指导。

资料来源：北京志愿服务发展研究会．中国志愿服务大辞典［M］．北京：中国大百科全书出版社，2014.

以下为对上述案例的具体分析：

（一）社区需求评估与诊断

义工联发起的志愿服务项目，旨在扶持和鼓励义工组织、立足社区、服务社群。案例中的需求主要为推动社区义工联动以及社区助老义工服务发展。随着社会发展，城市人口老龄化日益严重，随经济发展产生的各种

① 北京志愿服务发展研究会．中国志愿服务大辞典［M］．北京：中国大百科全书出版社，2014.

社会问题日渐显露，志愿服务项目旨在通过经费支持以及物质支持等方式，调动义工组织开展服务的积极性，扩大服务范围，以实现帮困助残、呵幼扶弱、治安环保、科普卫生、司法矫治、文明创建等目的，同时在助老项目方面以空巢老人为对象，关注其日常生活以及医疗保健的问题。该项目的开展有利于建设专业的队伍，有利于专业的队伍开展社会服务，以义工组织的形式号召更多的人参与社会支持，有利于解决社会问题，维护社会稳定。

（二）项目设计

项目的主要内容为向各类服务机构和义工组织征集项目并提供资助，扶持其立足社区、服务社群。在具体的设计方面注重不同类型志愿者的聚合，将项目的内容限制在社区义工发展方向以及社区助老义工服务专题方向，对志愿服务的内容要求更加细致，体现了针对服务范围的专业性；对于项目的细节也做出了具体的规定，便于培养志愿服务力量、整合原有资源以及发掘资源、建设专业的志愿者队伍；在项目中提供资金支持，为志愿者项目的建设提供了启动资金，增加了项目实施意愿，也为志愿者参与提供了物质激励；项目聘请专业的督导以及团队开展专业培训，提高了志愿者项目的专业性；在项目实施过程中给予监管和咨询指导，保证了实施流程的有序化和规范化，整个项目实施流程明确、分工明确。

（三）项目实施

1. 提供专项资金支持

各类组织通过项目申报的形式获得义工联提供的资金，同时享受其提供的专业督导以及支持，在开展服务的同时能够更好地保证服务质量。

2. 志愿者培训

志愿者培训是对志愿者进行的必要的知识和技能培训，包括基础知识和特殊知识两个部分。对志愿者进行培训是志愿服务实施过程中必不可少的一个环节。对志愿者进行培训的目的在于提高志愿者的综合素质和服务能力，宣传志愿精神、培育志愿文化，完善个人发展，帮助志愿者成长、成才。志愿者培训的主要内容包括志愿服务通用知识培训、专业知识培训以及管理知识培训、素质提升培训。在项目中，广州义工联邀请香港义工发展局资深督导为项目负责人开展项目管理、义工管理系统及团队带领技巧的专题培训体现了对志愿者进行的系统培训。

3. 志愿项目督导

在项目实施过程中，由专业的督导开展培训，配备专业的监察团队进行监督和咨询，实现了项目督导的支持性和监督性。在项目中，督导扮演的角色为联络员的角色，一方面代表志愿者的利益，帮助机构、组织了解志愿者的问题、需求，提出改善建议；另一方面参与机构、组织的服务制定与规划，了解在实际开展项目过程中遇到的问题并进行反馈，完善相应的项目要求。同时在项目中通过“师徒制”传承的方式，督导可以将有关服务的知识和技术有效地传授给志愿者，使服务的团队达到有效的前后相承，更好地完成组织的任务。在督导的过程中实现促进机构正常运行、提高服务质量以及促进志愿者个人成长的目标。

4. 志愿者队伍建设

志愿者队伍建设需要将社区不同类型的志愿者进行聚合，调动社区居民领袖、社区居民积极分子、一般居民以及具有专业技术的人员，以志愿者或者义工的身份立足社区、服务社区。社区志愿服务组织要鼓励志愿者参与社区志愿服务，并且对志愿者采取相应的激励措施，给予一定的精神以及物质激励；在服务开展的过程中培育社区志愿者骨干，形成自发性的组织活动，使其主动承担专业的工作；针对志愿服务内容开展相应的志愿者培训，使志愿者掌握工作所需要的知识、技能和态度，确保服务质量达到应有水平，以完善志愿服务队伍，提高志愿服务专业性。

思考与讨论

1. 你认为社区志愿者有哪些类型？
2. 社区骨干在社区中是如何发挥作用的？
3. 你认为该如何进行志愿者培训？请举例说明。

第四章
社区志愿服务资源整合

引 例

亿利金威社区志愿服务资源整合案例

鄂尔多斯市亿利金威社区志愿服务工作坚持品牌化、项目化工作思路，不断探索运用社会化思维，多渠道整合社会资源、多方参与、合力推进志愿服务，实现了志愿服务领域向“两新”组织拓展延伸，为居民提供多层面、多领域的志愿服务。

2013年以来，亿利金威建设集团先后出资兴建了社区一站式服务大厅、社区文化活动中心、文体活动中心、网球馆、篮球场、儿童娱乐园、儿童沙池、五人制足球场等活动阵地，搭建了亿利金威社区百姓大舞台，全部向辖区居民免费开放。2014年，社区按照志愿服务工作站“十有”标准，建立了规范化管理运作的社区志愿服务工作站，为志愿者就近就便开展志愿服务提供了便利。

2014年，在建设街道党工委、亿利金威建设集团党委的积极争取下，社区成功引进了东胜区社会组织孵化基地，入驻社会组织26家，其中慈爱嘉养老助残服务中心、青少年服务中心、内蒙古爱心公益协会、心月心理健康服务中心、传统文化协会、东胜区民间文化艺术协会、米罗画艺、易道教育等8家社会组织，常态化参与社区志愿服务，实现了社会组织与志愿服务组织同步孵化成长。社区根据志愿者服务特长及居民实际需求，成立了党员志愿服务队、青年志愿服务队、夕阳红志愿服务队、巾帼志愿服务队、关爱未成年人志愿服务队、助残志愿服务队、就业创业志愿服务队等队伍。一年来，社区立足服务对象需求，组织各志愿服务队开展了“慈爱嘉助老志愿服务”、“关爱青少年心理健康公益春令营”、“井盖涂鸦·扮靓美丽东胜”、“旅游志愿者培训”、“爱我鄂尔多斯·童心飞扬”主题画展、“七彩梦想·快乐飞翔”青少年暑期公益活动等多项大型志愿服务活动。

资料来源：http://www.wenming.cn/syjj/dfcz/nmg/201508/t20150806_2779520.shtml.

鄂尔多斯市亿利金威社区在其搭建的“政企共建”社区的平台上，整合了社区资源，依托社会组织孵化基地，建设了多样化志愿服务队伍，实现了服务阵地广覆盖，使社区志愿服务活动常态化，取得了社区志愿服务的良好实效。可见，社区整合社会资源，将其统筹到社区志愿服务中，兼收并蓄，使社区志愿服务获得源源不断的社会资源输入与坚实的社会组织力量支撑，进而推动社区志愿服务的广度与深度，提升志愿服务的质量与成效。本章将对社区志愿服务资源整合做如下阐述：

（1）社区志愿服务资源的概念与意义、内容与类别。

（2）社区志愿服务资源整合的概念、意义。

（3）社区志愿服务资源整合的步骤、方式方法与技巧。

（4）社区志愿服务资源的培育。

第一节 社区志愿服务资源的概念与意义、内容与类别

一、资源的基本含义

资源是任何个体和组织生存与发展、任何工作运行和水平提升的基本条件和基本前提，也是其超常规发展的基本条件。资源因人的需求而体现其意义。凡是有助于个体和组织生存与发展、工作运行和水平提升的主客观条件，都是资源。资源是一切志愿服务的基础，没有这个基础，一切志愿服务都难以为继①。

二、社区志愿服务资源的概念与意义

社区志愿服务资源是指能够为满足社区居民生活需求提供志愿服务、给予帮助和支持的社区内外各领域、各行业、各部门的资源，包括社会组织、民间团体、志愿服务团队、志愿服务者、社区居民以及志愿服务所需

① 刘宏森.“共青团资源论”论纲[J]. 青年学报，2014(3).

用的人力、资金、技术、人缘、信息、相关物质条件等。

资源供给尤其是持续供给是志愿服务不可或缺的前提条件，更是持续发展的重要保障。

三、社区志愿服务资源的内容与类别

社区志愿服务资源的内容包含以下七个方面：

（1）善心资源。志愿服务是人们在没有外在压力的情况下自愿地奉献爱心与援助的行为。这种行为主要发自于内心的善良，即善心。有了善心这种最根本的资源，人们才会为志愿服务无偿奉献体力、智慧、财力和物力，志愿服务才会拥有人力资源、资金资源、技术资源和相关物质资源等。因此，善心是志愿服务最根本的资源。

（2）人力资源。人力资源是人的体力融合了智力成分、情感等精神性成分的资源。其类别有：按技能分为专业技术和非专业技术志愿服务人员，按组织分为群团组织和非群团组织志愿服务人员，按属性分为帮扶类志愿服务人员、管理类志愿服务人员、中介类志愿服务人员和参与类志愿服务人员。

（3）资金资源。“志愿服务离不开资金资源的支持。资金作为一般等价物，可以转化为很多种其他形式的志愿服务资源。比如志愿者统一的服饰标识，志愿服务所需的基本工具、交通、膳宿、宣传等等，都需要相应的资金支持。缺乏必要的资金支持，志愿服务将难以进行。”①

（4）技术资源。“随着社会的发展，越来越多社会问题的解决需要专业志愿服务的加入，比如医疗健康、法律援助、应急救助等。”②

技术资源还包括居民生活需要的家电维修、理发、自行车修理、量血压、钟表修理、配钥匙等技能。专业技能已成为志愿服务中越来越重要的因素。

（5）物质资源。志愿服务还需要大量物质条件的支持。如场地、设备、设施等可以分享的资源，以及志愿服务使用的工具、材料、用品等。

（6）人缘资源。运用各种资源的媒介和人际关系。

（7）社区居民资源。社区内有一定服务能力、有某种专（特）长的离退休人员、青少年、共产党员、共青团员、少先队员。

---

① 刘宏森．青年志愿服务资源论［J］．江西青年职业学院学报，2016（5）．

② 殷向杰，许斋．我国志愿服务发展的困境、成因及完善思路［J］．道德与文明，2014（2）．

案　例

上海延吉新村街道社区志愿服务案例

近年来，延吉新村街道高度重视志愿服务工作，坚持把广泛开展志愿服务作为培育和践行社会主义核心价值观的有效载体，大力加强社区志愿服务中心建设，不断完善社区志愿服务体系，提升志愿服务制度化、社会化水平。2011 年 12 月，街道挂牌成立了上海市第一家社区志愿服务中心，引进社会组织参与管理运作，将专业化志愿服务融入百姓生活。五年来，志愿者队伍不断壮大，志愿服务活动蓬勃开展。截至 2016 年 3 月，社区志愿服务中心下设 17 个居民区志愿服务工作站，拥有各类志愿服务团队 203 支，注册志愿者 7 800 余人，占常住适龄人口的 12%以上；常态化开展 9 大类 30 余个项目，每年组织开展各类志愿服务活动 150 场以上。延吉的志愿服务工作得到了中央和市、区的高度肯定。2014 年 12 月，中宣部副部长王世明专程来延吉视察；市文明办连续两次在延吉召开现场会，推广延吉社区志愿服务中心模式；2014 年 3 月，延吉作为中心城区唯一街镇代表，在市“学雷锋”常态化专项工作座谈会上做经验交流；街道还协助市、区文明办开展“邻里守望”志愿服务工作专项课题研究，延吉的经验和模式被写入《上海市“邻里守望”志愿服务工作制度化建设》。在延吉，志愿服务呈现出积极健康向上的发展态势，社区志愿服务中心在价值引领、道德示范、公益服务、关爱帮助、互助合作等方面的枢纽平台作用正日益凸显，成为精神文明建设的亮丽风景和响亮品牌。

资料来源：http://www.volunteer.sh.cn/website/News/NewsItem.aspx? id=5472.

【点评】

该社区充分发挥人民群众在创新社会治理中的主体作用，找准定位，由街道“搭舞台”，由社会组织“唱主角”，广泛调动社区资源，激发起多领域、多行业可观人数的志愿者和众多社会组织、志愿服务团队服务社区的善心与热情，并以自身的专长参与社区志愿服务，因此有效地整合了社区、高校、企事业、社会组织的知识、技术、人力、物力、财力、人文等方面的资源，组建了多种类型的社区志愿服务团队、社区志愿服务阵地，强化了志愿者队伍的统一管理，实现了丰富多彩的社区志愿服务制度化与常态化。

第二节　社区志愿服务资源整合的概念、意义

一、资源整合的含义

资源整合是一种系统的思维方式。其功能是对相互关联又相互分离的组织进行协调，将参与共同使命的组织的合作伙伴整合为一体，为服务对象服务。

“人类个体和组织生存与发展、工作和事业推进与提升的过程，实际上就是资源运作，即资源配置、运行、消耗、整合、增值的过程。影响资源运作的主要因素包括制度性因素、人力因素和资源存量因素等。”①

“资源的持续供给和整合（包括资金和物质资源的后续投入、理念的更新、技能的培训、权益的保障、人员的激励等）所围绕的核心是对人力资源的整合。志愿服务人力资源的根本特征之一，是志愿者对志愿服务有着强烈的认同感和内在需求。因此，不断强化人力资源对志愿服务的认同感和内在需求，是志愿服务可持续发展的核心问题。从根本上说，对人力资源的整合比对资金和物质资源的整合更加重要，对志愿服务可持续发展的影响更加深远。”②

二、社区志愿服务资源整合的概念

社区志愿服务资源整合是指由街道办事处在其建立的共建机制、搭建的平台上将能够掌握、支配和调动的各种现实的社会资源，包括组织（人力）资源、物质（物力）资源、社会资本（财力）资源等多种资源以及理念的更新、技能的培训、权益的保障、人员的激励等进行识别、选择、汲取、激活、有机融合、优质配置、合理调动、合力投入志愿服务的合作行为与过程。

三、社区志愿服务资源整合的意义

社区志愿服务资源整合的意义从总体上概括是：具有为社区志愿服务提供人力、物力支持和资金保障的作用，是深入长期有效地开展社区志愿

① 刘宏森．“共青团资源论”论纲［J］．青年学报，2014（3）．

② 刘宏森．青年志愿服务资源论［J］．江西青年职业学院学报，2016（5）．

服务的不竭动力。从具体来看：

（1）社区资源整合使分布不均的社区资源得到均衡、调整与优化，使社区各类志愿服务获得所需的相应条件，从而扩展了服务的内涵与外延，丰富了服务内容，提升了服务质量，增强了服务功能，提高了资源效益。在更大的服务范围与程度上使社区居民获得看得见、摸得着的实际利益，在一定程度上满足了他们日益增长的物质和文化需求，解决了他们需要解决的一些问题，提高他们的生活质量。

（2）在社区资源整合过程中梳理和调节了各种资源关系，可以提高各单位、组织、团体对参与社区各项志愿服务活动的重视程度和激发其建立、完善与社区关系的积极性，促使社区内各单位、组织与居民的关系更加密切、和谐，在居民心中确立起资源单位的知名度和信誉度，增强社区的凝聚力。

案　例

整合多方资源　深化志愿服务

2018 年 4 月 21 日，石湾镇街道丽豪社区“志愿 365 乐善丽豪”2018 服务签约命名启动仪式举行。今后，丽豪社区居委会将整合党建、法律、医疗健康等方面的资源，在每月第三周的周六为居民开展常态化志愿服务。

据悉，2013 年 4 月，丽豪社区在全市首创了志愿服务集市，以志愿服务理念协同多方力量推动社区和谐治理。2018 年，丽豪社区在“最美志愿服务社区”的基础上，以“志愿 365 乐善丽豪”为主题深化志愿服务项目，广泛弘扬志愿服务理念，营造“我为人人、人人为我”大善大德的社区氛围，让志愿服务深入人心，培育社区志愿服务文化。

在启动仪式上，丽豪社区居委会与近 20 家共建单位签订共建服务协议，共同开展“志愿 365 乐善丽豪”项目。该项目旨在整合党建、法律、医疗健康、心理健康教育、家庭理财、社区关爱以及少儿教育等方面的资源，并在每月第三周的周六为居民开展志愿服务。

“志愿 365 乐善丽豪”项目还将结合党委政府的重点工作，组织开展相关宣传服务，及时传达惠民政策和满足居民需求的服务信息，并为居民搭建参与社区治理的平台，增强居民对社区的认同感和归属感，将“陌生人社区”变回“熟人社区”，形成“社区搭舞台，居民唱主角”的良好氛围。

资料来源：http://www.chancheng.gov.cn/chancheng/msss/201804/1739ef5129a8463f9ac6d6e529909945.shtml.

【点评】

该社区正是有效地整合了20余家单位多种类符合居民需求的志愿服务资源，合作共建起“志愿365乐善丽豪”项目，从而形成了一定的志愿服务规模和适用于社区志愿服务的体系，增强了志愿服务的凝聚力，使得社区志愿服务内容丰富、实用，参与服务的志愿人员专长与技能种类多，被服务的居民广泛，在更大程度上满足了社区居民的需求。

第三节 社区志愿服务资源整合的步骤、方式方法与技巧

一、社区志愿服务资源整合的步骤

在整合社区志愿服务资源之前，首先，要明确：(1) 志愿服务需要什么资源？从居民的需求及服务开展的角度去思考，明确目标，知道我们需要的资源有哪些。(2) 志愿服务需要的资源在哪里？谁掌握着它？要高效率地整合我们所需要的资源，这就需要我们绘制一个相对完善的社区资源图，以便及时了解资源所在。(3) 如何整合到需要的资源？要让资源掌握者了解我们，并确认我们值得信任，从而与资源掌握者建立良好的信任关系。(4) 何时能够使用所需资源？要达成资源供需共识，签订供需协议，确保资源能够为志愿服务所用。

其次，对掌握了的志愿服务资源进行分析、梳理、整合、分配。一方面将注册志愿者按专业技能、服务能力进行分类，为他们提供有针对性的志愿服务岗位，同时对新加入的志愿者进行有服务针对性的培训。另一方面整合服务需求信息，调配志愿服务人力，使服务的人力与服务对象的需求相对应、服务技能项目与服务对象的需求内容相吻合，避免众多志愿者扎堆为同一对象服务。

二、社区志愿服务资源整合的方式方法

(1) 建立志愿者和服务中心的有效衔接沟通机制。使有需求者能够找到提供服务的志愿者，提供服务的志愿者能够找到服务对象及服务项目。

一方面可以建立网络服务平台，使其成为志愿服务需求和供给有效对接的网络平台。

另一方面可以建立志愿者服务中心，为志愿者提供服务平台（志愿者服务中心通过网络与各街道、社区的便民服务机构实现有效对接）。需要志愿者服务的市民可通过电话或网络向志愿者服务中心求助，中心在审核确定后再根据地域选派志愿者上门服务。这样一对一的志愿服务不仅让志愿者们不再有“无用武之地”的烦恼，也能让求助者在第一时间得到所需要的服务。

（2）引导各类社会组织、辖区企业投资社区建设、认领志愿服务项目。社区企事业单位不仅可以为社区发展提供财力支持，而且可以从社区外部链接资源，搭建社区资源平台。

（3）满足业主需求和利益，达成互惠局面。社区内主要资源来自小区物业支持和个别企业联合：一方面，小区物业借助社区志愿者之力，在本社区开展各类特色服务，让居民受益，营造和谐氛围。另一方面，个别企业通过志愿者为自己的品牌做宣传，构建特色小区。企事业单位无论从资金还是资源平台方面都可为社区志愿服务提供有力帮助。

（4）挖掘社区物质资源。社区志愿者做好社区服务需在社区内寻求大量资源，将社区内可挖掘、可利用的资源用到社区志愿服务上。如在社区空闲场地开发建设娱乐场所，在空置房间开设学习辅导班、绘画班、舞蹈班等。当然，做好挖掘资源的工作不易，不仅要面对广大居民的排斥与埋怨，而且将承受外界的舆论压力。如果真能把社区物质资源挖掘出来并合理利用，将有利于社区发展。

（5）扩建外部资源枢纽。建立外部社区现有资源合作体系。社区资源类型诸多，每个社区均具有自己不同的资源整合方式，一些社区资源类型多，外部合作渠道丰富，那么资源相对缺乏的社区就可以与之合作，这对服务社区具有相当大的帮助。

（6）扩大社会资源投资、赞助系统。在社区志愿服务中，实行对外开放，并扩大资源链接范围，可为社区创造优质服务环境做基础。统筹社区志愿者通过外界资源平台与社会商业及爱心人士合作，将社会资源引进社区服务之中，加大资源链接平台。志愿者在社区中开展各类公益服务时，可在社会寻求各种类型的帮助，一方面可以为投资商、赞助商提供参与公益活动的机会，同时也能达到宣传企业品牌的效果。

（7）完善制度机制，推进规范化管理。要确保社区志愿服务长效发展，就必须推动志愿服务建设走上规范化、制度化道路，不断完善志愿者登记、管理、运行、培训、奖励、保障等有关制度，确保志愿服务的各个环节都有章可循。

（8）通过海报、微信公众号、微博等渠道发布志愿者招募信息，公开招募条件，把有意愿、能胜任的社区居民吸纳到志愿服务行列中来，扩大志愿者的参与面和覆盖面；通过网络、电视、报刊等发布志愿服务项目，鼓励社会机构、社团、个人参与志愿服务，为社会发展和百姓生活提供全方位的服务。

（9）志愿服务组织者要珍惜和善待志愿者。对志愿者从事志愿服务要有应有的保障，要重视对善心这一根源性资源的呵护。一要给予志愿者应有的保障。如与志愿者签订志愿服务协议，给志愿者购买与志愿服务相关的保险，而不能把志愿者当作廉价劳动力。二要给志愿者有效的激励。激励的形式并不限于表彰，还包括对志愿服务长期稳定的资金供给、志愿者自身权利和义务的明确、人格和人身安全保障、主观能动性和创造力的尊重，这些都是激励的有效形式。

三、社区志愿服务资源整合的技巧

（1）信息化管理相关利益方资料。对资料进行信息化管理有利于及时更新资料，并对资源进行有效分析。

（2）定期提醒、通知相关利益方资源的使用情况，让对方知道他的资源得到了怎样的运用，起到了什么效果。

（3）定期寄发刊物及相关活动信息给利益相关方，这样做一方面是为了加强联系，另一方面也是工作汇报的一种形式。

（4）定期组织会议或联谊活动，邀请相关利益方参加，增进彼此之间的合作信任关系。

（5）在特别的日子送上温馨的祝福和关怀，让对方有参与感并且感受到自己的重要性。

（6）与利益相关方共同分享服务的成果，让对方在了解服务成效的同时拥有自豪感和满足感。

（7）创建意见交流园地，及时听取利益相关方的建议，让对方感受到被尊重。

（8）在适当的场合公开表扬利益相关方或开展相关感谢活动。

（9）平衡资源的使用，避免资源的限制或过度使用。

（10）设计具有多元性、创新性的服务，吸引利益相关方的持续关注和支持。

还要加强社区志愿者宣传力度。一方面，扩建网络和地面宣传平台①。在社区志愿服务中，可以为本社区居民建立微信平台和居民 QQ 群，发布活动预告，方便活动人员的招募。也可以通过张贴宣传海报、拉横幅、社区公告栏及展板展位宣传等方式。这种方式可以提高居民对社区志愿者的关注度，增进其对志愿者服务内容的了解。另一方面，开展社区志愿服务知识讲座，其目的是让居民了解社区志愿服务的基本信息，促进居民对社区志愿者的理解。

同时充分利用社区志愿者服务角色整合内部资源。第一，建设社区组织资源。社区作为一个大家庭，老年协会、兴趣小组、舞蹈爱好者协会等这些组织是不可缺少的，但这些组织一般由几个关系较好的居民自发形成，对整个社区居民的影响相对较小。如果由具有影响力的志愿者带领整个社区居民共同参与，不仅可以壮大组织队伍，而且整个社区发展的和谐氛围也将越来越浓厚。社区志愿者牵线整合各种组织资源，居民自身进行管理，利用社区已有组织，链接外部资源，将本社区的组织送出“区门”，参加外界各种组织活动，可以为本区居民谋取一定福利，提高居民生活乐趣，赢得荣誉感。第二，整合社区内企事业资源。社区内企业单位及事业单位不仅可以为社区发展提供财力支持，而且可以为社区链接外部资源，搭建社区资源平台。对于市中心高档楼盘来说，业主多为白领阶层，大多需要物业提供多种便民利民服务及与生活息息相关的延伸服务。社区志愿者通过各种服务需要对社区资源进行整合，满足业主需求和利益，可以达成互惠局面。企事业单位无论从资金供给还是资源平台方面都可为社区志愿服务提供有力帮助。第三，调动社区个人资源。社区居民共同参与是社区走向成熟、稳定阶段的基石。在社区内，鼓励商业成功人士加入社区志愿者队伍，通过合作交换的方式达到互惠互利。对于个人来讲，商业的宣传最重要，赢利最直接；对于社区志愿服务人员来说，为居民谋福利、便民利民最重要。在这样一个互惠互利的背景下，以提供便民服务为宗旨，更容易引导个人参与志愿服务，共建社区。

---

① 社区资源整合策略案例分析［EB/OL］. http://www.rmlt.com.cn/2016/0322/421167.shtml.

案　例

整合资源，四社联动，创新社区志愿服务新模式

北苑街道金都社区成立于2011年4月，辖区面积1.1平方公里，现有居住小区15个，居民5 062户，1.5万人，属省级文明社区。近年来，金都社区积极探索社区党委统领、社工支撑、社会组织和志愿者共同参与的“四社联动”社区志愿服务机制，推动社区志愿服务与社区公共服务协调发展，倾力打造“融悦金都幸福家园”社区志愿服务品牌，全力破解社区治理难题，取得了初步成效。主要做法体现在以下四个方面。

一、发挥社区党委统领优势，搭建志愿服务平台

切实发挥社区党委的领导优势和核心作用，坚持共建共享理念，最大限度整合社区资源，为社区志愿服务活动开展搭建平台。一是构建社区党委统筹协调平台。将志愿服务工作纳入社区党委重要工作内容，成立由社区主要负责同志和社工、社会组织及志愿者代表组成的志愿服务工作领导小组，整合各方资源，发挥统筹协调作用。同时，吸收驻辖区的9家单位负责人全部进入社区两委班子，将企业单位志愿服务纳入社区统一管理。二是打造标准化志愿服务平台。按照志愿服务中心、志愿服务站、志愿服务广场“三位一体”的标准配套志愿服务硬件平台。金都社区建设了1 800平方米的社区服务中心，成立了社区志愿者工作站，并设立了“四点半”学校、多功能活动室、社区议事厅、书画室、棋牌室、阅览图书室、舞蹈厅、美术课堂等功能区域。按照“九个有”的要求，高标准打造了3 000平方米的志愿服务广场，为各类志愿服务活动提供了良好的室内外场所。三是建设信息化志愿服务平台。依托社区信息化管理服务平台，搭建以网站、QQ群、飞信群、微信等不同渠道的志愿服务信息化平台，定期发布居民需求和各类志愿服务信息，实现了志愿服务项目与基层群众需求的有效对接和“零距离”在线交流。目前，信息化平台建有5个QQ群、6个飞信群、1个微信公众号，加入居民有6 300余人。

二、发挥社工专业优势，提升志愿服务质量

将社工理念引入社区建设，采用政府购买和自我培养方式，加强社区组织和社工队伍建设，推动志愿服务专业化、规范化和精细化。一是

加强社会组织孵化。在认真学习借鉴发达地区社工机构运作模式的基础上，成功引进众智社工、和润社工等成熟社工组织2家，加快本土社会组织孵化。截至目前，社区已建成书画艺术协会、棋牌协会、文体协会、物业管理协会、教育协会、商业协会、日间照料中心、增能社会工作服务中心、爱心互助协会、矛盾调处理事会各类社区社会组织10个，有效承接社区公共服务。同时，实施社工精英培训工程和社会工作知识普及工程，鼓励社区在职人员参加社会工作者职业水平考试，提高社区社工队伍职业化水平。目前，社区已有持证社工5人。二是加强志愿项目策划。将经济建设领域项目化管理的先进理念引入志愿服务工作，运用“社会学”“管理学”等专业知识，采取“个案”“小组”“社区工作”等方法，由社区专职社工对志愿服务的实施对象、预期目标、评估办法、人员招募进行项目策划，并组织实施。今年以来，组织开展了“我的社区”“情暖夕阳”“妇孺共进”“爱在身边”等4大类志愿服务项目12个，提供休闲娱乐、日间照料、文化教育、健康医疗等多元化志愿服务500多人次。三是加强志愿者培训。以政府采购的专业社工为引领，依托市民学校、社区讲坛、道德讲堂等载体，定期对志愿者开展入门培训、技巧培训、进阶培训、管理培训和成长计划等不同层次的培训，全面提升志愿服务质量。今年以来，社区已组织开展大型培训4次，培训志愿者1 200余人次。四是指导开展志愿服务。坚持以社工带动义工。社工作为志愿服务活动的策划者、组织者、参与者和实施者，运用“以终为始”和“潜程推进”的社工方法，根据社区特点制订特色化、本土化、专业化的活动方案，指导或带领志愿者开展专业志愿服务活动，有效地提高了志愿服务活动的专业化和时效性。

三、发挥社会组织资源优势，满足居民多元需求

通过积极培育发展社区社会组织，凝聚人力资源、财力资源和专业知识资源，形成推进社区治理的工作合力，最大限度地满足基层群众需求。一是发挥人力资源优势。全都社区作为一个新社区，亟待破解工作人员少、管理难度大、社区任务重难题。社区志愿服务工作关键是做人的工作，也必须有人去做，仅仅依靠社区工作人员的力量是远远不够的。为此，社区党委积极链接潍坊辖区的鸢都义工、爱心义工、春雨义工、众智社工、开心社工、和润社工、好人网、心相连爱心公益联盟等各类社会组织资源，吸纳广大居民、社区单位和社会团体中的各类人才，定

期到社区开展志愿服务活动，实现了人力资源共享，解决了志愿服务工作“无人干”的问题。二是发挥财力资源优势。积极引导各类社会组织、辖区企业投资社区建设、认领志愿服务项目。例如，社区组织实施的“四点半”学校项目，就是由山东建林集团、“3A”教育、红缨教育等机构投资认领的社区志愿项目，项目为未成年人提供幼儿教育、小学生托管、公益学堂、才艺培养、经典诵读、社会实践活动等综合素质提升教育服务，受益儿童247人，解决了双职工子女学后无人照看的问题。三是发挥专业知识资源优势。针对社区居民在医疗保健、法律法规、文学艺术、网络新媒体等专业知识方面的需求，积极与市老年大学、潍坊学院、区疾控中心、正道文化、律师事务所等社会组织建立联系，邀请掌握专业知识的人才提供各类教育辅导服务。如情暖夕阳志愿服务项目，就邀请潍坊学院、第二人民医院、市老年大学等单位的专家，定期为老年人提供电脑网络、声乐戏曲、瑜伽健身、中医保健、棋牌书法等方面的教育培训。

四、发挥志愿者主体优势，扩大志愿服务覆盖面

以社区基层群众志愿服务需求为导向，在建设志愿服务队伍、创新志愿服务模式、完善考评机制方面下功夫，推动志愿服务工作提档升级。一是组建专业化志愿服务队伍。建立志愿者服务管理系统。社区现有登记志愿者1 510余人，根据志愿者的特长和意愿，成立了党员、敬老、爱幼、助残、治安、文体、“和事佬”、环保等志愿服务队，先后组织开展了“红歌大家唱”、“志愿服务进小区，我与城市共提升”、书法、象棋、扑克等比赛，环保护绿，文明劝导，治安巡逻等各类志愿服务活动400余次，累计参加人数8 000余人次，有效满足了不同层面、不同群体的志愿服务需求。二是创新“点单式”志愿服务模式。坚持“由民做主”的理念，按照“把握基层需求、设置服务项目、开展优质服务”的流程，有针对性地开展志愿服务活动。年初对社区不同群体800余人进行了摸底调查，研究确定了12大项28小类志愿者服务项目。制作了《社区志愿服务需求“菜单”》，在《社区报》、志愿服务广场布告栏进行公布，社区群众可根据自身需求，对照“菜单”点选志愿服务项目。今年以来，持续开展文艺服务、心理咨询、法律援助、医疗护理等各类社区志愿服务活动20余场次，实现了志愿者、服务项目和服务对象的有效衔接。三是完善志愿服务评价机制。把评价激励机制建设作为推动工作的关键环

节，促进志愿服务工作常态化。实行志愿服务打卡计分制，为志愿者配备志愿服务 IC 卡，志愿者参加志愿服务活动前打卡计时、计分，按服务时间换算分数，累计达到 50 分以上者，可以兑换不同礼品，计分清零。实行星级评价制度，服务时间累计达到 100 小时以上的志愿者，可按服务时长，评定为一至五星级志愿者，每年组织评选“最美志愿者”和“最佳志愿服务项目”，并在社区志愿服务广场进行表彰和公示。特别优秀的志愿者，可推荐为市区级先模人物、道德模范、优秀志愿者。定期为优秀志愿者进行健康检查，赠阅图书报刊，邀请其参加集体活动，让他们有荣誉、受尊重、得实惠、添动力。

资料来源：https://dl. pconline. com. cn/download/1634473. html.

【点评】

北苑街道金都社区在其构建的社区党委统筹协调平台上，多渠道、多方面、多项目、多方式地进行了社区志愿服务资源的高效统筹、协调与整合；在其打造的标准化志愿服务平台上，配套了“三位一体”标准的志愿服务硬件平台，为各类志愿服务活动提供了良好的室内外场所；在其依托社区信息化管理服务平台建设的信息化志愿服务平台上，实现了志愿服务项目与基层群众需求信息的有效对接。

该社区通过引进多种类社区社会组织，着力进行了本土社会组织孵化，建立起涉及社区公共服务多种类项目的社会群团组织，有效承接了社区公共服务。具体如下：

（1）把经济建设领域项目化管理的先进理念引入志愿服务工作，提高了志愿项目策划和组织实施的水平与实效，实现了多元化高质量的志愿服务。

（2）依托教育类部门和教育载体对志愿者进行的不同层次的培训，提升了志愿服务者的服务能力。

（3）以社工带动义工的方式，指导或带领志愿者开展专业志愿服务活动，保证了志愿服务活动的专业化和时效性。

（4）积极链接辖区的各类爱心社会组织资源，使志愿服务工作有人干。

（5）积极引导各类社会组织、辖区企业投资社区建设、认领志愿服务项目，发挥其优势作用与能力以及财力资源优势，解决了一些困扰居民生活的难题。

（6）与掌握专业知识的社会组织及人才建立联系，得到他们的各类教育辅导服务，使专业知识资源优势发挥了作用。

该社区着力建设志愿服务队伍、创新志愿服务模式、完善考评机制。通过建立志愿者服务管理系统和多支专项志愿服务队，开展多类别志愿服务活动，实现了志愿者、服务项目和服务对象的有效衔接，满足了不同层面、不同群体对志愿服务的需求。

该社区设立了志愿服务评价机制，使志愿服务者的精神被激励，善心被呵护，实现了社区志愿服务资源供需平衡和服务工作常态化。

第四节　社区志愿服务资源培育

“社区资源为社区服务提供资金保障和物质支持，社区服务可以将社区内的人力、物力以及财力等多种资源合力投入，科学配置，开展长期有效的社区志愿服务。”① 而要使社区资源成为长期志愿服务的不竭源泉和保障，就要进行资源的培育。因此，充分了解社区资源及其培育的相关知识，有利于社区志愿服务工作的有效开展。

一、社区资源的概念、内容、分类

1. 社区资源的概念

社区资源是指能够满足社区居民生活需求的一切自然物质资源和人为的社会文化制度，包括一个社区内一切可运用的资源、各方面的力量②。社区资源也可以概括为：一个社区能够掌握、支配和动员的各种现实的社会资源。从资源整合的角度来讲，社区资源包括物质资源、组织资源、文化教育资源、社会资本等③。

---

① 高超．社区党群服务中心资源整合研究：以深圳市A区社区党群服务中心为例［D］．南昌：江西师范大学，2017.

② 沈丹妮．城市社区志愿者服务意愿及其影响因素：以嘉兴市南湖区南湖街道为例［D］．杭州：浙江工商大学，2017.

③ 同①.

2. 社区资源的内容

“社区资源包括人力资源、物力、财力、知识与资料、历史传统、生活习俗、发展机会、自然地理、天然物质资源、人文社会环境等等。只要能有助于社区发展工作的，均应加以发掘、动员与运用。”①人力资源包括社区领袖、志愿者、专家学者、专业人士，物力资源包括物质资源和设备，财力资源包括各种来源的资金，人文资源包括人民认可、喜爱的文化性内容，人缘资源包括运用各种资源的动力、媒介和人际关系。在主体方面，社区居民也是一种社区资源。

3. 社区资源的分类

社区资源分为社区内部资源和社区外部资源。

社区内部资源是社区自身内部存在的可以有效地促进社区发展的资源，主要包括物质资源、精神资源、人力资源、组织资源以及综合资源等。第一，物质资源是社区所有资源中最重要的资源，它是社区志愿服务建设和发展的资金保障和物质支持，一定规模的物质设施是满足社区成员生产和生活需要的物质条件。第二，精神资源指社区中各种公共组织和社区成员的社会态度、精神风貌、思想政治道德素质等，精神资源在一定程度上决定着社区的办事能力和承担社会责任的能力。社区成员会对社区的活动产生认同、满意或者不满的心理，如果一个社区的物质资源很丰富，但其成员的态度消极，那么这种物质资源就起不到积极作用。第三，社区是人群生活的共同体，其中人口是构成社区的首要部分，这就决定了人力资源是这些资源中最宝贵的资源，主要是指社区成员中具有能力及政治素质的人，人力资源对社区的发展起着举足轻重的作用。第四，任何团体想要有秩序地存在下去，就需要一定的组织机构对其进行维护和管理。社区是地域性的社会实体，仅仅依靠邻里这些基层的群体是不够的，这就需要发展相应的社区志愿组织。第五，综合资源指一种无形的文化资源，或者是一种传统资源，社区具有社区文化，这种社区文化资源又被称为综合资源②。

社区的内部资源还包括社区内的居民、退休职工各自的专业能力，可以将他们联合起来，形成团体，鼓励他们积极参与志愿活动。

社区的内部资源主要是为住户居民的日常生活服务，具有内部整合性

---

① 沈丹妮．城市社区志愿者服务意愿及其影响因素：以嘉兴市南湖区南湖街道为例［D］．杭州：浙江工商大学，2017.

② 周学娇．社区资源整合浅议［J］．合作经济与科技，2016（4）.

和现实实用性的特点，在帮助住户处理生活中的困难方面起到很大作用，填充了社区帮助不到的空间，起到了缓解居民与社区矛盾的作用。对于和自己生活息息相关的社区内部资源，居民的知晓程度很高，明显高于对外部资源获取、使用的知晓程度。

社区的外部资源包括社区的自然资源、人文资源和社会资源。

自然资源是社区居民生存和发展的基础，而社区则是自然资源最重要的附着地。自然资源是人类可以利用的、天然形成的物质与能量，是人类生存和发展的物质基础、生产资料和劳动对象，是一个国家经济发展和人们生活水平提高的重要条件，是社会财富的重要源泉①。

人文资源是由人民所认可的，并且由社会和人民所创造的一些文化产业，以及形成的一种所公认的文化氛围，还包括一些人缘资源，如运用各种资源的动力、媒介和人际关系等。

社会资源包括积极响应国家的政策，由国家或政府部门提供一定的支持和资源的整合，还包括一些专家学者、专业人士的贡献以及提供的人力物力资金支持与帮助。

在社区各种资源中，政治资源是在我国城市社区内具有政治交换价值、维持城市基层政治稳定、推动政治发展的物质或非物质因素。主要包括组织资源（社区内的党员、各级领导、人大代表）、社团资源（各类协会、团体和社区中介组织）、理论资源（社区建设和发展知识与理论、维护社区政治稳定的意识形态）、传媒资源（社区广播、板报、社区集会）和法定行为资源（社区选举、居民代表议事）等。积极开发和利用社区政治资源，不仅能充分发挥社区政治资源的作用，而且能促使社区政治资源在使用中逐渐增值。如注意挖掘并不断开发驻在社区中团体的政治资源的功能，这个团体就会重视其自身在社区中的地位和价值，同时也会关注社区的建设和发展，并在其中发挥越来越大的作用。另外，作为城市居民自治组织的社区，有着极大的容量，无论是单个居民家庭、外来务工人员，还是社区团体、协会、党政机构，只要用心挖掘，合理使用，政治资源将发挥出巨大能量。开发这些资源的过程，也是梳理和调节各种资源关系的过程。只要理顺关系，科学配置，就能综合发挥各项政治资源的最大效能②。

① 李名赫. 社区环境道德建设研究［D］. 哈尔滨：东北林业大学，2013.

② 杨贵华. 社区共同体的资源整合及其能力建设：社区自组织能力建设路径研究［J］. 社会科学，2010（1）.

二、社区志愿服务资源的培育

(1) 社区居委会可针对居民中的志愿者，建立统一管理系统、“区校对接”“项目承接”等志愿服务模式，进行社区志愿服务信息化管理；依托社区内的党群服务中心、社区文化中心等为志愿者提供交流、学习的固定场所；建设志愿服务阵地；调动社区志愿者积极投身社区志愿服务，鼓励志愿者协助社区工作者共同管理社区。

(2) 培育专业的社区志愿服务队伍。社区志愿服务需要专业性的团队，应该着力提升社区志愿服务队伍的专业水平。社区可以根据居民自己的意愿采取公开招聘的方式，择优录选，充分发挥有能力、政治素养较高人员的才能，并对社区志愿服务中的管理人员进行定期培训，以提高他们的素质和管理能力，从而带动整个社区志愿服务队伍的建设，尽可能为社区居民服务到位。

(3) 培育稳定的社区志愿者队伍。建立激励机制，保障长效化管理。尊重志愿者的个性与发展需求，采取激励措施，确保更多的人长期投身于志愿服务工作之中。通过表彰优秀志愿服务群体和个人、宣传志愿服务先进人物事迹等多种形式，传递志愿服务的正能量；通过对志愿者进行星级评定、志愿服务时间储蓄制度等方式，增强志愿者的荣誉感，逐步建立社会回报制度，向志愿者传递社会各界的关注和认可，使志愿者感受到从事志愿服务所带来的成就感、荣誉感和责任感，从而保持志愿服务的积极性、实现社区志愿者队伍的稳定性。

(4) 培育符合社区居民特点的特色服务项目。围绕党和政府关注、群众急需、居民关心的问题，以老年人、未成年人、外来务工人员、下岗失业人员、残疾人和低收入家庭等社会弱势群体为重点服务对象，摸清群众的需求，建立服务需求库；根据志愿者的专长、服务意向、服务区域、服务时间等进行分类；在志愿者队伍和居民需求之间搭建互通平台，促进志愿服务的供给和需求对接；建立、拓展、巩固、健全志愿服务体系，实现志愿者管理和服务活动的有机结合。

(5) 构筑培训机制，推行等级化管理。对志愿者进行培训是提高志愿者队伍素质与服务质量的需要，是社区的一项重要工作。志愿者自身素质、服务能力的高低对于志愿服务的质量起着决定性作用。为了充分发挥志愿者的自身优势，可以根据社区志愿服务的实际情况和志愿者的不同特点采用相应的培训形式和方式，引进专业机构承担志愿者培训工作，志愿者可根据个人兴趣和服务的项目选择不同专业接受培训，以提高个人专业服务技能和水平。

（6）明确政府在资源整合中的角色。社区承担起志愿服务该承担的职责，政府有效地介入社区志愿服务建设，从中协调，加大对社区志愿服务的投入，把各项政策落到实处，真正从社区的实际情况出发，辅助社区志愿服务发展，实现志愿服务资源的有效整合。

案例1

书南社区开展2018年第一季度志愿者培训活动

为提高社区志愿者综合素质，以便于更好地为社区居民服务，2018年3月16日书南社区联合怡新社区开展志愿者培训活动，20余名志愿者参加。

参加本次培训的是社区志愿者服务队的志愿者。本次培训通过课堂讲授与课堂讨论相结合的方式，从建立健全志愿者管理机制、志愿者的职责、志愿者的权利和义务、志愿者服务对象以及志愿服务的价值意义等几个方面，让大家了解了志愿服务的相关知识，充分体会“我参与、我奉献、我健康、我快乐”的志愿服务精神。志愿者们通过这种方式了解了更多关于志愿者服务过程中应注意的一些细节问题，通过积极的讨论，大家纷纷表达了自己在参加志愿者活动中遇到的趣事和解决的办法，课堂氛围十分活跃。该社区的志愿者对自己的要求十分高，志愿者们希望通过自己参与的志愿活动为社区居民以及需要帮助的群体带去自己的关爱，让社会的和谐氛围更加浓厚。

此次志愿者培训活动大力宣扬了志愿服务的奉献精神，促进了社区的安定团结，为和谐社区的构建添砖加瓦。

资料来源：http://www.cdvolunteer.org/t/n/a202096.html.

【点评】

书南社区联合怡新社区对社区志愿者服务队进行的培训，一方面使志愿者认识到了志愿者的职责、权利、义务及健全的志愿者管理机制，从而明确了自己作为志愿者应遵守的规章制度和纪律，以及在参与志愿服务时的行为规范；另一方面使志愿者了解了志愿服务的价值、意义及志愿服务中解决一些问题的方法和相关知识，从而为这支队伍的志愿者树立“我参与、我奉献、我健康、我快乐”的志愿服务理念和奉献精神奠定了思想基础。这一培训是对社区志愿者服务队进行专业培育的必要开端。

案例2

天河区举办社区志愿服务骨干培训班

为了让来自基层一线的社区干部及志愿服务骨干掌握更标准更全面的志愿服务知识和工作方法，进一步提升社区志愿服务骨干的综合素质和业务能力，10月11日、12日，天河区文明办在区委党校举办社区志愿服务骨干培训班。来自各街道负责志愿服务工作的同志、社区志愿服务骨干、“天河好人”及好人工作室代表近百人参加了培训。

培训班特别邀请了中共广东省委委员、广州义工联会长、全国道德模范提名人选、“天河好人”李森和广州市志愿者学院副研究员、南粤志愿服务督导邵振刚为学员授课。课程还设计了“资深志愿者经验分享结对沙龙”活动，由启智中心资深志愿者做经验介绍，并分别与各街道做结对指导，促进街道发展具有本地特色的志愿服务品牌项目。

学员们认真听讲、踊跃提问、积极交流，全身心投入到学习中，为推动社区志愿服务发展，凝聚社会各方力量，释放更强大的正能量，探索发展社区基层群众共建共治共享模式奠定了坚实的基础。

资料来源：http://www.thnet.gov.cn/thxxw/bmxx/201810/d494f0e1bedb4923beb65c4989ec78c7.shtml.

【点评】

天河区邀请、调集了省委领导、全国道德模范、市志愿服务的负责人以及专家和学者作为培训全区各街道社区志愿服务骨干队伍的有利资源，通过开设形式多样、内容切合志愿服务需求的专业课，讲授、交流、分享、结对指导等方式，志愿服务骨干们学习、掌握了志愿服务必要的专业知识和方法，提升了其志愿服务的思想水平和专业能力，从而推动全区志愿服务骨干队伍朝着专业而稳定的方向发展。

案例3

番禺区开展社区居家养老志愿服务人员培训活动

为落实《广州市深入组织实施老年人照顾服务项目工作方案》，9月26日下午，番禺区民政局联合广州市阳光天使社会工作服务中心，在番禺区福利院开展社区居家养老志愿服务人员培训活动。全区16个镇街的社区居家养老服务中心工作人员及社工、社会服务机构工作者等50多人参加了本次培训。

培训邀请了广东省国典教育改革发展研究院副院长许化利老师，许老师为参训人员讲解了探访长者的服务技巧，使学员了解了长者的生理和心理特征、不同长者的需求，从而实现与长者高效沟通。另外，许化利老师还详细讲述了上门探访及电话拜访时与长者进行有效沟通的技巧及注意事项，如社区居家养老服务工作人员需要做好探访前的资料收集准备，采访期间多用开放式问题来展开话题，离开时注意老人情绪等等。

培训讲座结束后，各个镇街的参训人员都认真填写了培训反馈，共收到有效反馈表44份，约90%的人认为本次培训对于今后的居家养老服务工作有很大帮助，并且希望将来有更多关于为老年人服务的实用技巧培训，力求为老年人提供更好的服务。

资料来源：http://sh.qihoo.com/pc/9525185db645d52d5? cota=4&tj_url=so_rec&sign=360_e39369d1&refer_scene=so_1.

【点评】

番禺区民政局联合广州市阳光天使社会工作服务中心通过对志愿服务骨干进行居家养老的专业服务与技能的专项培训，使志愿者认识到服务对象的年龄、心理、需求特点，学习、掌握了与老年人沟通的技能技巧、方法和服务的经验，提升了对老年人服务的专业能力和水平，从而培育了服务于居家养老者的志愿服务骨干队伍的专业素质，进而在更大程度上满足了居家养老者的需求，保证了对这一特殊人群的服务质量和实效性。

综合案例

“青春伴夕阳”志愿服务项目

“青春伴夕阳”志愿服务项目主要由青年志愿者组织与社区和养老机构对接，深入社区、养老机构，针对空巢、高龄、失独、孤寡老人提供家政服务、看书读报、陪护外出、义务理发、电话问候、探望慰问、拍照送祝福、亲情陪伴、健康咨询、文化娱乐等服务，丰富老人生活。人共区志愿者联合会开展“暖夕”志愿服务活动，组织摄影志愿者为社区、养老机构高龄、孤寡、失独老年人拍照片送祝福。

活动旨在汇集社区的青年人、公益团体、爱心人士等优势资源，定期到敬老院提供相关的敬老服务。另外，收集掌握社区或者身边的孤寡老人、残疾老人、空巢老人等困难群体的信息，将志愿服务资源带到老人身边，定期送去关爱或者慰问，形成“邻里守望”的浓厚氛围。社区青年汇组织志愿者通过“一对一”“多对一”结对帮扶的方式，定期为空巢老人提供生活照料、心理抚慰等服务：对生活不能自理的老人，提供送餐、帮助做饭、打扫卫生、帮助购物、陪同就医等服务；对生活半自理的老人，提供电话问候、上门服务、急事随叫随到等服务；对经济困难的老人，开展慈善援助和社会捐助等服务；对精神寂寞的空巢老人，提供陪他们聊天、拉家常、节假日探望等服务。敬老爱老志愿服务活动逐渐制度化、常态化。

资料来源：共青团北京市委员会，北京青少年社会工作协会．都市青少年专业服务新模式：社会工作专业视角下的北京“社区青年汇”优秀案例［M］．北京：中国社会出版社，2018.

以下为对上述案例的具体分析：

（一）社区需求评估与诊断

“青春伴夕阳”志愿同行是社区青年汇针对社区青少年和老人两个群体开展的志愿公益品牌活动。因而，活动中青少年和老人同时都扮演服务对象和志愿者两个角色，在青少年和老人的互动中彼此都获得陪伴和成长，这是本活动最大的特点。本社区内的老年人口多，其中高龄老人人数居多，需要更多的服务者进行帮扶；本活动项目内容居多，其中有定期送去关爱或者慰问，为空巢老人提供生活照料、心理抚慰等以及为生活不能自理的老人提供送餐、帮助做饭、打扫卫生等服务。由于活动项目内容多，所需服务人员就多，通过社区内的工作人员及时进行内外部资源的链接，汇集了社区内外的青年人、公益团体、爱心人士等，积极调动这些优势资源来为社区开展的活动进行志愿服务。

（二）项目设计

本项目以志愿服务的形式引导青少年参与社会治理，缓解老年人因家庭团聚时间少、融入信息化社会慢所引发的多种常见问题，消减他们的孤独感。项目通过组织多项活动，加强代际沟通，通过组织老少两代人互动，培养增强青少年志愿者的社会责任感，学习体验尊老、敬老、助老的传统美德，实现自己的价值。通过调研了解青少年和老年人两个群体的需求，在设计项目实施环节，从优势视角出发，发挥各自的长处，实现老年人和青少年之间的互惠和共赢，搭建起社区支持网络。

（三）项目实施

（1）前期调研：社工通过发放调查问卷了解该社区老年人有与人交流和生活服务上的需要；同时了解到该社区的服务人员难以满足老年人的需求，需更多的人员进行帮扶。

（2）通过走访以及在社区居委会领导者的帮助下，社区工作者及时和了解资源的社区外界人员进行对接，获取更多的服务资源，并与该社区进行及时有效的对接，以满足该社区对志愿服务的需求。

（3）青少年群体为老年群体提供服务。青少年群体通过对老年人的志愿服务，得到了在学校得不到的思想、知识、技能等方面的学习与社会实践，汲取到了健康成长的营养与动力。

（4）组建志愿者服务队伍，建立志愿者档案，整合志愿服务资源。

（5）社会工作者将所交接到的资源进行资源共享，达到让资源充分发挥服务效用的效果。

思考与讨论

1. 如何认识和理解社区志愿服务的资源？
2. 举例说明社区志愿服务资源如何整合和链接。
3. 怎样培育社区志愿服务资源？

第五章
社区志愿服务项目及其管理

引 例

花都区城市社区志愿服务管理

花都区位于广东省省会广州市的北面，是南北交通要道，素有“省城之屏障，南北粤咽喉”之称。截至 2016 年底，“花都区常住人口 105.49 万人，其中城镇人口 70.95 万人”，近年来，花都经济社会建设不断迈上新台阶，先后获得“全国科技进步示范区”“第三次全国城市环境综合整治优秀城市”“广东省文明城市”“广东省卫生城市”等荣誉称号。在花都区经济社会发展的过程中，花都区的城市社区志愿服务管理也形成了自己的一套做法，并取得了一定的成效。特别值得一提的是，2010 年广州举办亚运会，花都区承办了相关赛事；2011 年，广州市被评为全国文明城市，花都区和广州市其他区（市）一起通过了严格的考核。在这两项重要工作中，城市社区志愿服务发挥了重要作用。

资料来源：雷达. 广州市花都区城市社区志愿服务管理研究［D］. 广州：华南理工大学，2017.

花都区一直很重视城市社区志愿服务管理工作。区精神文明建设委员会办公室、区民政局、团区委等有关志愿服务管理部门和各城市社区都将城市社区志愿服务作为重要工作来推进，积极组织志愿者参与，逐步探索出适合花都区城市社区志愿服务管理的模式。在志愿服务发展的新时期，志愿服务项目及其管理能够体现出志愿组织的专业化与科学化，这将是社区志愿服务管理的新趋势。所以本章将重点阐述以下内容：

（1）社区志愿服务的需求与服务计划的实施。
（2）社区志愿服务项目如何运行。
（3）社区志愿服务项目的创新点。

第一节　社区志愿服务项目策划

案　例

社区营造志愿服务项目方案

一、实施组织概况

宝应县萤火虫志愿者协会，属4A级社会组织，协会自2014年1月正式在县民政局登记注册以来，一直秉承“奉献、友爱、互助、进步”的志愿精神，以“人人公益、人人志愿者”为协会宗旨，积极参与服务敬老、助残、关爱青少年等社会志愿服务。协会成立以来，加入志愿者750多人，其中会员200多人，开展社区志愿活动500余次，参与活动的志愿者达4 140多人次，服务对象8 300多人次，受到了社区居民的广泛欢迎。2015年协会关爱留守儿童“微图书角”项目被评为省优秀志愿服务项目，2016年协会被评为“江苏省巾帼志愿示范基地”，2017年协会“长者同行”项目被评为省志交会银奖项目。

二、项目实施方案

1. 项目产生的背景及其独特性

社区是政府为民服务的最基层单位，随着城市化进程的不断加速，社区工作出现了很多新问题，如社区融合的问题、社区居民互动的问题、社区家庭和谐服务的问题等等。但是，社区由于各项事务繁杂，只能将精力更多倾向于行政事务，对一些居民关注的公益事务缺乏研究。所以，本项目立足于发现和满足居民需求，为社区找到居民服务的最佳切合点，实现居民互动参与，达到社区和谐的目的。

2. 项目主要内容、实施地域、受益对象人群及数量

项目主要内容：以“嗨，社区”的概念文化为基点，结合“社区乐、社区学、社区帮”的三社模式，开展社区调研、社区志愿者招募与培训、社区趣味联欢会以及社工服务等活动，促进社区互动和居民参与。

项目实施地域：宝应县安宜镇白田社区。

项目受益对象人群及数量：白田社区现居住 4 088 户，人口 12 916 人，其中 60 岁以上老人约为 6 000 人，80 岁以上高龄老人 20 多人，社区青少年约 2 000 人。本项目直接服务人群约 100 人，但是辐射影响人员达 1 万多人。

3. 项目实施步骤安排

(1) 项目实施步骤。

a. 社区居民需求调研

活动频率：1 次。主要内容：设计针对社区居民需求的问卷，招募和培训志愿者，对社区居民进行集中调研，预计调研问卷 1 000 份以上，最后形成调研报告，为以后的社区居民服务提供依据。

b. 社区志愿者招募、培训及管理

活动频率：每季度一次志愿者招募，合计 4 次。主要内容：向白田社区居民公开发布志愿者招募信息，招募社区志愿者并开展培训，初步形成志愿者管理及服务规范，初步拟定社区服务规范。

c. 社区融合主题工作坊

活动频率：3 次。主要内容：开展各类主题工作坊，如生命教育、节日活动、社区融合等，推动社区居民参与社区活动，推动社区居民融合。

d. 社区社工服务

活动频率：若干。主要内容：接受社区居民咨询，以及根据社区需要提供个案、小组、社区工作等社工专业服务。

(2) 项目资金安排。

a. 社区居民需求调研：0.5 万元。

b. 志愿者招募培训管理：0.5 万元。

c. 社区融合主题工作坊：0.48 万元。

d. 社区社工服务：0.32 万元。

e. 管理费：0.18 万元。

f. 税费：0.096 万元。

合计：2.076 万元。

4. 项目拓展计划

(1) 资源拓展：针对本项目，我们将资源定义为志愿者资源、社区商家资源、社区居委会资源。首先，我们通过招募培训等方式，获得志愿者资源；然后将社区商家引入项目，和商家开展合作，通过活动的影响力，提升商家的品牌知名度甚至营业额，为活动募集到了必要资金和物资支持。对于社区居委会的资源，我们主要是为社区建立活动品牌来吸引社区支持。

（2）营销拓展：主要通过宣传、优质的活动策划，形成社区影响力，逐步形成项目品牌，实现可持续、可推广。

5. 项目取得的成效及现实意义

项目自开展以来，已发放社区调研问卷1 000余份，收回有效问卷800多份，充分了解居民在现阶段对社区活动的需求与想法。举办居民沙龙2次，通过社区义集等形式吸引居民参与达500余人次，吸引社区志愿者介入30余人。接受专业社工咨询5人次，开展社工小组活动3场。项目的开展在居民中形成了良好声誉，有众多市民表示愿意参与到活动中来。

6. 项目宣传计划

一是通过悬挂横幅、发放宣传单和利用网络媒体等方式进行宣传。每次的活动过程和照片都会通过QQ、微信、微博等及时分享出来，让更多的人了解并予以关注，从而加入我们的志愿者行列。二是尽量邀请媒体参与活动现场报道，并积极向相关媒体投稿，通过主流媒体扩大活动影响力。

资料来源：http://wm.jschina.com.cn/18852/zjh3/others/201808/t20180830_5653147.shtml.

【点评】

该协会通过完整的方案呈现服务计划，条理清楚，详细规整，这样的方案无论是给政府、组织者还是给志愿者看，都能体现出其中的专业程度、体系化程度以及对于项目的精细管理。对于社区志愿服务来说，每一个项目都应该呈现出类似的方案，这样才能促进社区志愿服务的制度化与科学化。

一、社区需求分析和服务目标与内容的确立

随着城市建设的不断深入，社区的地位和作用发生了重大变化，城市社区服务逐渐成为人民生活的保障。改善城市居民公共服务内容，提高居民生活质量对维护社会和谐稳定具有重要意义。对社区服务的需求决定了社区服务供给的内容和形式①。

① 张丽莉. 我国城市社区服务需求分析与完善措施［J］. 中国市场，2016（34）.

随着居民生活方式的变化、社会组织和就业形式的发展，大量退休人员、下岗工人和流动工人进入社区。城市的人口结构已经发生变化，人们对物质、文化和生活的需求特点也转向了多样化、个性化和精细化，社区志愿服务项目策划也应该从需求调查开始。

1. 社区志愿服务内容的需求分析

目前，城市社区志愿服务需求内容十分丰富，包括弱势群体的社会福利服务需求以及所有居民的便利和福利需求。社区志愿服务内容的重点因居民而异。对于社区中的老年人，服务需求主要包括：日托和护理服务、家庭护理服务、文化和娱乐服务、临终关怀服务、社区老年大学服务等；青少年的服务需求包括：学术咨询服务、兴趣等级需求、非学校时间安排服务、青少年权利保护服务、心理咨询服务等；社区残疾人的服务需求主要包括：职业技能培训服务、就业援助服务、日常生活服务等；对于社区中的年轻人和中年人，服务需求主要包括：婚姻服务、保健服务、就业援助服务、维权服务、家政服务、物流和配送服务等。

综合而言，对城市社区志愿服务的需求主要体现在生活服务和文化服务两个方面。生活服务需求主要涉及社会保障、就业服务、医疗、环境、交通、家务、维修、咨询等服务，文化服务需求主要涉及科学、教育、文化和体育活动。其中，养老服务、教育服务和医疗服务受到最高关注。其中一个原因是中国大多数城市已进入老龄化社会，老年人和儿童的工作更多。人们无法照顾家中的老人，因此居民更加关注家庭护理和医疗保健服务。此外，未成年子女的教育一直是社会关注的热点问题，自然也是社区服务中最重要的需求。最后，人们已经意识到健康的重要性，中年人、老年人越来越关注自己的健康，对健康服务的需求也越来越迫切。

2. 社区服务基础设施需求分析

随着生活质量的逐步提高，城市居民对社区环境和设施的要求也越来越高。居民对基础设施的需求主要集中为公共安全和综合安全设施的需求、公共文化设施和场所的需求、社区医疗设施需求、生活配套设施需求等。例如，老年人日托室、中小学生保管室、残疾人康复室、社区图书馆、文化活动室、健身室、社区户外健身设施、社区医院、社区绿化、停车位、超市、社区食堂等。其主要目的是为社区成员创造积极、健康、充实的精神生活环境和整洁、美丽、便捷的物质生活环境。

3. 社区服务人员的需求分析

中国的大多数城市社区服务都依靠社区志愿者来提供服务。为了满足社区居民日益多样化的社区服务需求，社区志愿者需要具备社会保障、医疗保健、公共管理和家务管理等方面的专业技能。目前，中国社区服务人员的质量和数量显然不能胜任。因此，中国城市社区服务的主体已从单一的社区居委会或基层政府转变为区内的政府、社区组织、志愿者组织、企业和机构以及社会组织等多种主体。然而，在这个阶段，城市社区服务的主体仍由社区居委会和政府提供，其对社区居民的影响还不够，志愿服务参与领域还需要进一步扩大。

二、确立服务计划和实施步骤

社区志愿服务的组织者通常是社会组织①。社区志愿服务项目策划需要考虑“如何策划设计一个志愿服务项目”“这个志愿服务项目有哪些必备的步骤”“进行活动需要考虑的关键因素是什么”等问题。虽然组织者计划的每个特定项目都是独特的，但一般来说，项目管理过程必须启动。

项目设计主要是指在项目开始之前提供尽可能详细的文档。实践证明，如果项目计划完成，将大大节省项目运营时间，提高项目的效率和成功率。制订志愿者项目计划通常包括以下步骤：

第一步，确定项目的目的和目标。一般而言，整个项目有四到五个目标就足够。

第二步，明确项目的可行性。当存在项目构想或项目需求时，首先需要评估它是否能够满足时间和成本要求，是否能够实现目标并解决问题。如果在最初的估计中，它似乎不是一个成功的项目，那么该项目将不会得到所有各方的支持，也无法启动。衡量志愿服务项目的成功与否，需要以下五个标准：

（1）时间——能否按时完成；

（2）成本——有没有超过预算成本；

（3）范围——是否已实现预期目标或覆盖目标群体；

（4）质量——达到志愿服务主体和对象的期望的程度；

（5）资源——是否正确使用内部和外部资源。

根据现实的估计，如果五个标准得到协调，实施过程也得到了严格控制，那么志愿服务项目的成功率几乎是100%。

第三步，确定项目的范围和“排除”责任。项目的范围指项目所涉及的全部工作。范围描述仅用一两句话可概括项目的重要工作。“排除”责

① 邱立里．社区志愿者激励问题研究［D］．长沙：湖南师范大学，2013．

任项目是未包含在项目中的内容。项目团队认为部分工作不属于项目范围，应事先解释排除，以便于讨论。

第四步，界定项目的可交付成果。可交付成果是指为完成项目或部分项目而必须进行的任何可衡量、有形和可验证的结果或事项。它通常包括中间可交付的成果和最终可交付的成果。

第五步，撰写项目建议书。志愿服务项目的各个步骤最终将在项目提案中实施。项目提案应包含以下内容：第一个是项目的计划，包括项目目标、可行性分析和项目总结；第二个是项目的实施计划。它有助于充分了解志愿服务项目中涉及的工作，以确定工作的具体内容。

第六步，确认项目发起人。项目发起人是项目中最重要的人，负责批准项目资金。因此，有必要列出项目可能的赞助商并最终确定。

第七步，获得项目的授权。所谓的授权可以是纸质文件，以合同的形式授权，口头授权也很常见①。

三、服务项目的有效实施

为了进一步弘扬“奉献、友爱、互助、进步”的志愿精神，我们倡导新的时代潮流，以人为本，构建和谐社会，进一步建立和完善志愿服务机制，鼓励居民积极参与志愿服务。

1. 志愿活动的目的和意义

弘扬志愿服务精神，开展广泛的志愿服务活动，让更多居民参与志愿服务活动。使志愿者队伍成为一支突出的社会力量，努力营造社区志愿者行动的氛围，支持每一个人参与社区志愿服务活动。

2. 志愿者活动开展

利用传统节假日时间、雷锋纪念日、环保日等特殊日子组织社区志愿者开展大型志愿服务活动，弘扬中华民族的传统美德，尊重老人，关爱年轻人，为社区文明建设增砖添瓦。

3. 活动内容

（1）每月定期开展“关爱空巢老人”活动。提供精神慰藉、家政服务、随行医疗、健康指导和娱乐活动。

（2）每周清理广告。志愿者每周清理该地区的广告、白色垃圾、杂草和卫生角，促进该地区的每个人保护社区环境。呼吁不要在墙上涂鸦，乱

---

① 叶晓欣．表见代理表现形态分析［J］．山西高等学校社会科学学报，2006（10）．

扔垃圾。

（3）节假日送祝福。志愿者对其服务范围内的老人、留守儿童等群体送上节日的祝福，关心他们的生活，让他们感受到节日的气氛。

（4）开展社区法律教育和安全教育讲座，让社区居民具备基本的自我保护常识。

（5）志愿者义务巡逻。组织社区志愿者进行社区巡逻，让“红袖标”成为社区安全志愿者的标识。

（6）志愿者文明劝导。志愿者可以站上马路，帮助交警开展文明道路治理，提升居民个人素养。

（7）结对帮扶。志愿者可以访问几个困难家庭，与他们聊天，谈论他们的生活，并帮助他们解决困难。

（8）志愿者植树活动。环境问题已成为全世界关注的焦点，社区志愿者可以开展定点的植树活动。每个志愿者承包一片绿草地，甚至可以传承到下一代，发扬愚公精神。

（9）关爱残疾人活动。在残疾人日，开展“关爱残疾人”活动，为他们举办观影活动或者组织日常的文化娱乐活动。关心和尊重残疾人，并为他们提供心理咨询、职业指导、就业培训和日常护理，让他们感受到社区的温暖，并对生活充满信心。

四、服务项目的评估

评估是指使用科学方法和技术系统地评估服务工作结果，总结整个服务过程，检查服务工作是否有效以及预期目标是否实现的过程。目前，国内许多非营利组织已经对其实施的公益项目进行了评估，如“幸福项目”项目评估和“希望工程”项目评估。通过评估，进一步明确了未来工作的发展方向，得到了社会很好的回应。

（一）项目评估的框架理论

目前，世界上志愿者项目评估的理论和框架有很多。主要有“三 E”理论、“三 D”理论和“顾客满意度”理论。在对国外评价理论广泛研究的基础上，清华大学非政府组织研究所提出了一套适合中国国情的评估理论，即宏观“APC 评估”理论和微观“综合绩效评估”框架①。

① 志愿服务项目运行中的项目评估［EB/OL］. http://shx.wenming.cn/zyfw/zywh/201607/t20160706_350.

1. “三 E”理论

“三 E”是指经济（economy）、效率（efficiency）和有效性（effectiveness）。这是目前国际上比较流行的评估理论。

2. “三 D”理论

“三 D”指的是诊断（diagnosis）、设计（design）和开发（development），强调项目实施过程中的管理和监控，因此更适合中期评估。

3. “顾客满意度”理论

该理论认为，评估方向应侧重于服务对象，关注和理解实际服务与服务对象期望值之间的契合程度。

4. 宏观“APC 评估”理论

清华大学非政府组织研究所总结了中国志愿组织实施的自愿性信贷项目的“APC 评估”理论，其中指标有可信度、创新程度、绩效等，利用这些指标评估志愿服务项目的责任（accountability）、绩效（performance）以及项目实施的组织能力（capacity）。

5. 微观“综合绩效评估”框架

这个框架是对“APC 评估”理论的深化，专门针对“P”，即对项目绩效的评价。它主要包括项目适用性、效率、有效性、满意度、社会影响和可持续性的评估。

（二）项目评估的方法与技巧

1. 基线测量方法与技巧

基线是行为研究的术语，用于测量行为的频率、强度和持续时间。基线测量方法是在服务项目开始时测量服务对象的状况，并建立基线作为服务效果的度量。它用于评估服务工作开始前后的变化，以判断目标的实现程度，从而了解服务工作的有效性。

基线测量的操作程序：

（1）建立基线。一是确定服务目标，最好能够量化；二是选择直接观察、间接观察、问卷调查、访谈法等测量方法；三是测量并记录服务开始前的情况。

（2）测量服务过程及其影响。在服务过程中，分阶段多次测量服务过程及其影响，并将获得的数据用于比较分析。

（3）分析和比较。根据测量时间和顺序绘制在服务开始时测量的数据和之后获得的数据，并且执行比较分析以清楚地获得评估服务结果。

2. 任务完成情况的测量方法与技巧

在实际服务过程中，服务项目的目标是将服务分解为许多具体的操作和任务。因此，通过评估，服务人员完成了哪些既定任务也是评估服务项目的一种方式。通常使用五个级别来描述任务的完成：第一是没有进展，第二是很少完成，第三是部分完成，第四是基本完成，第五是完成。

3. 目标实现程度的测量方法与技巧

衡量目标的实现程度是评估进展的一种方法，主要是评估目标是否实现以及程度如何。该方法适用于不同级别的系统（例如个人、家庭、组织和社区），并且是对干预目标的评估。具体包括：（1）目标核对表。服务者和服务对象一起协商，选择一些目标用于指示干预，并列出它们。在干预过程中和干预结束时，使用一些等级来衡量干预后的行为并记录它们。将干预后行为与干预前行为进行比较，以发现干预后发生的新情况。（2）个人目标尺度测量。由于服务对象种类繁多，志愿者和服务对象可以开发个性化的测量量表来评估它们的变化。具体做法为根据客户的具体情况，确定优先级，设置多个目标，然后使用公认的级别来衡量和计算客户的个性化目标。

（三）项目评估的总结

服务项目的摘要通常在服务项目结束后进行，其是对整个服务项目的介绍和评估。及时有效地总结服务项目的发展将有助于服务组织或捐助者和公众了解服务项目的运作效果。它有助于积累成功经验，克服不足，加强社会监督。

总的来说，总结报告主要有两种写作方式："三段式"和"五段式"。"三段式"的写法分三个部分：基本部分、主要成就和经验、未来工作建议。"五段式"的写法分五个部分：一是工作概况。简要描述服务项目的时间、范围、主要内容和主要影响。二是实施服务项目的主要步骤、措施和方法。三是服务工作成就和不足。四是经验体会。五是展望未来，提出未来努力的方向。

此外，摘要报告的书写格式也分标题分阶段。其中，标题类型是将主体分成几个部分，每个部分都添加一个副标题，框架用于包含更多内容的综合摘要报告。该阶段基于时间并分为几个不同的时间段，分别说明每个阶段的主要成就和经验，并经常用于长期服务项目的总结报告。通过比较方法总结比较公式，通过比较现实与历史、组织与其他组织、项目和其他项目来总结经验。

撰写总结报告时要注意的重要事项是，必须实事求是而不是伪造；要层次分明，重点突出；要写出新的想法，善于总结工作中的新经验，提出新的想法，并给予新的启示。

第二节　社区志愿服务的运作要素和关键

案　例

桔子社区

“桔子社区”主要取自于“点亮小桔灯，点亮内心，点亮希望，为你照亮回家的路”的寓意，通过“桔子社区”建设，倡导人人参与社区志愿服务、人人共享平安建设成果的理念。建设的重点是开展邻里守望、平安互助等系列活动，以此使邻里之间打开心门，重拾人与人之间的信任，共建熟人社会，营造安定祥和的氛围，打破平安建设工作政府唱独角戏的局面，形成社区平安自治。试点工作自2014年8月启动以来，在区综治办和亚运村街道办事处的指导下进展顺利，特别是安翔里社区党委高度重视，书记、主任亲自抓，有力地推动了试点工作的深入开展。朝阳区政和安全发展促进中心（以下简称项目组）进驻社区后，紧紧依靠社区党委积极主动开展工作，经过近5个月的实践探索，初步形成了经验模式，具备了推广条件。通过前期试点，主要取得了五个方面的成效，一是有效发动了群众。通过广泛深入的宣传，社区居民群众参与“桔子社区”建设活动的比例超过了50%。二是优化了志愿者结构。通过招募829名志愿者，组建8支小桔灯志愿者服务队，实现了志愿者队伍老中青三结合。三是进一步加强了力量资源整合。通过加强各种平台和机制建设，凝聚了更多的力量和资源，为深化平安自治奠定了坚实基础。四是改善了社区的环境秩序。通过开展系列活动，乱停车、乱扔垃圾、楼道堆物堆料等现象明显减少，社区环境秩序明显改善。五是提升了平安建设实效。自开展“桔子社区”建设以来，安翔里社区可防性案件实现了“零”发案，群众对社区工作的满意度明显提升。

资料来源：http://www.wenming.cn/specials/zyfw/zhiyuanfuwu_2017sige100/2017sige100_zuimeizhiyuanfuwuxiangmu/201711/t20171123_4498695.shtml.

【点评】

桔子社区通过问需求、建队伍、推活动、搭平台、建机制五个步骤，逐步形成制度化、模式化和常态化机制，这样既节约社会治理成本，又提高社会服务效率，最大限度提升了平安自治水平，最大限度激发了群众参与平安建设的工作热情，切实改变了以往平安建设政府单打独斗的被动局面，为深化平安建设奠定了最广泛的群众基础。

一、志愿者的组织、管理与培训

目前，我国许多城市建立了各种形式的社区志愿服务活动形式，并制定了相关的法规和管理方法。随着志愿服务的发展，中国志愿者逐步完善组织体系和活动，逐步走向正规化。但是中国的社区志愿服务活动仍处于发展的初级阶段。

志愿者既是社区志愿组织人力资源结构的重要组成部分，也是组织所拥有的宝贵社会资源。由于志愿者的参与，社区志愿者组织可以用较低的成本完成组织的使命和社区服务。当然，能否有效管理志愿者是志愿组织成功运作的关键。对于志愿者管理问题，国内外已经有许多学者进行了理论研究，很多实务工作者也创办了专业的组织、杂志、报纸以及网站来交流志愿组织管理的经验。从已有的研究与实践成果来看，有效的志愿者管理有很多相似之处，社区志愿组织的志愿者管理需要做好以下几个方面的工作。

1．志愿者规划与工作介绍

在征召和选拔志愿者之前，社区志愿组织首先必须要进行志愿者的管理规划和工作描述，这是志愿者管理的起点。对于一个组织来说，就是要创建一个志愿者管理系统，并在这个系统中明确组织和志愿者之间的权责关系。

建构志愿组织管理系统。组织管理系统是负责志愿组织管理和协调工作的基本要素。它是在组织和管理志愿者过程中逐步形成的一套规章制度，从整体上控制着组织对志愿者的管理和组织效率。相比之下，社区志愿组织的志愿者管理系统需要做出以下规定：

第一，可根据组织在管理志愿者方面的长远目标及策略，形成各项志愿服务项目的运作计划与工作目标，确定组织所需志愿者的原因、类型、数量和服务时间。

第二，确定组织内志愿者的身份，明确志愿者和组织之间的权利和义务。建立基本的志愿者管理系统，包括志愿者的招募、管理和培训。

第三，确定组织内的志愿者管理机构、管理人员以及该项机构与组织内部其他机构之间的工作协调制度。

第四，体现组织对志愿者工作的支持，包括提供办公地点、配备管理与协调人员以及提供财政帮助。

组织志愿者的界定与工作描述。在具体征召和使用志愿者之前，志愿组织还必须明确自己需要志愿者来做什么、志愿者应具备何种技能及具体从事什么样的工作。它类似于人力资源管理中的工作分析，但是在复杂和正规程度上略低于工作分析。正式的工作描述不仅让社区志愿组织再次明确自己对志愿者的需求原因和管理目标，也在志愿者与组织之间建立了交流，让志愿者更加了解自己的工作内容和要求。志愿者的工作描述是通过志愿者管理系统形成正式文本，它的内容并不复杂，也不烦琐，只要能够阐释志愿者的工作职责和技能要求即可。

2. 志愿者获取

社区获取志愿者的工作包括两部分：一是招募，就是如何将组织的需要以及需要何种志愿者的信息发布，从而吸引有志人士来参加。二是甄选，即从可能的候选人群中找出组织需要的合适志愿者。

确定合适的招募方式。即组织采用何种渠道发布信息和收集信息。常见的招募方式包括：海报、宣传册、宣传彩页、举办招募会以及网络的宣传。目前，很多社区志愿组织都采用网络这一快捷、便利、低耗的宣传方式吸引志愿者加入。

在发布招募信息的同时还要做好表格和文件的整理工作，通过表格和文件，社区向志愿者介绍服务信息、志愿服务的目的和志愿者工作的描述，让公众了解组织对志愿服务的期望、志愿者的工作责任、招募程序和方法、志愿者的各种福利和培训机会。

在收集到个人信息后，社区志愿组织开始筛选申请人。一般来说，组织先根据申请表上的个人信息进行一个简单的筛选，并从中找出较为满足志愿服务要求的人员。然后与申请人联系，通知其面试。对于社区志愿组织而言，有必要进行正式的志愿者访谈。志愿组织需要通过这种方式加深对申请人的了解，观察申请人是否可靠和切合实际。

3. 志愿者培训

培训志愿者可以使其了解服务的目的和计划的细节。除了允许志愿者学习他们应得的技能外，适当的培训还可以帮助志愿者适应未来的规划需求并提高服务质量。社区志愿组织可以将志愿者培训分为多种类型。

环境熟悉。这是社区志愿组织向志愿者提供的第一次培训，也是他们发生志愿者关系的第一步。通过这样的环节，可以将所有新招募的志愿者与已有的志愿者和志愿者协调人员聚集在一起相互了解。具体内容包括：

第一，相互认识。在友好的氛围中帮助志愿者相互熟悉、互相了解。

第二，组织介绍。向新加入的志愿者介绍组织的历史、设立背景、发展状况以及基本的志愿者管理制度等，包括志愿者之间的协调、管理、要求、冲突处理和其他内容。

第三，问题讨论。向新加入的志愿者介绍组织目前所面临的主要问题和挑战，并请他们就组织的这些问题谈谈自己的看法，相互交流观点和意见。

第四，团队游戏。通过游戏的方式帮助志愿者相互熟悉，构建团队意识，促进他们之间的情感交流与合作。

第五，志愿服务项目介绍与时间安排。即对志愿者工作的后期安排，包括志愿者之间的分组、时间表、工作流程和具体要求。

技能培训。在志愿者正式加入该组织后，社区志愿组织还将为志愿者提供围绕该组织志愿服务项目的一系列技能培训。通过这种技能培训，社区志愿组织既可以向志愿者传授知识和技术，也能帮助志愿者发挥潜能、提升自我。

社区志愿组织以及一些专业的志愿培训机构可以为志愿者提供广泛的知识和技能培训，主要包括：一是通用培训。这类培训基本适用于组织所有的志愿者，具体内容包括志愿精神宣传、组织使命讲解、团队的志愿服务特性等分层次、分级别进行的培训。二是岗位培训。这是一种更加细化的培训，主要是针对志愿者的具体工作岗位所进行的培训，旨在帮助志愿者掌握专业的服务技巧和能力。这种技能培训的方式有很多，一般通过课程、活动等方式展开，一些正规、成熟的志愿组织还为此编制教材、录制影像资料等，这些资料通过网络等方式广为传播。此外，不同的社区志愿组织的管理者还会随着时代的变化和组织服务的需要，灵活地调整志愿者培训的内容和方式。

二、服务制度的建立

虽然志愿者不是该组织的有偿雇员，但他们构成了该组织人力资源的重要组成部分。他们的表现好坏直接影响着组织的形象及其与服务对象之间的关系。因此，在志愿者的管理过程中，社区志愿组织必须形成正式的志愿者管理系统。除了强调志愿者的行为规范外，这些管理还需要对志愿者以及组织雇员中的关系做出规定，明确组织雇员与志愿者各自的行为边界，以及在什么情况下志愿者需要听从雇员的安排、接受雇员的监管。下面是东莞市志愿者工作指南，从中可以看出其志愿者必须遵守的基本行为规范。

(1) 有开展志愿服务意愿的志愿者，需先向中心综合部办公室咨询、申请、预约。

(2) 为使志愿者的义务劳动对儿童和老人有更好的效果，本中心目前只接收每月服务不少于4次的固定志愿者，能延续3个月的固定志愿者和有从事儿童康复、医疗护理、心理咨询工作经历者优先安排志愿服务。

(3) 团队志愿者原则上不应超过12人。

(4) 志愿者应遵守公民基本道德规范，热爱公益事业，以尊重、真诚、平等的态度对待每个服务对象，原则上年龄在16周岁至70周岁之间，符合中心规定的身体健康条件。

(5) 社会志愿者须提供单位或居委会证明、健康证、身份证，学生志愿者须提供学校团委或党支部证明、学生证，外国人除了提供单位证明和健康证明外，还必须有外事局的一封信批准其参与志愿服务。

(6) 通过考试并与中心签订“志愿服务合作协议”的志愿者。

(7) 志愿者开展志愿服务前请先在中心门卫室做好服务登记，更换好志愿者工作服，佩戴志愿者（义工）工作证。

(8) 志愿者须遵守本中心的规章制度，并遵照“志愿服务合作协议”的约定，开展相关志愿服务。

(9) 未经许可，禁止在中心对儿童进行录制、拍照和联络，未经许可不得将儿童带出中心。

(10) 中心综合部门和物流部门仓库经理收到捐赠物资后，物流部门负责根据实际需要向有关部门分发，不建议儿童直接使用或食用。

第三节　社区志愿服务项目的总结与创新

一、服务项目的总结

社区志愿组织对公益事业的贡献，主要是通过其推出的一系列独特又相互关联的服务项目来实现的。虽然这些项目各自有着明确的任务、实施时间以及预算限制，但它们都以组织使命为中心，是对组织使命的分解与细化。对这些项目的运作和管理，构成了社区志愿组织的核心问题，也是组织生存、发展和壮大的路径与源泉。整个项目包括五个方面：项目起源，规划设计，项目实施，监督和控制，最后为结项。对于社区志愿组织而言，成功的项目开展需要谨慎的设计、规范的执行与客观的评估。

1．项目

社区志愿组织主要围绕各自的任务开发和运营各种服务项目。这些服务的内容各不相同，可能有多种类型，具体取决于标准。如根据项目开展的时间长短，社区志愿组织所提供的服务项目有一次性、阶段性和长期性项目之分；根据服务对象的不同，社区志愿组织的计划区分为个人服务和为组织服务。此外，社区志愿组织既可以单独运作和管理项目，也可以通过联盟的方式，与其他组织合作。

2．项目管理

项目管理是资源的组织和管理，使他们能够在规定的时间、预算和目标内完成项目所需的工作。简单地说，就是项目活动按时间进行，不突破预算并符合规定的一种管理活动。项目管理中所说的“资源”是一个广义的范畴，它指所有的具有现实价值和潜在价值的东西，一切有益于实现项目目标的人、财、物、信息、技术、方法等都是组织可利用的资源。

因为在现代社会中，项目已成为一种普遍存在，因此对项目的管理也应该成为一种常态。每个人都可能是某一项目的参与者和管理者，每个组织都需要学习项目管理的知识和技能，只是与项目管理在制造业、国防、航天以及大型工程建设方面的，适用内容和要求相比，社区志愿组织的服务项目在耗资、实践周期、人员配合以及管理技术和方法的复杂性方面要求较低。

完整的项目管理包括一些关联活动，它始于对工作或目标的计划、分析和设计，并据此评估和控制项目风险、分配资源、组织人员、分派任务、指导活动、控制进程、追踪和报告进展、分析接货、界定产出、预测前景、控制质量、解决问题、避免瑕疵、总结经验。一些学者将这些活动分为四个阶段：项目启动、计划、执行和完成。下面结合社区志愿组织的管理特点，介绍社区志愿组织项目管理的基本过程。

项目的启动阶段。即组织意识到需要开放一个项目，并愿意对此做出承诺。在这一阶段，通常是先由某一个人或多个人提出开发某类产品或服务以解决某一社会问题的提议，或建议组织提供有关社区需求或社会问题的反馈。之后，组织将这些建议纳入组织内部的评估或选择机制。一旦通过初步评估，就可以围绕这一提议进行进一步的完善和改进，包括安排项目负责人、提出具体的项目开发要求。至于这一提议多久能够获得批准、进入下一环节，则要视组织的运作标准和管理要求而定。项目提议与组织的初步认可之间存在时间差。

在现实中，既可以由已经创建的社区志愿组织提出或启动某一服务项目，也可以在服务项目萌生的同时催生社区志愿组织。很多社区志愿组织本身就是服务项目创意的结果。

良好的构思是项目成功的关键。如果这一阶段的工作没有做好，组织所推出的服务项目也很难反映社区需要并取得成功。在这一阶段，项目管理的终点在于识别组织的外部环境和社区服务需求。此时，有必要组织指定的项目经理与团队成员和捐助者合作，进一步发展项目概念。确定项目运作的基本成本、范围、质量和实践要求，在这一阶段，需要形成初步的项目建议书，阐述项目开展所需要的基本资源、涉及的利益相关群体、产生的主要结果以及可能面临的风险，为下一环节的项目计划书奠定基础。

项目的计划阶段。计划是一个项目能否有效运作的基础。只有在一个切实可行计划的指导下，整个项目才可能做到分工明确、按计划行事。成功的项目运作不仅需要有效的计划，还需要一个完整的计划。所谓完整，指的是计划应能覆盖项目的方方面面，包括范围、进度、质量、费用控制以及对各种可能发生的突发事件的对策。可操作则是指计划本身必须是可行的，不能超过组织的能力和外部环境约束。计划一旦得以通过，就不能任意更改，组织应围绕计划安排资源确保项目目标的实现。只有这样，项目计划才会得到所有项目团队成员的理解与支持，并迅速进入角色，以确保计划的有效执行。

项目的执行阶段。执行是一个项目能否有效运作的关键。再好的计划，如果得不到有效的执行，也不过是“纸上谈兵”而已。执行也是投入整个项目管理的时间最长和资源最多的阶段。在前两个阶段形成的各种计划、时间表、流程以及模板都要在这个阶段内得以完成。这个阶段的主要任务就是按照组织原来的承诺提供相关的产品服务，同时解决项目执行中各种意想不到的问题。只有当产品和服务按照预定计划提供给目标顾客和服务对象时，该阶段的任务才算完成。为了在最后阶段顺利计算项目的产出和绩效，需要对这一阶段的所有活动进行准确记录。社区志愿组织一般会通过正式的会议或其他方式宣告进入执行阶段。在这个阶段，项目经理主要负责项目团队的管理和项目的进展。

项目的完成阶段。作为项目的最终环节，其主要内容包括项目绩效评估、经验总结和项目记录编制与归档。对于组织的整个项日来说，存在一个总体的完成阶段，例如在每个阶段，项目的启动、计划和执行都需要整理和分类，以便为最后的项目收尾提供相关的资料和信息。组织所有的项目，都有结束的时刻，只是有的以成功告终，有的以失败结束。但是无论哪一种结果，对于组织来说，都是宝贵的经验和财富，都需要组织认真思考、总结规律。对社区志愿组织来说，单一项目的结束，并不意味着组织生命的终结。相反，它可能为组织带来更多的发展机会，并为组织的发展打开新的一页。为此，社区志愿组织也应该给予项目完成阶段必要的重视，要通过这一阶段的总结和反思，积累经验，提出新的项目构思。

以上是项目管理的四个阶段及其主要工作内容的介绍。当然，也不是所有的项目都要经历这四个阶段。一些太过简单的项目，可直接跳过设计进入执行阶段；一些内容复杂并且耗资巨大的项目还可能不断地在第二、第三阶段循环，不断地根据实施状况进行调整和修正。实践告诉我们，有效的计划、沟通与执行始终是确保项目成功必不可少的三大要素，项目管理应围绕这三个要素展开。

案　例

儿童友好社区

南昌新建区“儿童友好社区”志愿服务项目，在第四届中国青年志愿服务项目大赛中，经过与 37 个省级赛会单位推荐的 1 000 个项目的激烈角逐，最终荣获项目银奖。

据了解，该项目旨在搭建以儿童为核心的社区治理创新模式，打破儿童保护工作各自为政局面，促进政府、学校、社区、家庭多元主体协作参与，并以社区儿童服务站为依托，以点带面，探索社区儿童保护模式，聚焦儿童事务重预防早干预。项目以“儿童最大利益优先原则”为基础，以社区儿童服务站为依托，以保护儿童权利和促进儿童发展为宗旨，开展心理辅导、安全课堂、家庭教育讲堂、儿童保护队伍培训、社区儿童风险地图等服务，将政府资源、社区资源、学校资源、家庭支持网络等联合起来，共同为儿童学习、娱乐、生活、成长提供友好环境和社区空间。

资料来源：http://www.ncnews.com.cn/xwzx/ncxw/zhxw/201901/t20190107_1377143.html.

【点评】

该项目以社区为依托，创新探索儿童保护模式，与多方进行有效合作，为孩子们提供了成长的友好环境和社区空间，让孩子们愿意并乐意参与其中。该项目是一种创新，在多方参与之下，重要的工作还是如何有效地协调各方，让项目的作用发挥到最大，以切实保障孩子们的利益。

二、服务项目的可持续性和规范化

近年来，志愿服务组织管理者越来越注重志愿服务项目的可复制性和可持续发展，这就必然对服务项目提出规范化的要求。与此同时，在以非功利性为特征的志愿服务领域，也逐渐引入了商业化特征显著的“产品化”这一概念，但这并不妨碍志愿服务组织不以获取利润为目的而为社会公益事业服务的本质属性和美好形象，“产品化”这一概念的引入是对商业领域“市场营销”概念的借鉴和运用。

市场营销理论是围绕企业的产品行销问题而不断得到完善和拓展的，在其纷繁复杂的活动形式背后，隐藏着一种对市场、对目标群体需求的洞察力与判断力。从供求关系角度来说，志愿服务组织必须考虑自己所提供的服务与服务对象的需求是否匹配，也必须要考虑如何有效匹配既定资源、实现社会目标。如此看来，虽然营销和企业关系密切，但并不等于营销就是企业的专利。志愿服务组织也必须借助营销的方式来与组织的目标群体保持联系、建立沟通以及最终完成使命。

近年来，市场营销的思想和观念已经在社区志愿组织中日趋成熟。越来越多的志愿组织开始主动吸纳专业人员，使用商业营销的理论和手段帮助组织筹集资源。营销已成为社区志愿组织管理和资源竞争中不可或缺的因素。目前，社区志愿组织的营销活动呈现出以下趋势：

1. 出现发展成熟的“社会营销”概念

社会营销的概念出现在 20 世纪 70 年代后期，是营销概念扩展的结果，主要是指应用营销概念的原理和技巧来增强社会目标和改变行为模式。社会营销是一种管理过程，通过对营销设计的分析、规划、实施和评估来影响目标公众的自愿行为，最终目标是改善目标公众及其团体的福利。社会营销的推动主体也包括政府与企业，但社区志愿服务在现实中更多的是以社区志愿组织为营销主体展开的，最终的成果也是社区志愿组织努力的结果。

2. 营销传播方式网络化

社区志愿组织因为资源及经费的限制，更多地使用网络进行营销宣传，而不像企业那样普遍运用广告来推广产品和服务。出现这种选择的原因应该归结为网络技术本身的发展。目前，大众已普遍接受和使用网络搜寻信息、交流观点和完成工作。互联网已成为人际信息传播的重要渠道。相比于电视、报纸、杂志等传统的大众传播工具，网络传播的费用低，可以有效降低成本以及减轻信息传播中的可能性障碍，让目标对象更好地接收和感知信息。不论是提供资信的及时性，还是增加服务的可及性，以及延长服务时间等方面，网络传播都是一种值得推广的新营销渠道，尤其是对于社区志愿服务来说，它是一种新的模式探索。

综合案例

“动手”爱心志愿者服务团队

自 2013 年初以来，延庆香水花园街的恒安社区成立了“动手”爱心志愿者服务团队，以社区专业社工为主体。该团队为社区困难群体开展了援助活动，取得了显著成效。服务团队荣获 2016 年全国文明城市社区学习雷锋志愿者服务优秀“动手”爱心志愿者服务团队，为社区团体开展“1 ＋ X”援助。活动的“1”指的是帮助对象，包括社区中的老年人、丧偶的老人、空巢的老人、空巢的退休老兵以及严重残疾的家庭。“X”是支持团队的成员。它还包括社区中的其他不同身份人员（建筑总监、现任党员、青年联盟成员、学校学生、医生、警察等）。动员这些人根据需要利用各自的专业知识，协助专业社工进行相应的服务活动。社区居委会与“动手”爱心志愿者服务团队签订服务协议，明确服务内容，赋予其一定的权利和义务，社区负责监督和指导志愿服务团队。

在志愿服务活动中，志愿者每天给帮助者打一次电话，了解帮助者的身体状况以及有什么需求；每周至少两次去受助人的家中访问；每月至少去一次受助人的家中；当老人庆祝他的生日和各种传统节日时，专业的社会工作者和志愿者会主动帮助并陪伴他们。让每一个帮助者都感受到社会的温暖，孤独的人并不孤单。自“动手”社会工作者志愿者服务团队成立至2016年1月底，累计服务已达3 000多人，受到了帮助者的热烈欢迎。

资料来源：共青团北京市委员会，北京青少年社会工作协会．都市青少年专业服务新模式：社会工作专业视角下的北京“社区青年汇”优秀案例［M］．北京：中国社会出版社，2018.

以下为对上述案例的具体分析：

（一）社区需求评估与诊断

“志愿者慈善事业把握，品尝真理，温暖心灵”，这是社区的志愿者服务，例如社会工作者通过组织青年志愿者对社区的空巢老人和残疾人进行关注和照顾，改善他们的生活，同时还能实现社会工作者的自我成长。

社会工作者通过走访了解到，恒安社区总人口近4 000，成立时间比较早，居民的构成比较复杂，有近200户老人和残疾人等困难家庭。随着人口老龄化的加剧，社区中空巢家庭的数量正在增加。其中，60岁以上的老年人有479位。可以从数据当中看出，该社区老年人口居多，同时需要照顾的老人也很多，所以需要更多的志愿者来加入该活动。

社区志愿者是主动承担社会责任而无须社区补偿的人。社区志愿者指的是那些主动承担社会责任但不图任何物质奖励的人。

社区志愿者的特点有：首先，从业者已经从年轻人扩展到多个年龄段，包括青少年、中年人等。其次，服务方式已经改变。现在，志愿者已经从纯粹的奉献阶段发展到可以使用有偿服务来创造收入以支持无偿服务的阶段。

目前，我国许多城市建立了各种形式的社区服务志愿者活动，并制定了相关的法规和管理方法。随着志愿服务的发展，中国志愿服务组织逐步完善组织体系和活动，召开定期会议，逐步走向正规化。据了解，世界志愿服务活动的平均参与率为10%，发达国家为30%至40%，而中国城市人口参与率仅为3%①。目前，中国的社区服务志愿者活动仍处于发展的初级阶段。

（二）项目设计

该项目志愿服务的目的是为老年人、残疾人等困难群体搭建沟通、交

① 李芹．中国志愿服务组织面临的问题及其影响因素浅析［D］．济南：山东大学，2010.

流的平台，引导他们融入社区、参与社会活动。项目在辖区范围内开展，服务社区内的老年人、残疾人等困难群体，体现了社区青年扎根社区、服务社区的特点。

在社区领导人员的帮扶下，通过对接内外部资源，将切实有效可行的资源运用到该项目中，通过开展“1+X”帮扶，动员这些人根据需要发展各自的专业知识，协助专业社会工作者提供相应的服务。

（三）项目实施

（1）寻求政府、街道的人力财力支持，依托社区公共服务平台，整合社区内外资源，组建志愿者服务队伍。由专业社工进行调查，以评估社区老人的需要。将具有不同需求的服务对象连接到不同的服务提供商，并执行相应的有效服务。

（2）进行项目方案设计，计划需要的人力资源以及服务对象所要达到的目标等，进行细致有效的服务。

（3）按照项目方案的设计，实施“爱心援助”。

（4）志愿者们在节假日和特殊纪念日开展各类看望、帮扶活动。

思考与讨论

1. 如何确定社区志愿服务人群的需求？
2. 如何认识社区志愿服务中志愿者的组织、管理和培训？
3. 社区志愿服务项目该如何创新？

第六章
社区志愿服务的组织建设

引　例

凝聚“社区党建＋志愿服务”核心动力

郑州市馨家苑社区服务中心在社区党支部的带领下，秉承“群众利益无小事”的理念，通过志愿服务搭建的平台，在党员志愿者的带动下，群众从“被服务者”逐步变为“服务者”，有序地参与社区治理，有效激发了社区活力，逐步形成了共建共享的和谐社区景象。这也成为“社区党建＋志愿服务”模式的最关键环节，常态长效的党建和志愿服务工作，成为持续提升社区居民获得感和幸福感的重要力量。

“有困难找党员、有时间做义工”，党员志愿者被社区居民视为可信可学的身边榜样。在党员志愿者带领下举办的“红色文化讲师团”“红色文化艺术节”“百场红色电影展播”“文明进楼栋”“垃圾不落地”“普法进楼院”等接地气的志愿服务项目持续开展，成为“社区党建＋志愿服务”模式的最突出特点，“社区党建＋志愿服务”模式极大地推动了社区治理的创新。

资料来源：http://www.sohu.com/a/210298736_491282.

这是一个加强党的领导、发挥党建在志愿服务中引领作用的优秀范例，同时也是一个社区志愿服务组织在党的领导下发挥积极作用的优秀范例。随着社区志愿服务的发展，志愿组织在社区内所发挥的作用越来越大，社区志愿服务组织的制度化建设不仅是我国现代化社会治理的重要内容，也是社区志愿服务机制建设的重要部分。

本章将阐述的重点内容为：

（1）社区志愿服务组织的类型、特征以及发展情况。
（2）社区志愿服务组织管理体系以及建设发展的方向和方法。
（3）社区志愿服务组织的运行及保障体系。

第一节 社区志愿服务组织的类型、特征及培育

案 例

五支志愿者队伍 创新社区服务类型

河南省禹州市颍川办永和苑社区自开展工作以来，充分发挥“三社联动”作用，精心搭建各种志愿者服务平台，弘扬志愿服务精神，以“行为居民、思为社区”为宗旨，先后组建了“绿色环保、蓝色维稳、红色爱心、白色医疗、紫色文化”五支志愿服务队伍，制定完善的志愿服务制度，呈现出志愿者队伍在社区百花齐放、异彩纷呈的景象。

绿色环保志愿服务队，护绿保洁美家园。以社区志愿者和物业人员为主体，对社区内环境卫生、园林绿化、节能减排、大气污染防治进行宣传、管理、服务，并结合市“五城联创”工作，推行环境卫生整治精细化、常态化等一系列文明创建活动，为我市“五城联创”工作加油助力。蓝色维稳志愿服务队，看家护院促和谐。平安和谐是社区居民的共同心愿，社区党支部组织社区党员和志愿者成立20余人的治安、消防巡逻服务队，由支部书记、第一书记带队，每周分两班，对社区沿街门店、楼道、地下停车场进行治安、消防巡逻，对发现的问题及时处理，为社区居民打造平安稳定的社区环境。红色爱心志愿服务队，扶弱济困暖人心。以社区爱心超市为依托，社区志愿者及时排查、掌握社区弱势居民信息，多方面了解他们生活需求，建立帮扶台账，及时提供帮助和服务。白色医疗志愿服务队，护卫健康讲科学。以社区卫生室医生和社区医疗工作者为主体，定期在社区开展医疗健康知识教育讲座，上门为社区“空巢老人、五老人员”进行健康体检、义诊。紫色文化志愿服务队，传播文化促文明。以社区爱心书屋、妇女儿童之家为平台，以传承文化、丰富居民生活为宗旨，结合传统节日和社区实际，开展丰富多彩的社区活动，推动社区精神文明建设。

资料来源：http://xuchang.yuduxx.com/yuzhou/655342.html.

【点评】

该社区通过对不同社区志愿组织的整合与利用，制定完善的志愿服务制度，呈现出志愿者队伍在社区百花齐放、异彩纷呈的景象，更好地发挥了志愿组织的作用。

一、社区志愿服务组织的类型

志愿服务组织是一种自治组织，在所有组织当中，志愿服务组织属于自治性的服务组织。从志愿服务组织的性质和活动状态的角度出发，志愿服务组织包括三种形态：社会服务、社会服务机构和基金会。这三种形态之间既存在使命差异，又有功能重叠；既有竞争，更存在合作，共同促进志愿服务组织的发展。

1. 社会服务

社会服务是以劳务为主要形式向有需要、有困难的社区成员，特别是困难群体和弱势群体提供的改善其处境的活动。它是将社会保障、社会福利传至服务对象的过程。社会服务与营利性的商业服务有着本质的区别。传统狭义的社区服务指为改善和发展社会成员生活福利而提供的服务，如衣、食、住、行、用等方面的生活福利服务；而广义的社会服务包括生活福利性服务、生产性服务和社会性服务。社会服务运动开始于1884年在英国伦敦成立的托因比服务所，1889年芝加哥成立了赫尔大厦服务社。此后社会服务运动迅速传到西欧大部分国家以及东南亚一些国家。

2. 社会服务机构

社会服务机构是在社会服务理念的基础上成立的运用专业知识方法，遵循专业理论规范，开展困难救助、矛盾调处、权益维护、行为矫治等服务工作的非企业单位。它秉持社区社会服务的理念和价值，将社会福利传至服务对象。同时它也是吸纳专业人才的重要载体，是有效整合服务资源的重要渠道和重要阵地。社会服务机构在构建社会建设、促进社会和谐方面具有重要意义和价值。

3. 基金会

基金会作为一种自治性的服务组织，是利用自然人、法人或者其他组织捐赠的财产，以从事公益事业为日的的志愿服务组织。基金会最早在美国发展，美国基金会在20世纪后开始蓬勃发展。1981年，我国第一家基金会成立。基金会作为一种基本的社会组织和制度形态，不同于一般的非营利组织，公益性、非营利性、非政府性和基金信托性是其基本特征。

基金会的公益性集中体现在以下三个方面：一是基金会源于捐赠，是公益捐赠的制度化和组织化形式；二是基金会有明确的公益宗旨；三是基金会有明确的公益用途，通过各种项目活动使特定的群体和整个社会受益。公益性决定了基金会在本质上是一种社会公益组织。

所谓非营利性，主要体现在基金会的运作管理及其相应的制度规范当中，主要表现在三个方面：一是存在非营利的分配与收入，二是存在非营利的组织运用和管理机制，三是非营利的财产保全机制。

所谓非政府性，是指区别于政府的主要特征，主要表现在三个方面：一是基金会在决策体制上不同于政府，是具有自主决策、自治的独立法人；二是基金会在治理结构上不同于政府，是民主治理、公开的社会组织；三是基金会在运作机制上不同于政府，是追求核心竞争力、在市场中优胜劣汰的组织。

所谓基金信托性，是以捐赠为基础形成的公益财产的集合，是以基金形式存在的公益财产，包括两层含义：一是基金会在本质上是一种信托关系，是捐赠人、受托人和受益人之间围绕公益财产达成的公益信托，良好的公信力是其核心价值所在；二是基金会是以公益财产形式存在的财产集合，通过有效的财产运作实现保值增值是其生命力的体现。

提供志愿服务的社区组织主要有两个部分，一部分是社区居民自己成立的组织；另一部分是进入社区提供相关服务等的志愿服务组织，其中主要包括两种属性的组织，一种是基金会，另一种是直接提供大量服务的组织。

社区志愿服务组织的类型可以按照不同的角度来划分，具体划分为以下几种：

第一，从服务对象的角度来划分，包括社区中比较常见的助老、扶幼、济贫、环境整治，安全保卫、文化娱乐服务等等，这些志愿服务组织自发性比较强，活动范围广，是社区一线的志愿服务组织。

第二，从志愿者队伍组成人员划分，比如社区中的党员志愿服务队、歌唱队、模特、妇女、青年等等，这种社区志愿服务组织有一定组织规模，活动规模常态化，服务人群多。

第三，从组织的性质和层级划分，比如社区志愿服务站，它们是具有整合统领功能的社区枢纽型志愿服务组织、正式注册的志愿服务组织以及纯草根志愿服务组织等。

第四，按照特殊属性来划分，这种志愿服务组织大部分是由专业人员组织，比如社区内的应急救险小分队、医疗救助、法律援助和心理咨询等，这种志愿服务组织需要专业人员来担任，同时还需要经常和社区、街道进行对接，保证在第一时间为有需要的人员提供帮助。

案　例

陆家嘴社区公益基金会

陆家嘴社区公益基金会成立于2015年9月25日，是一家由陆家嘴街道发起，区域内热心企业、媒体和专业公益人士共同组建的地方性非公募基金会。基金会旗下社区需求调研、青丝行动、余香ROSE、江畔沙龙、翡翠指环等公益项目获得了行业内外的高度认可。基金会将秉承国际视野，深耕社区，以社区需求为导向，通过社会创新促进社区资源的再流动，提高居民福祉，解决社会问题。

资料来源：http://ljzcf.org.cn/.

【点评】

社区公益基金会作为近年来出现的新型社区服务组织，在政府的引导以及社会各界的支持之下，致力于社区服务事业，培育社区志愿服务组织，有利于促进社区的现代化发展。

二、社区志愿服务组织的特征

首先，社区志愿服务组织具有一般志愿服务组织的基本特点。从性质上分析，志愿服务组织属于非政府、非营利的组织，它的这种性质也决定了其自身的特点，因此非政府、非营利的性质决定了志愿服务组织既不同于政府组织也不同于营利组织。一般认为，志愿服务组织应具有以下基本特征：

1. 正规性（有章程）

所谓正规性，是指志愿组织有其自身的规模和团队，组织内部有基础的行政章程和规章制度，用以保障组织的顺利运行，组织内部人员分工明确，活动开展井然有序。

2. 私立性（非政府）

所谓私立性，也就是我们所说的非政府性。由于志愿服务组织本身的构成特性，它是一种自治组织，自身的活动和控制有其自主决策的权力，同时也是民主治理、公开治理的一部分。

3. 非利润分配性（非营利性）

所谓非利润分配性则主要体现在运作管理及其制度规范中，组织内部存在非营利的分配和收入约束机制，应严格管理志愿组织的基础运营和资金管理。

4. 自我治理性

所谓自我治理性，则指志愿组织在日常的内部运作中，具有自我管理、自我修复的能力。对于组织内部出现的问题，能够及时在内部进行问题解决和处理；对于外界产生的问题能够及时消化和排除，不需要借助外力来进行维护。

5. 志愿性

所谓志愿性，则是志愿组织最基础的特征，是指一种最基础的志愿服务活动。

6. 公共利益性

所谓公共利益性，是志愿组织的基本特征，志愿组织在进行日常的活动和运行时，要保障公共的基本利益，维护和保护公共的基本利益不受损害，切实保障公共基础。

其次，志愿服务组织还具有社会服务型组织的特点，主要体现在以下几个方面：

（1）以提供社会服务为目标。以提供服务的形式满足社区需求，目标为改善和发展社会成员生活福利，比如日常生活中的衣、食、住、行、用等方面的基础生活福利服务。

（2）服务内容广泛。主要包括社会保障福利服务、社会风俗改造等精神文明服务，基础社会群众自我教育等民主建设服务以及社会团体管理等社会行政服务等。

（3）服务对象针对所有人群。有以全体社会成员为对象的普通服务，以烈士家属、军人家属、复原退伍军人、老年人、残疾人、无依靠儿童、贫困者等为对象的特殊服务。

（4）伴随近代社会快速发展而发展且公众普遍参与和专业化支持相结合。

最后，它还具有社区社会组织的特点。所谓社区社会组织是指由社区组织或个人在社区（镇、街道）范围内单独或联合举办活动、在社区范围内开展服务、满足社区居民不同需求的社会自发组织。社会学上的社区组织有另外一种解释，主要是指社区内主要团体间交互关系的模式，是社区内居民生活上的基本需要。在社会工作专业当中，社区组织是一种工作过程，将社区内各个社会机构组织起来，促进其合作努力，使社区内的优势资源得到充分利用。所以，它具有以下几个特点：

（1）与一般的社会组织相比，社区社会组织具有更突出的社会性、自主性和自愿性。

（2）以社区为阵地，以提供社区服务为使命，推动家庭服务、健康服务、养老服务、育幼服务，为社区居民提供多种形式的生活服务；为社区内低保对象、特困人员、空巢老人、农村留守人员、困难儿童、残疾人等困难群众提供生活照料、文体娱乐、医疗保健服务，开展以生产互助、养老互助、救助互助为主的互动，增强居民自我服务能力等。

（3）以培育社区文化、促进社区和谐为目标。社区社会组织合理利用社区内的优势资源，开展服务社区居民的活动，培养社区内的领头人，培育社区内的主流文化，最终达到建设和谐社区的目标。

（4）积极推动居民参与。社区社会组织利用自身的独特性，联合社区党委、居委会，通过宣传鼓励社区居民开展服务社区、服务居民的社区活动，推动社区文化的发展；同时根据现有的资源，制定奖励机制，从制度和资源上积极推动居民参与社区互动。

社区志愿服务组织吸纳了一般志愿服务组织的基本特点，同时将社会服务型组织以及社区社会组织的特点相融合，突出自主性和志愿服务的特点，积极发动社区群众，以建立和谐社区为目标，动员社区群众，发动志愿者，开展服务社区的活动，推动社区服务、家庭服务、养老服务等；帮助社区内困难的群众，同时积极维护公众利益，切实保障社区居民的基本利益，积极培育社区优秀主流文化，打造和谐社区、美丽社区。同时社区志愿服务组织是社区自治的载体，是社区居民作为社区的一分子，参与社区公共事务治理的组织制度安排，它在组织属性上是私人的、非营利的、志愿的，但在组织使命和活动内容上，却具有公共价值和政治意义。

三、社区志愿服务组织的孵化与培育

案　例

志愿者团队构建与培育

为了提升社区社会组织负责人志愿者团队培训能力，黄浦区五里桥社区社会组织服务中心举办了“志愿者团队构建与培育”主题培训，共有16家社会组织共19名社会组织负责人及核心从业人员参加。

本次培训邀请上海浦东新区阅读越精彩青少年读书服务中心秘书长孙嘉从志愿者招募、管理、激励与管理工具等四方面结合阅读越精彩志愿者团队构建与培育实例进行分享。在志愿者招募方面，明确为什么招募志愿者、需要什么样的志愿者、志愿者做什么、对志愿者要求四点尤为重要。在志愿者管理方面，从志愿者服务规划、基础保障、服务项目与岗位、面试、入职与培训、团队建设与支持、离职与成果转化、监测与评估等八个方面进行阐述。在志愿者激励方面，孙老师分享了101种激励志愿者的方法。最后，介绍了志愿者管理工具，包括微信群、表单表格、App、上海市志愿者网与机构志愿者管理系统五种。

资料来源：http://www.shanghai.gov.cn/nw2/nw2314/nw2315/nw15343/u21aw1330592.html.

【点评】

社区志愿服务组织培育的第一步便是社区工作人员以及志愿者要在思想上抛弃传统的社区志愿服务模式，而社区志愿组织孵化培训则可以传达先进的组织形式和服务模式，实现理论与实践的结合，具有很强的实用性。

建立培育、扶持社区社会组织孵化发展的有效制度与政策，建立社区社会组织良性发展的有效机制，是促进我国社区社会组织孵化与培育及参与社区建设必不可少的条件。在政策法规方面，不仅需要加强关于城市社区社会组织法律法规的研究，还要立足本地社区社会组织孵化的现实情况，针对社区社会组织的性质和定位，制定出符合本地区发展的地方性规范文件。

针对社区社会组织孵化与培育资金缺乏方面的问题，政府应加大财政投入，各级政府可以建立专项奖励机制，例如通过资金支持、物资帮助、以奖代投等方式，为社区社会组织的孵化培育提供启动资金、日常业务的经费补助等。同时借鉴国外政府对社区社会组织孵化的宝贵经验，利用政府招标的方式，对财政基金进行竞争性分配。在对社区社会组织孵化进行扶持的同时，还可以促进社区社会组织内部改善工作思路、提高服务热情、增强服务质量。

在社区社会组织孵化培育的过程中，社区居委会无疑是一个不可或缺的存在。应充分调动居民参与的积极性，通过相关制度的保障，使居民参与的平台更加广阔，实现社区居民自我管理、自我监督。

社区作为居民生活的重要场所，要充分发挥社区居委会与居民之间的桥梁纽带作用，必须把社区社会资源加以有效整合。但从目前情况来看，社区范围内的资源较为分散，整合难度较高，不利于社区的长足发展。对此，必须尽快采取措施，把各方面的资源拧成一股绳，集中服务于社区社会组织的孵化培育，形成促进社区社会组织参与社区建设的整体合力。

社区社会组织的孵化培育，一是要健全管理制度。社区社会组织在孵化阶段就应建立起以章程为核心的内部管理制度，包括财务制度、选举制度、民主决策制度等一系列制度体系，健全职能，强化功能，不断提高社区社会组织的自我管理能力，保障各项工作的平稳有效发展。二是要建立专业的内部团队。首先，要建立有效的人才选拔机制，做到人尽其责，从而提高工作效率；其次，建立有效的人才培养机制，通过定期培训、典型带动、经验分享、组织间交流等方式增强人员归属感和责任感。

第二节　社区志愿服务组织管理体系建设

案　例

深圳市龙岗区龙岗街道愉园社区

为弘扬社会主义道德风尚，促进社会和谐发展，鼓励和规范社区志愿者参与志愿服务，保障志愿者、服务对象的权益，依据相关条例，结合愉园社区的实际情况，制定愉园社区党群服务中心志愿者管理制度（以下简称志愿者管理制度）。

第一条　志愿者申请

社区居民可经过面谈程序，明确志愿者服务准则及了解中心安排的志愿服务岗位，填写中心志愿者申请表，即可申请成为愉园社区党群服务中心志愿者。

第二条　志愿者注册

志愿者注册需满足以下条件：

（一）自愿从事义工服务；

（二）承认和遵守《深圳市义工服务条例》和本会章程；

（三）年满10周岁，具有相应的民事行为能力；

（四）符合从事义工服务所要求的身体条件、服务技能或资格。

个人可通过两种方式申请注册：一是在“深圳志愿服务信息平台”申请，二是在微信公众号“志愿深圳”上报名。对于60周岁以上的老人，如有需要且符合注册条件，中心工作人员帮其提交申请资料。

第三条　志愿者服务准则

（一）志愿者上岗时应按照统一标准穿戴志愿者服装，服从中心工作人员的安排；

（二）遵守活动场所的工作制度，按照志愿者岗位职责要求，文明服务；

（三）服务时要了解所在岗位职责，热情周到，讲解耐心细致。

第四条　志愿者服务记录、查询与管理

（一）建立完备的志愿者档案，规范志愿服务记录。对于参加服务的志愿者，每场活动都要做好义工签到，对于需要录义工时长的志愿者，将会记录服务时长，中心定期统一将服务时长上传至义工联，并将上传时间告知志愿者本人；

（二）做好每场志愿服务记录，以证明志愿服务的真实性。

第五条　志愿者能力建设

（一）链接相关专业人士、专家学者及资深志愿者等担任志愿者培训导师，不定期开展志愿者培训，以提升社区志愿者能力；

（二）针对单场服务活动，中心工作人员需在活动前对志愿者进行针对性的培训。

第六条　志愿者回馈激励与惩罚机制

举行表彰大会和不定期的小型表彰会，对志愿者进行奖励表彰。社区党群服务中心招募的志愿者将实行“义工银行”管理办法，计算累计志愿者服务时长，按照有关制度给予表彰。同时，在义工自己或家人或朋友有需要的时候，中心将尽可能地安排其他符合要求的义工为其服务。另外对于在参与志愿活动中，目的不单纯如企图推销或贩卖产品者，予以口头警告、劝退，情节严重者，做除名处理。

资料来源：http://gd.cncn.org.cn/shen/yuyuanshequ/volunt/1524 1072361084372103.html.

【点评】

社区志愿组织不断兴起，但也面临着管理制度不健全或者缺席的问题，这已经成为社区志愿组织进一步发展的障碍。所以，社区应该根据自身特点，努力构建社区志愿组织管理制度，促进社区志愿服务健康化、常态化发展。

一、规范社区志愿服务组织内部管理首先要明确管什么

为了确保志愿组织的公益性和非营利性，除了对其成立进行注册登记管理之外，各国和地区政府还制定了相应的法律法规约束其日常运作。从社区志愿组织内部的权利管理以及由此形成的治理结构、内部管理制度、财务运作等方面对其运作进行规范。

1. 建立和规范社区志愿组织的理事会制度

现代企业的发展历程告诉我们，为了解决现代企业发展中因所有权与经营权分离而产生的代理问题，企业需要通过建立法人治理结构来协调关系、制衡权力，达到激励与约束的目的。同样，对于社区志愿组织而言，也存在这样一个问题。一方面，社区志愿组织的法人身份，使得其需要建立相应的有决策能力和管理能力的组织体制和管理机构，行使权利、承担责任；另一方面，社区志愿组织所接受的社会捐赠和享有的财政支持，使得其经营者与捐助者之间也形成了一种特殊的代理关系，为了避免违背捐赠者意愿、滥用权利和谋取私利，也需要组织形成规范的治理结构。这种治理结构可以在社区志愿组织内部形成权力制衡机制，规范相关人员的行为。这也构成了调整和规范社区志愿组织运行的法律法规的主要内容。

作为一个公益性的组织，社区志愿组织在各国和地区法律法规中普遍被要求实施理事会治理制度，即由理事会依据组织章程负责治理，对组织、政府和社会承担法律和道德上的责任。理事会通常由选举产生，是组织的最高权力机构，拥有决策权，有责任为组织制定前景、使命、价值观和政策，并确保其得到很好的落实。此外，财务监督也是社区志愿组织理事会的主要责任之一。

对于很多草根性质的社区志愿服务组织，也特别需要对其议事制度建设管理予以及时的、经常性的指导，推动其在发展壮大成长过程中形成规范的议事管理制度。

2. 坚守社区志愿组织的活动准则

除了要建立规范的治理结构，平衡组织内部的权利关系外，还要对社

区志愿组织的日常运作行为做出相关的规定，严格规范志愿服务项目和活动。

整体而言，社区志愿组织在运作中应遵守下列约束：

（1）以非营利为目的。由于社区志愿组织的使命在于社会公益事业的发展，因而在其组织的运作管理过程中，一个必须始终坚持的行为准则就是“不以营利为目的”。坚持这一原则最主要的目的在于约束志愿组织管理者和工作人员的谋利动机，要求他们在组织的运作中始终恪守公益使命，将组织经营所得的盈余用于公益互动，而不得在组织成员间进行分配，志愿组织的资产不能以任何形式转变为私人财产。

（2）始终坚持服务社区民众的项目内容和方向。社区志愿服务组织立足于社区，以社区民众基本需求为导向，通过各种形式的服务，为广大居民提供近距离的服务，为整个社区包括文化环境在内的环境建设提供及时有效的服务。这是社区志愿服务组织的使命，也是其存在的基本价值。

（3）信息公开。志愿组织的公益性及其相对独立的服务运行模式特征使各地政府在对其管理中普遍确立了较高标准的信息披露要求。一方面，各地的法律要求志愿组织必须接受相关部门的检查，依法向政府管理机构递交工作汇报，接受年检；另一方面，志愿组织还必须接受社会监督，向社会公众披露组织的运作情况。至于志愿组织应该向公众披露什么信息，各国和地区的法律法规规定不尽相同。日本的法律规定特定的非营利法人应将损益计算书、借贷对照表、附属明细表、财产目录以及决算报告书等资料进行公开供公众翻阅。美国的法律要求志愿组织通过一定形式将其事业、有关证明文件、免税资格证明、收益及最近 3 年的报表等资料和信息向社会公开，甚至其组织中工资最高的个人姓名、年薪以及超过法律规定收入标准的人员姓名等都要向社会公示，接受社会公众的监督。如果组织拒绝披露，将会被处以严厉惩罚。英国的慈善法也要求正式成立的志愿组织必须向慈善委员会和公众提供其财务信息，并随时准备好回应来自委员会和公众的质疑。对于不按照要求进行信息披露的组织，还通过法律法规制定了严格的处罚措施，受处罚者不只是组织，还有组织中的相关责任人员，他们将为此承担相应的法律责任。韩国的《非营利机构成立与运作法案》规定，如果组织没在年初提交经营计划和预算或在每个财政年度结束后提交准确的经营结果和年终财务状况的报告，或提交虚假报告，其负责人将有可能被判处一年以下徒刑或 300 万韩元以下的罚金。总之这些规定对志愿组织及其管理者的行为构成了极大的压力和约束，也迫使他们遵照法律法规向管理机构和社会公众及时公布组织的资料，接受外界监督。我国也出台了《志愿服务管理条例》，尽管还没有形成如此严格的法律要求，但对于志愿组织发展来说，这必定是一个趋势。

（4）不得从事关联交易。为了保护捐赠人的利益和社区公益，各国和地区的法律法规还对社区志愿组织中可能存在的关联交易行为进行规范，即志愿组织不得与相关的利益方发生买卖、交换及租赁关系等。这种利益冲突人的范围较为广泛，包括对志愿组织有重大影响的个人和组织，也包括政府官员。如果志愿组织与上述人员发生了交易，那就构成了关联交易，应当被处以重罚。

后两项风险虽然在社区这一层面发生的概率不高，但在管理机制当中也必须涉及，明确向各级社区志愿服务组织提出要求。

二、建立严格制度，提供志愿服务保障体系

管理社区志愿服务组织，第二个重要的元素是怎么管。

近年来，志愿者组织及其队伍蓬勃发展，为促进城市文明建设及构建和谐社会提供了正能量，做出了贡献，深受居民好评及党和政府的认可。但志愿者队伍发展过程中，缺乏经费、缺乏保障、缺乏战略意识等问题比较明显。尤其是经费及保障机制没有建立这一问题尤为突出，影响了志愿者队伍的可持续发展，因此要做到保障志愿服务的顺利发展和进行，需做到以下三个方面：

第一，建立日常行政管理体制。一般社区里都有志愿服务管理站，负责辖区内志愿服务组织及其活动实施随时随地的监管，包括项目审查、资源对接等，也包括为开展健康项目提供链接资源等服务。

第二，由上级党委行政部门以及社区党委行政部门制定、颁布相关的管理文件，形成较为完善的管理法律法规体系。在制度上为志愿服务提供保障并落实到位，同时加强制度建设，及时对接党委行政部门，做到高效、完整和便捷。

第三，建立社区志愿服务组织负责人例会，信息定期交流平台，社区志愿服务组织和志愿活动项目评估、评比、奖励等制度，形成完整的制度体系。

在社区志愿服务组织管理的工作中还要特别注意为社区志愿服务创建良好的制度环境，提供必要的政策支持和机制保障。（1）建立和完善志愿者权益保障与救济机制。为志愿者提供各方面的基本权益保障，如志愿者

人身安全与健康保障、志愿者基本生活保障、志愿者医疗保险等，都是消除志愿者后顾之忧、保护志愿者积极性的重要措施。志愿者权益保障的制度化、法治化和规范化，是志愿服务事业健康发展的重要保障。（2）建立人性化的志愿服务组织激励机制。有效的激励机制，体现了社会对志愿服务的重视和倡导，体现了社会对志愿服务事业的支持与肯定，能够为志愿者提供强有力的动力支持，保证志愿行动的可持续性。社区可采取的激励手段和措施包括：建立多层次、多形式的志愿服务组织和志愿者表彰奖励制度，对志愿服务组织和志愿者的贡献给予适当的嘉奖或给予一定的物质奖励；颁发证书等。（3）完善和加强相关的政策支持。一是通过制定税收优惠政策，鼓励和引导更多的社会资源向志愿服务领域流动，鼓励全社会参与志愿服务；二是通过加大政府的财政支持力度，解决志愿组织资金不足的问题，支持志愿组织的发展。积极的政策支持和完善的体制与机制保障，是促进我国社区志愿服务事业可持续发展必不可少的制度保障。

综合案例

汇青“益”起来关爱活动

三里屯街道首开铂郡社区青年汇经常组织辖区内爱心志愿者青年来到三里屯托老所，开展“汇青‘益’起来”关爱活动。

在世界社会工作日临近之期，为了帮助社会困难人群解决问题，为有需要的人士传递爱心、知识和技巧，青年汇的社工们组织志愿者来到三里屯托老所开展“汇聚爱心，播种希望——三里屯托老所关爱活动”。

在本次活动中，社区青年汇通过张贴海报、12355 短信平台、QQ 群、社区报等途径发布活动信息，并接受青年的电话咨询报名。活动开始前，社工请志愿者医生为大家讲解和老人们相处需要注意的一些问题。在此基础上，由志愿者为大家演唱歌曲，并带动老人和其他志愿者一起歌唱。其中，还有一位老爷爷为大家演唱了歌曲《洪湖水浪打浪》。随后，志愿者们分组带领老人们写毛笔字和做简单的手工艺品。最后，由志愿者医生为老人们测量血压，进行体检。

志愿者们纷纷表示，能来到托老所为孤寡的老人们做些力所能及的事很有意义。其实，做些很简单的事就能满足老人们的愿望，他们只是缺少陪伴。志愿者们通过这次活动进一步认可了青年汇，表示以后有活动一定参加，并期待以后有更多更加丰富多彩的活动！

资料来源：共青团北京市委员会，北京青少年社会工作协会．都市青少年专业服务新模式：社会工作专业视角下的北京“社区青年汇”优秀案例［M］．北京：中国社会出版社，2018.

以下为对上述案例的具体分析：

（一）社区需求评估与诊断

首开铂郡社区青年汇位于朝阳区三里屯街道，辖区内存在许多需要帮助的困难群体。工作人员了解到，该社区存在多个特殊的“小伙伴”，他们行动十分不便，需要工作者进行长期、定时、有效的生活帮助，疏导其情绪。

本次活动中，社区青年汇通过张贴海报、12355短信平台、QQ群以及社区报等途径发布活动信息，并接受青年的电话咨询报名。在经历初次活动后，志愿者们纷纷表示，能来到托老所为孤寡老人们做一些力所能及的事很有意义。通过志愿服务，很多老人的心理状态得到了很好的改善，与他人的交流也有所增加。社区开展的服务活动多种多样，招募志愿者的方式也很多样，同时社区志愿服务组织也多种多样。

（二）项目设计

志愿者通过对辖区的日常观察，关注到辖区内困难群体的问题。通过线上线下相结合的方式招募志愿者，与社区、托老所进行对接，采用“社工＋志愿者”的模式开展困难群体服务项目。在活动开展过程中，社工时刻向参与活动的青年志愿者传递“赠人玫瑰、手有余香”的志愿公益精神，志愿者们表示自身提高了助人意识，提升了思想素质，并表示愿意引导更多的青年加入志愿公益服务的阵营。

在项目开展过程中，社工在活动开始前针对志愿者进行安全相关的培训，确保活动顺利开展，最大限度地避免活动中发生突发事件。

（三）项目实施

（1）招募志愿者：通过线上线下相结合的招募方式，进行志愿者招募；同时与相关志愿者团队对接，开展服务。

（2）确定服务对象及实施方案：志愿者与托老所及社区进行对接，确定服务对象。同时通过向志愿者发放调查问卷，了解到志愿者的特长和可参与的活动时间，以此来确定公益活动的类型与时间。

（3）针对不同的服务对象，开展不同的志愿活动，进行细致高效的服务。

思考与讨论

1. 如何对社区志愿服务组织的类型进行划分？
2. 社区志愿服务组织的运行机制是怎样的？
3. 如何理解社区志愿服务组织的保障体系？

第七章
社区志愿服务文化氛围营造

引 例

石景山区“青春美景”冬奥城市志愿服务队

北京2022年冬奥会和冬残奥会已经画上圆满句号。广大服务保障团队和人员坚持冬奥保障、全国两会保障和城市面运行保障“三线作战、一体推进”，发扬特别能吃苦、特别能战斗、特别能奉献精神，出色完成了冬奥城市运行及环境保障各项工作任务，共同书写了“简约、安全、精彩”的答卷。为进一步昭示先进、发挥示范引领作用，北京冬奥会城市运行及环境保障组办公室组织开展了第三批“两美两星”选树宣传活动，石景山区“青春美景”冬奥城市志愿服务队入选最美环境志愿服务团队。

2022年1月15日冬奥倒计时20天之际，石景山区成立“青春美景”冬奥城市志愿服务队，以“老街坊、新生代，无志愿、不美景”的理念为指引，汇聚青春正能量，共建美丽石景山。

在宣传引导方面，依托全区63个城市志愿站点，广泛宣传《北京市文明行为促进条例》，维护公共场所秩序和公共卫生，自觉爱护市政设施和市容环境，养成戴口罩、勤洗手、使用公勺公筷、垃圾分类等良好文明习惯，不在公共场所吸烟、不随地吐痰、不大声喧哗、不乱写乱画，做城市文明秩序的维护者。

在实践活动方面，充分发挥冬奥城市青年志愿者生力军、突击队作用，依托团员回社区报到的制度优势，借助新时代“石景山老街坊”志愿品牌，开展“青春美景·一起来”之“一起靓美景”冬奥主题特色活动，引导团员青年主动参与交通引导、捡拾垃圾、摆放单车等志愿服务。

充分组织动员全社会各方力量，以“薪火相传展志愿‘锋’范，服务冬奥创城市美景”为主题，组织“3·5”学雷锋志愿主题实践活动。城市志愿者为少先队员讲解垃圾分类常识，带领孩子们在站点周边开展环境整治，呼吁大家通过“小手拉大手”的形式，带动家人共同参与垃圾分类工作，养成文明新风尚，让志愿服务成为首都城市西大门一条亮丽的风景线。

资料来源：北京石景山微信公众号。

社区志愿服务文化建设已经成为社区文化建设的一种常态，尤其是在国家鼓励社会参与社区治理、鼓励居民自治自管之下，社区志愿服务成为独特的社区治理模式，社区志愿服务文化氛围营造也成为基层社会治理创新的一种方法，这同时也关乎社区居民对美好生活的向往。特别是在重大活动期间，能够在有限的时间内营造出有效的文化氛围。在北京冬奥会期间，尽管有疫情的影响，但是北京各区与张家口等地在宣传冬奥文化和冰雪运动中仍然保持激情，为会前的文化氛围营造和会后的文化成果转化打下了基础。建设社区志愿服务文化既是一种结果，又是一个过程，社区的志愿者应该了解其重要性，也应该掌握建设社区志愿服务文化的技巧。所以，本章将围绕社区志愿服务文化阐述以下重要内容：

（1）社区志愿服务文化的概念、特点、作用与重要性。

（2）社区志愿服务舆论建设的内容、方法。

（3）社区志愿服务文化氛围营造的内涵，以及社区志愿服务文化在实践中运用的技巧。

第一节　社区志愿服务文化

案　例

自2021年“相约北京”冰上项目测试活动启动后，北京冬奥办动员各方面力量参与冬奥场馆外围城市运行和环境保障志愿服务工作，为冰上项目测试活动营造良好的环境秩序。除了发动属地环境志愿者参与，北京冬奥办还采取了结对子的方式开展活动。例如，首都文明办组织志愿服务队与海淀区万寿路街道结对，市交通委组织志愿服务队与海淀区北下关街道结对，市城市管理委组织志愿服务队与朝阳区奥运村街道结对，团市委组织志愿服务队与亚运村街道、大屯街道结对，在测试赛期间开展志愿服务。

据北京冬奥办宣传动员部负责人介绍，4月1日至9日，北京冬奥办共动员组织志愿者1 674人次，开展志愿服务累计时长7 065.5小时。其中，朝阳区和海淀区冬奥场馆周边的每个街道都组建了一支骨干环境志愿服务队，测试活动期间开展服务时长不少于10小时的志愿活动。

资料来源：http://www.bjwmb.gov.cn/xxgk/xcjy/202104/t20210413_835988.htm

【点评】

案例中“结对子”的方式方法，对于基层社区志愿服务工作来说尤其有效，比如社区的敲门服务就是一种运用。因此，社区志愿服务要多结对子，将社区结成一张志愿服务网，点、线、面多维度交错连接，定能进一步发挥志愿服务共同意识和共同文化下的纽带作用。

一、社区志愿服务文化的概念

（一）社区文化的内涵

社区文化是人类文化的一种特殊形式。社区文化是社会文化的一个有机组成部分，是人类宝贵的物质财富和精神财富。于显洋在《社区概论》中提出从广义和狭义两个角度理解社区文化。广义的社区文化是指社区居民在特定的地域内，经过长期实践而创造出来的物质文化和精神文化的总和。它对人们的思想观念、道德情操、人格理想以及行动方式的形成和发展具有重大影响，对当地经济、社会的发展具有相当大的作用。狭义的社区文化是指社区居民在特定的地域内，经过长期实践逐步形成和发展起来的具有地方特色的价值观念、生活方式、行为模式等文化现象的集合。其中，价值观是社区文化的核心①。但反过来说，社区文化的建设也能够促进居民价值观的正向营造。特定的文化在特定自然地理条件下产生，社区文化对居民的心理、性格、行为有着深刻的影响，不同的社区文化特质不仅造就了人们特殊的习性，而且在一定程度上决定着人们的价值取向，影响着人们的生活方式与行为实践。所以，正向社区文化的营造会使居民具有正义感。

吴文藻指出：“文化最简单的定义，可以说是某一社区内的居民所形

① 于显洋．社区概论［M］．北京：中国人民大学出版社，2015．

成的生活方式……也可以说是一个民族应付环境——物质的、象征的、社会的和精神的环境——的总成绩。这样的文化可以分为四个方面：（1）物质文化，是顺应物质环境的结果。（2）象征文化，或称‘语言文字’，系表示动作或传递思想的媒介。（3）社会文化，亦为‘社会组织’，其作用在于调适人与人之间的关系，乃应付社会环境的结果。（4）精神文化，有时仅称为‘宗教’，其实还有美术、科学与哲学，因为它们同是应付精神环境的产品。精神文化是文化的结晶，是与各个特殊的文化系统相别的枢纽……精神文化固为文化的中心，但不是独立的，而是与文化其他方面如物质文化、象征文化、社会文化交互作用，互相维系的。”① 实际上，“文化是一个有机的整体，发生作用时，不是局部的，而是全部的”②。

因此，社区文化作为一种新生的文化范畴，需要我们不断地探索和实践。一个现代化的社区的发展就是要形成具有特色的、得到社区居民普遍认同的社区文化，进而获得精神文化上的满足，并且以此来规范、引导社区居民的行为。社区所具有的一个非常重要的特征就是社区居民对社区文化的认同。这种对社区文化的认同直接影响着社区居民对社区的认同，影响着社区居民对社区建设的自觉参与意识，是社区凝聚力得以形成、社区精神得以培养、社区的本质理念得以体现的过程。积极向上、健康有益的社区文化一旦形成，对社区的行为规范、居民关系、生活方式、法规制度等方面会起到巨大的影响，从而使社区发展得到质的提升。社区文化建设的根本任务是要形成社区精神，促进社区发展。

（二）社区志愿服务文化的内涵

社区志愿服务是我国社会改革、社会转型的结果。1988 年天津市和平区新兴街道朝阳里居委会的 13 名社区积极分子自发组织起来，以“上为党和政府分忧，下为居民群众解愁”为宗旨，成立了为民服务志愿者小组，无偿为孤寡老人、残疾人与特困户提供服务。这一志愿行为引起了新兴街道办事处的高度重视，新兴街道随即成立了全国首家社区志愿服务协会。以此为改革开放以后的新起点，我国城市社区志愿服务出现了蓬勃发展的态势，受到各方民众的关心和支持。1989 年 10 月，民政部在杭州召开了全国社区服务交流会，和平区新兴街道办事处在会上介绍了组织社区志愿服务的典型经验。在这次会上民政部提出，在我国社区服务中，要积极推广“社区志愿服务协会”“志愿者小组”等社区志愿服务组织形式。这次

①② 吴文藻. 吴文藻人类学社会学研究文集［M］. 北京：民族出版社，1990.

会议后，国内掀起了一个开展社区志愿服务活动的舆论宣传高潮。1993年8月，民政部、国家计委、国家体改委等14个部委联合颁发了《关于加快发展社区服务业的意见》，推动了我国社区服务工作的全面开展。1994年4月，民政部和中国社会工作者协会发出《关于进一步开展社区服务志愿者活动的通知》，要求各级政府切实加强对社区服务工作的重视，把社区志愿服务推向了一个新的阶段。同年10月，民政部和中国社会工作者协会联合表彰了全国城市38个“社区志愿服务先进集体”和70个“优秀社区志愿者”，江泽民和李鹏为这次表彰活动分别题词，充分肯定社区志愿服务活动。在党和国家的高度重视下，社区志愿服务迅速发展，得到了广大人民群众的普遍认同①。2008年，在北京奥运会期间，北京的社区志愿服务在维护社会治安与社会环境中更是做出了突出的贡献。汶川地震时，社区志愿服务也为抗震抢险和灾后重建发挥了至关重要的作用，因此，在社会普遍认为2008年是我国志愿服务元年的时候，社区志愿服务也又一次获得了政府与人民的重视和响应，在随后的各项社会基层建设中，政府更加将社区志愿者作为基层治理中不可缺少的一部分，将社区志愿服务与政府基层治理联动起来，共同促进社会发展。

党的十八大之后，习近平总书记提出了“文化治国”的概念，真正地将文化价值建设与国家的命运联系在一起，同时，文化也成为各个行业所关心的话题。而志愿服务文化自2008年之后便成为志愿界所关注的焦点，社会普遍认为我国志愿服务文化的建设将成为中国特色志愿服务重要的基础建设。志愿服务文化是志愿服务活动的内核和精髓，是推动志愿服务事业持续健康发展的力量源泉。广泛开展志愿服务活动，必须把培育志愿服务文化作为中心环节，贯穿工作全过程和各方面。把志愿服务的要求体现到市民公约、乡规民约、职业规范之中，充分利用社区市民中心、社区文化站和板报橱窗、通俗读物等，加大志愿服务宣传教育力度，广泛普及“奉献他人、提升自己”的志愿服务理念，使志愿服务逐步成为人们的自觉行动和生活方式。要积极搭建公益性文化活动平台，精心培育植根群众、服务群众的志愿服务活动项目和活动方式，及时总结来自群众、生动鲜活的创新经验，让蕴藏于人民中的志愿服务热情和积极性得到充分发挥，形成人人支持志愿服务、参与志愿服务的浓厚氛围②。由此看来，志愿服务文化上升为我国精神文明建设的一部分，而社区志愿服务文化是志愿

---

① 梁绿琦. 中国社区志愿服务的发展历程 [J]. 北京青年政治学院学报，2008，17 (4).

② 大力培养全社会志愿服务文化自觉 [N]. 人民日报，2011-12-05 (4).

服务文化的重要基础部分，再加上社区志愿服务的频繁开展以及其与基层治理的密切关系，社区志愿服务文化的建设与发展更应该成为重中之重。

从吴文藻对文化的划分来说，物质文化、象征文化、社会文化和精神文化都有社区志愿服务文化的影子，尤其是社会文化与精神文化。

社区志愿服务文化是物质文化的一部分。社区志愿服务文化必定建立在物质文化之上。人类从石器时代到青铜器时代再到铁器时代，随后由于蒸汽机的发明进入第一次工业革命，然后是电气时代的第二次工业革命，最后到互联网时代，这些都是人们为了追求更便捷、美好的生活而做出的物质创新，每一次物质创新都造就了新的物质文化，而这些东西都不会随着时间流逝而消失，反而时间越久，文化价值越大。当然，随着物质生产的更新也会出现各种弊端，因为每一段物质文化中都会存在不公平、不正义的现象，而这些现象也会被讨伐，朝代的更迭便是最大的体现，而古代的“揭竿起义”也不失为一种文化，这是一种物质匮乏的表现。社区是人们生产的重要单位，社区生活是获得物质财富的重要途径，在社区中人们有丰富的物质生活，也就有独属于自己社区的物质文化。特别是物质生产发展到今天，物质得到了进一步满足，人民的精神需求日益增长，居民自愿互帮互助，在满足社会参与和自我实现的需求之外，在便民、社会环境、治安等具有物质意涵的事物中，物质文化同样发挥了积极的作用。从这个意义上说，社区志愿服务为居民所做出的正义之举也是与物质文化紧密联系的，以社区为单位开展的志愿服务在一定程度上直接影响居民对物质的认知、对物质生活的追求，以及对以物质为基础的生活方式的选择。在这一基础上逐渐形成的社区志愿服务文化，既是宏观的社会文化的重要组成，也是社会物质文化的重要表现。

社区志愿服务文化是象征文化的重要内容。象征文化可以理解为一种象征符号，文化可以用各种各样的形式来表现，象征符号正是承载这些表现内容的媒介，通过象征符号的转变，将文化表现为人们易于接受的东西，比如一本书、一幅画、一首歌等。文化作为一种抽象的内容，其具象的表现方式千千万万，但是如果文化不存在了，这些象征符号也就不足以称为象征文化了。社区志愿服务文化作为文化的组成单元，其自然成为象征符号所传播的内容。最典型的例子便是《爱的奉献》这首歌，一首歌作为一种象征符号或者象征文化，将志愿文化中的奉献精神广泛传播，人们一听到这首歌，就会想到一些奉献的故事，便会想起最可爱的志愿者。社区与居民的生活紧密相连，各地社区在居民志愿服务的创新和发展中，形成了很多独具本社区特色的志愿服务象征符号，例如公共卫生日、楼门文化等。但是目前社区志愿服务文化基本尚未具有较大社会影响力，缺少让人熟悉的象征符号，这在一定程度上弱化了社区志愿服务文化的感染力与感召力。

社区志愿服务文化是社会文化的内涵之一。社会文化的含义包括很多，但如果按照吴文藻的说法，社会文化可以简称为“社会组织”，按照社会组织的基本定义，自然也就可以将其与志愿服务联系起来。社区志愿服务作为弘扬社会正能量的一种实践活动，也是一种主流的社会文化，它所代表的则是文化认同感、社会道德、社会责任等等，是社会文化的一股暖流，可以代表当前社会文化的价值观以及预示未来社会文化的发展趋势。从一定意义上讲，社区在整个社会生活当中具有基础性，在社区活动中具有普遍性，使得社区志愿服务文化可以成为社会文化的一种内在支撑，成为社会文化的一种灵魂。

社区志愿服务文化是精神文化的外现。随着物质需求的满足，精神需求便会成为人们的最大追求。目前社会上所呈现的不少精神产品都离不开市场的侵蚀，所以许多精神文化的组成因素也披上了市场的外衣，影响了精神文化的价值和持续发展。公益与志愿服务、社会工作与志愿服务，这些都是精神文化的一种外现方式，但是由于市场中钱财名利的诱惑，社会上时不时会出现公益人才讲不清公益账目、社会工作机构为钱干事的新闻，这也会或多或少地影响志愿服务文化。社区志愿服务与公益组织和社工机构有着根本上的区别，社区志愿者大多是本社区的居民，他们每天生活在社区之中，能够自愿服务社区内弱势群体以及整个社区，这种服务活动没有报酬，甚至有时候还需要自己贴钱，也不可能换来什么名利。所以，社区志愿服务本身是一种比较纯粹的助人的实践活动，是独立的、自愿的志愿奉献，志愿者们追求的无非是在服务过程中可以看到自身价值，而这种价值体现就是对精神文化的一种追求。在现实生活中，社区内以生命影响生命的志愿服务例子到处都是，最终是双方精神价值都得以实现，这种不忘初心的社区志愿服务精神应该受到赞扬，值得所有人去学习。

由此可以看出，社区志愿服务文化可以理解为志愿者在开展社区志愿服务的过程中所积累的物质文化、象征文化、社会文化以及精神文化的总和。社区志愿服务文化并不是单独存在的，它应该是一个时代中人们物质追求和精神追求的抽象表达，是社会主要精神文化的一种外现、一种最基础的表现。如今，社区志愿服务文化的感染力还不够，其中的一个原因便是还未找到这种文化的更多的、更清晰的载体，也就是能够广泛传播社区志愿服务文化的象征符号或者说是媒介，缺少了这样一种耳濡目染的东西，也就影响了居民对社区志愿服务文化的认同感。

二、社区志愿服务文化的特点

社区志愿服务是一种处理人与社会环境、人与人之间关系的实践活动，由于社会、人群之间的复杂性，社区志愿服务也相应具有了很多特点，而其中积淀的社区志愿服务文化也相应被赋予了很多特点，最主要的便是社区志愿服务文化的多元性、时代性、传承性和感召性。这四个特点突出了社区志愿服务文化的内容以及其存在的原因。

1. 社区志愿服务文化具有多元性

社区志愿服务文化的多元性体现在很多方面，首先便是志愿者多元导致的文化多元。社区志愿者的组成主要包括居委会干部、党团员、社区居民、沿街企业、社会组织等，而每一类的志愿者提供的志愿服务都不太一样，于是就形成了各色各样的文化。比如在居委会支持下打造的楼门文化、居民之间的邻里互助文化、企业的上门志愿服务文化等等，这些都是社区志愿服务文化的具体体现。其次是不同的服务对象将产生不同的文化。社区志愿服务所针对的人群就是本社区的居民，由于居民的多样化，服务对象也分成了几大群体，比如青少年群体、老年群体、弱势群体、妇女群体等等，不同群体需求各异，服务内容也就不尽相同，使得服务文化具有明显的差异性。对青少年的服务主要以成长教育为主、对老年群体的服务则是以健康娱乐为主、对弱势群体的服务则是为了提供帮助、对妇女的服务则是养生烹饪等，这些内容背后，具有各不相同的文化支撑，也就自然会产生不同的志愿服务文化。最后是因社区志愿服务目的不同产生的不同文化。中国志愿服务之所以不同于西方国家的志愿服务，是由于我国的政治体制所赋予志愿服务特殊的任务。就社区志愿服务来说，最本质的服务目的是居民的生活更加美好幸福，其中的奉献与互助精神也成为社区志愿服务文化的主流，但是不可忽略的还有社区志愿服在社会治理中的特殊作用。我国有一类特殊的志愿者便是从社区中产生的，那就是社会安全志愿者，其主要任务是维护社会治安与社会环境，在国家重大事务的开展时期，社区安全志愿服务也成为必不可少的一个环节，“红袖标”成为城市社区的一种文化。此外，社区志愿服务还具有发挥基层党组织动员和服务人民群众的重要功能，这种以基层党群工作为目的的社区志愿服务同样会形成我国特有的社区志愿服务文化。

想要把握住社区志愿服务文化的多元性，就需要对社区志愿者、服务对象与服务目的、内容进行深入了解，善于发现蕴藏在其中的本质文化，总结实践经验中体现出的服务规律，结合志愿者与服务对象的需求，团结居民、善听民意、深入调查、以人为本、具有诚意地开展好每一次服务活动，并且保证居民在每一次活动中都能有所收获，参与的激情一次比一次高，这样才能保持社区志愿服务文化的多元性。

2. 社区志愿服务文化具有时代性

社区志愿服务是时代的产物，这一点是毋庸置疑的，社区志愿服务文化所表现出的时代性的特点即它会随着时代的发展而不断注入新的内涵。在过去很长时间内，由“单位人”转向“社会人”产生的社区志愿服务仅仅局限于社区居民的邻里互助，但是由于物质生产还比较落后，参与社区志愿服务的人还比较少，缺乏相关的法律规定，还不足以规模化发展。后来随着经济的飞速发展，越来越多的居民愿意参与其中，在社区志愿服务中实现对精神价值的追求。随着市场经济的完善，企业认识到了社会责任的重要性，进而企业志愿服务进社区也成为一种社会现象。随着我国民主法治的不断深入，社会组织出现在人们视野当中，为志愿服务创造了新的理念与文化。如今有的社会企业，成功地将经济效益与社会效益融合在一起，这也为社区志愿服务开辟了一条新的路径——把社区志愿服务组织与社区社会企业结合起来，这种模式将会吸引很多有才能、有理想、有情怀的人加入，将社区志愿服务提升到一个新的层次，成为新时代志愿服务文化的一种新标识。

社区志愿服务文化的时代性特点要求社区志愿者紧跟时代发展，将时代的产物运用到社区志愿服务当中。比如对新媒体的运用，北京市东城区崇外街道就创建了“环境卫士 App”，所有人都可以注册成为其中的志愿者，通过简单的拍照上传就可以获得志愿积分，这种积分还可以换取商场打折券，将社区志愿服务与居民生活结合，提高了志愿者的积极性。北京市朝阳区八里庄街道也建立了“云洞中心”，采集各个社区内老人的健康指数，与医院进行合作建设报警系统，如果老人的健康指数出现问题，便可以在第一时间报警或者被医院发现，开展及时治疗。这种将志愿服务与科技结合的形式必将成为一种发展趋势。还有就是对时代流行文化的运用，虽然流行文化可能会转瞬即逝，但是社区志愿服务如果能够将流行文化运用到社区志愿服务的方式当中，不仅会吸引更多的人参与，而且场面一定非常热闹，例如各种唱歌类节目、烘焙、电竞、戏剧等等，满足居民对时代娱乐的需求。

3. 社区志愿服务文化具有传承性

社区志愿服务文化的传承性表现为对中国传统文化的继承与弘扬，中国传统文化博大精深，对社区志愿服务有着深远的影响。“勿以善小而不为，勿以恶小而为之”教育人们应该从身边的小事做起，帮助他人，切不可做一些对他人有害的事情；“重资财，薄父母，不成人子”则教育子女应该赡养老人，不能够忘恩负义；“人各欲善其子，而不知自修”便是对为人父母最大的教育，强调父母是子女最好的老师，父母是什么样的人，子女就会成为什么样的人；“父母德高，子女良教”也是这样的意思。这些传统的教育思想还有很多很多，古时候关于善行的故事也数不胜数。家庭是社会价值传播最基础的、带有一定隐蔽性的社会结构，而社区是人民大众生活的基地，也是社会文化、价值方式乃至大众情感传承的最基础、最普遍的场域，传统文化是社区志愿服务重要的道德文化支撑，是社区志愿服务文化的重要内核。这其中包括我国的传统技艺，比如书法、国画、刺绣、陶艺、诵诗等等，通过一场国学盛典的回顾来陶冶情操，定能让社区志愿服务具有了更强烈的文化代入感。

继承与弘扬中国传统文化一直是我国所强调的内容，党的十八大更是提出了“富强、民主、文明、和谐，自由、平等、公正、法治，爱国、敬业、诚信、友善”的社会主义核心价值观，将传统文化与新时代价值理念完美结合。社区志愿服务文化要想做到对传统文化的继承与弘扬，就必须整合社区内的资源，尤其是人力资源，深入调查社区居民从事的职业以及个人技能，动员相关的居民参与到社区志愿服务当中，如为社区居民开设一个“国学班”，教授书法、绘画，讲讲《弟子规》、《三字经》与《二十四孝》等，通过耳濡目染的教育来营造一个有修养的社区，进而塑造有修养的社区人。此外还可以回溯一下社区的来源，如果具有深厚的文化底蕴，则可以建立一个社区历史文化博物馆，以社区的文化底蕴去影响个人的文化底蕴，利用环境去改变个人。如今全国各地都在兴建楼门文化，其中也不乏对传统文化的继承，但是想要更好地弘扬传统文化，并将其融入社区志愿服务文化，还需要社区志愿者再做出创新，这将是一个长期的过程。

4. 社区志愿服务文化具有感召性

社区志愿服务文化的感召性主要表现在对社区志愿者的动员以及志愿者对这种文化的认同感上。社区志愿者动员在目前的社区志愿服务中可以说是一大难题，无论对于居委会、社会工作机构还是社会组织而言，在实施社区服务项目时最害怕招募不到社区内部的志愿者，很多组织通过物质激励或者人情关系来确保志愿者的数量。而社区志愿服务文化一旦有了体系，这种文化的感召力将以无形力量去鼓舞社区居民参与志愿服务。北京都市馨园社区有一支助老服务队，帮助孤寡老人、高龄老人、残疾老人料理生活，由于他们本身也有家人，所以在为老人服务的时候能够做到用生命影响生命，获得了老人们的极力赞扬，让老人们的子女也佩服得五体投地，看到了外人竟然比自己对待父母还要好，这些老人的子女也加入了这支队伍。这种影响力是志愿服务精神的内化，而不是作秀，所以能够感染更多人参与。

社区志愿服务文化的认同也就是将社区志愿服务作为居民的一种生活习惯，把社区当作自己的一个大家庭。仍然以上面的助老服务队为例，其中的一个志愿者指出，他们要努力营造一种“小老人服务老老人”的氛围，并且让这种服务文化代代相传，形成社区助老服务的一种常态。这种服务意识就是对社区志愿服务文化的认同，只有大家都认同了这种文化才会真诚地参与并且感到幸福。可这种认同感的建立需要一个过程，因为我国传统以家庭文化为主，养老大多以家庭为单位，虽然一直在提倡社区养老，但家庭始终是绕不过去的坎。因此，对社区志愿服务文化的认同感的营造既是一个难题，也是一个必须要解决的问题。

社区志愿服务文化感召性的特点要求社区工作者或志愿者必须要有耐心、有爱心、有责任、有担当地开展志愿服务活动，一定不能将志愿服务当作走过场，更不能将其看作功利化的东西。只有开展服务的人真诚，才能够真正感染对方，吸收更多的志愿者参与其中，才能够真正形成一种对社区志愿服务文化的认同。

三、社区志愿服务文化的作用与重要性

党的十九大深刻分析了我国社会主要矛盾发生变化的新特点，同时明确要求打造共建共治共享的社会治理格局，社区志愿服务与这两大主题密切相关，因此看待社区志愿服务文化的重要性也应该与社会功能紧密相连。

第一，社区志愿服务文化具有重要的经济发展功能，是社会福利水平的重要参考要素。从人的经济社会价值角度出发，志愿服务是人力资本的增值过程，即所谓余资余力的再开发、再调动，进而更加合理地配置社会资源。包括美国在内的不少国家，每年都会有志愿服务以及慈善价值在国民生产总值当中占比的统计，其贡献力一般在0.5%到2%之间。更重要的是，志愿服务源于居民之间的相互支持与帮助。从诞生的第一天，志愿服务就以处于相对弱势状态的人群，如少年、儿童、老年人、贫困家庭等所有有需要的人为服务对象，而且随着志愿服务自身的发展，一些专业化的

服务越来越突出，在缓解市场经济优胜劣汰造成的部分弱者的利益受损、弥补政府社会保障体系不甚完善等不足、让更多的弱势群体的多种需求特别是服务性需求得到更充分的满足方面发挥着越来越大的作用。现代社会兴起的大型活动的集中志愿服务所创造的经济价值更是显而易见，社区志愿服务文化能够让众多居民带着“红袖标”上街维护治安则替代了众多的工作人员。在这个意义上，志愿服务直接服务社会治理“善治”的核心目标。所谓“善治”，讲的是一种新的管理模式，一种政府与公民对社会公共事务合作管理的过程，一种政府与市场、社会的信用关系。无论是模式，还是过程，抑或关系，其核心的追求都是公共利益的最大化。来福特维奇将其解读为“一种有效率的公共服务，一种独立的司法体制以及履行合同的法律框架；对公共资金进行负责的管理；一个独立的、代议制的立法机构负责公共审计机关；所有层次的政府都要遵守法律、尊重人权；多元化的制度结构以及出版自由”①。从这一解读中，我们可以看出，“公共利益”是社会治理的一个核心概念。在传统的统治体系和政治学研究中，公共利益一直存在，但也一直没能成为最重要的核心概念。而在社会治理体系里，公共利益是其基本特征和最重要的追求目标，而且这种核心目标要通过一系列制度和法规予以落实和保障。可以说，志愿服务的蓬勃开展，特别是制度体系与文化体系的建设，本身就是现代社会治理整体结构当中“善治”不可或缺的重要部分，二者在基本属性上同源同向。

第二，社区志愿服务文化具有重要的社会发展功能，有利于现代社会的有效有序管理。一方面，在政治建设领域，社区志愿服务连接着民主法治社会的基础性建设，是公民积极参与社会的最重要途径，能有效推进民主法治建设。社区志愿服务推动个体社会参与，激发社会活力，适应从协商民主走向参与民主的社会潮流；社区志愿服务减少群体利益的分化带来的不平衡，起到社会的润滑剂、调节器和平衡器的作用，促进社会和谐；社区志愿服务推动大众社会组织建设，促进民主社会的发育；社区志愿服务的管理促进社会管理创新以及国家治理现代化。另一方面，在社会建设领域，社区志愿服务涉及社会参与、社会文化等社会建设的基本结构，对社会文明建设具有重大意义。社区志愿服务增强个体的集体主义和责任意识，推动人与他人和社会和谐共处观念的发展，培育现代公民；社区志愿服务传播社会主义核心价值观，培育社会正能量；社区志愿服务提倡团结

① 娄成武，谭羚雁．西方公共治理理论研究综述［J］．甘肃理论学刊，2012（2）．

互助、扶贫济困的良好风尚，追求平等友爱、融洽和谐的人际关系，促进社会和谐①。从本质上看，社区志愿服务推动社会建设的基本方式和途径与社会治理“共治”的核心属性具有高度的同质性。社会治理强调政府和社会对公共事务的共同治理，社会公共机构和大众是治理的主要参与者，政府管理是基本架构，社会力量是治理的重要主体。这种在政府结构之外的突破，必然会对原有的社会制度体系、社会结构，包括每一个个体社会性的思维、行为结构提出新的要求。而社区志愿服务活动是普通居民最容易进入的社会参与领域，社区志愿服务组织是基层社会最具活力、最具普遍性的群众组织。从这个视角看，推进社区志愿服务文化建设，不仅在国家社会治理现代化进程中具有极其重要的意义，而且其激发社会活力的重要功能的实现是新时代推进中国特色社会主义建设发展的需要，是巩固党执政的群众基础的需要，也是中国社会发展的必然趋势。

第三，社区志愿服务文化具有重要的促进人发展的功能，志愿服务文化激发参与者的个体活力，使人在物质层面之上获得精神的提升，满足个体获得更加美好生活的需要。一是志愿服务的自愿性最大限度尊重个体的自由选择，是个体获得良好社会关系与社会价值感的有效平台；二是志愿服务的义务性有效回应了个体与群体的辩证关系，服务的过程就是人与他人、人与社会、人与自然、人与自我的良性互动过程；三是个体参与志愿服务，充分表达对生命价值的积极态度，是人的个性外化和个人权利的一种表现，可以帮助个体实现全面成长，促进人的发展的现代化；四是志愿服务核心价值符合当代人的精神发展特征，能够从精神、文化、社会等多方面提高个人生活质量，满足人们对于美好生活的需求②。可以说，建构人人参与、规范有效有序的志愿服务制度化运行体系以及文化体系，是国家治理现代化的需要，也是现代中国人自身健康发展的需要。从运行模式上看，社会治理的核心概念是网络、互惠、责任和民主，这一切构成了社会治理“合治”的基本运行特征。与过去以统治为核心概念的社会管理相比，社会治理在运行上并不是依靠权力的层级统治，而是一个上下互动的过程；不是政府下命令或运用其权威，而是多元的行为者形成互动的网络和关系伙伴化；不是政府部门手中的集权，而是各个社会公共机构之间的

① 在落实“四个全面”中发挥志愿服务的重要作用［EB/OL］. http://xhsq.myzyfw.cn/index.php? m=content&c=index&a=show&catid=41&id=1582.

② 志愿服务是社会的“减压阀”和“润滑剂”［EB/OL］. http://www.zjgdaily.com.cn/html/2015—09/09/content_364142.htm.

互动和权力依赖，政府则运用新的工具和技术进行把控。不少方面的研究都表明，合作、协商、伙伴关系是社会治理运行的基本要素，而实施自主自治，建立公共领域、结构网络化，实现公民参与则是实现“善治”的必备条件。志愿服务的本质属性是社会公共事务，基本阵地是公共领域，志愿服务事业的发展是公民参与的基础，也是“合治”的关键条件。

第二节　社区志愿服务舆论建设

案　例

倡导志愿服务，情系社区居民

北京市东城区益生活知识传播服务中心在北京市朝阳区八里庄街道八里庄西里社区策划开展“居民手作（衍纸画）兴趣课堂”志愿服务活动。活动招募社区居民志愿者参加，并邀请衍纸画制作专家担任专业志愿者辅导居民学习制作衍纸画。活动历时 3 个多月，共举办 5 次，直接受益人数达 90 人，完成作品 100 多幅。活动倡导社区居民互帮互助、人人参与志愿服务。参加衍纸画制作学习的居民在享受活动服务的同时，以衍纸画为手段，自行分组入户针对弱势人群积极展开陪伴志愿服务。活动增添了社区居民的生活乐趣，舒缓了老年居民的心理压力，促进了社区居民之间的交流，营造了良好的社区氛围。活动对于积极营造社区志愿服务文化氛围有着很大的推动作用，同时从侧面诠释了机构的志愿服务宗旨，为服务社区居民提供了很好的沟通交流平台，丰富了社区老年居民的精神文化生活，具有重要的现实意义。

资料来源：北京市东城区益生活知识传播服务中心。

【点评】

通过各种兴趣活动课堂来营造社区志愿服务文化在目前成为社区综合建设的一种常见手段，但是真正做到居民心坎上的却不是很多。案例中除了将衍纸画作为一种手段外，还鼓励居民入户，对弱势人群开展陪伴志愿服务，让一个活动真正具有了志愿服务文化的魂，也使其具有了文化传播的功能。

案 例

组织居民以“朗读宅”方式释缓居家避疫焦虑。2020年疫情防控期间，由生活好课堂幸福志愿者服务总队、北京电视台主持人李向显担任队长的生活好课堂朗读志愿服务队共同孵化了两支社区居民组织——崇外街道西花市南里西区社区“新景西朗读志愿服务队”、天坛街道金鱼池西区社区“金西朗悦兴趣社”，分别积极开展居家避疫“朗读宅”活动，促进社区居民居家避疫生活更加积极向上。

新景西朗读志愿服务队在寇树华队长的组织下，选取队员赵闯的原创诗作《我们的心》，利用微信群，举办抗疫主题空中诗会，用声音把朗诵队员和社区居民的勠力同心，传递给疫区的人民，向战斗在一线的白衣天使和军人们，及所有逆行中的抗疫英雄致敬！除了空中诗会，还利用微信群带动社区居民广泛开展各种朗读学习和交流活动。

同样，为释缓居民因避疫长时间居家有可能产生的焦虑情绪，天坛街道金鱼池西区社区“金西朗悦兴趣社”组织朗读队伍，开展空中朗读学习活动，邀请专业朗读志愿者、中国传媒大学播音主持专业学生担任领读指导老师，每天定时开展朗读练习。

参与其中的社区居民大声朗读美文，以“朗读宅”积极对“战”疫情，与前线的抗疫英雄共克时艰！两支队伍都得到了“生活好课堂”从方向引导、活动策划、美文篇目、专业师资等多方面的大力支持。

【点评】

通过“朗读宅”积极面对疫情，带动家庭成员和社区居民进行提升自我精神家园建设，释缓居家避疫焦虑。更进一步说明，发挥集体的舆论导向和舆论监督作用是社区志愿服务工作不可忽视的重要内容。

一、社区志愿服务舆论建设的内容

社区志愿服务舆论建设的内容与新闻传播的舆论内容有着本质的区别，但是也应该具有相同之处，因为二者都是人们对社会事态发表的看法，形成的某些共识，但社区志愿服务舆论建设并不是为了让大众去争讨一个问题，而是以一种正能量的传播去影响人们的认知体系、行为模式，并最终能够效仿。公益圈之前的“冰桶挑战”可以作为一个舆论的例子，而2018年7月在公益圈兴起的“me too”运动也是一个典型的例子。这两个例子的共同之处都是利用新媒体的舆论作用去宣扬公益精神，倡导社会公平正义。社区志愿服务拥有与之相似的内涵，但是目前并没有突出的例子可以上升成为公众关注的舆论焦点。这其中首要的问题就是对社区志愿服务舆论建设的关注与重视不够。当然，社区志愿服务舆论建设是一个符合时代发展的新提法，对于其中的主要内容可以从社区志愿服务文化体系、价值体系上来理解。

（一）社区志愿服务的文化体系

社区志愿服务文化体系也就是社区居民在开展志愿服务活动时所创造、所使用或所表现的一切文化的总称，换句话说，就是凡是社区志愿服务中涉及的事物都可以成为舆论建设的内容，不同的无非就是引发舆论声势的大小。

1. 舆论建设中的社区志愿者

志愿者是社区志愿服务开展的基础，没有志愿者也就不存在社区志愿服务，所以志愿者最应该也最值得受到人们的关注、赞扬和学习。社区志愿者是在社区范围内，不计物质报酬贡献个人的时间与能力，为改善社区环境、促进社区发展而开展志愿服务的人①。在所有的社会中，志愿者本身就十分值得他人学习，总会有一些志愿者将自己大部分的时间与精力放在社区志愿服务上，他们顶着各方面的压力去整治社区内的环境问题、停车问题、治安问题等，除了遇到的困难之外，也会受到由于居民的不理解而产生的阻力，甚至会受到激进居民的言语辱骂与武力威胁，但是他们从来都没有放弃，一年不行就两年，两年不行就三年，直到获得改善以后也不放松，因为他们知道秩序维持起来才是最难的；还有的社区志愿者为了“别人家的老人”前前后后忙碌，照顾老人们的衣食起居，帮助老人上厕所、剪头发、洗澡，在服务过程中为了让老人们更舒服，他们还练就专门的服务技巧——快、准、轻，这些志愿者的用心超过了很多老人的子女，所以老人因他们而感动，老人的子女因他们而羞愧；随着城市化的不断发展，社区的行政划分也会在一定程度上形成文化的分割，尤其是优越的传统技艺，一些匠人为了生存不得不放弃一身的好本事，但是也有一些匠人一直坚守着匠心，发扬着传统技艺之魂，哪怕是赔钱的买卖他们也乐此不疲地坚持下去，为的就是在快节

① 巨东红，康凯．志愿者参与社区志愿服务的动机及行为分析［J］．山西农业大学学报（社会科学版），2016（3）．

奏的生活中保留一丝生活的气息，让自身的手艺能够传承下去，让传统技艺能够永远成为中华瑰宝，而不少这样的有心之人就生活在社区当中，这种匠心之作尤其值得青年一代人学习。当然，社区志愿者的日常还有许许多多，每一位志愿者都是值得敬佩的人，尽管如今社区志愿者的数量达到一定规模，但是隐性的社区志愿者还有很多很多，他们并不是不想参与，关键还在于社区对于志愿者个人价值的文化舆论营造，而志愿者的故事便理应作为舆论建设的第一内容，因为志愿者是新时代美好幸福生活的代言人。

2. 舆论建设中的社区志愿服务对象

社区志愿服务对象的种类很多，可以将人作为服务对象，其中包括老人群体、青少年群体、妇女群体、失业群体等；也可以将整个社区作为服务对象，如环境建设、安全保卫等；还可以将物质文化与精神文化作为服务对象。在绝大多数情况下，社区志愿服务还是将社区内的弱势群体作为首要的服务对象，旨在帮助他们生活得更加美好。在社区志愿服务当中，志愿者作为服务的主体，服务对象便是服务的客体，两者缺一不可，可见，社区志愿服务对象也十分重要。在歌颂志愿者的同时我们往往忘记了服务对象，因为服务的好与坏实际上是由志愿者与服务对象双向决定的，而在一定意义上，服务对象掌握了更多的决定权，这并不是在说服务对象对社区志愿服务主体性的把控，而是他们对于自身自主性的运用程度。目前的社区志愿服务以助老服务为主，而大部分的老人以空巢、高龄、残障等为特点，可以说在晚年时刻，大多数老人已经缺少生活的热情，而志愿者的加入却能够让部分老人重新审视自身的能力，并且找回生活的希望。“最美不过夕阳红”一直是我们对于老人生活的歌唱，但如何让老人真正美好起来却是一个难题，社区志愿者便成了解题的钥匙，但真正的心锁还在老人那里。老人们被志愿者影响，开始一步步接纳他人，接纳自己，相信他人，相信自己，从开始的闭门不出到慢慢地走出房门，从开始“我不能怎么样”的思维转化为“我还可以怎么样”的思维，甚至有些老人在病危阶段还能奇迹般地延长一段寿命。这些让老人们重新燃起生活希望的力量尽管受到志愿者的影响，但最后还是他们自身自主性的激发，因为希望总是自己留给自己的。当生命的力量能够撑起弱势群体的生命时，这种感染力才是最大最可贵的。所以，在社区志愿服务中，我们应该善于发现关于服务对象的例子，在社区志愿服务当中，通过志愿者的正能量去感染服务对象，通过这种激发与调动，从受助者视角推动社区文化舆论建设。

3. 舆论建设中的社区志愿服务活动

社区志愿服务活动作为连接志愿者与服务对象的桥梁，也作为社区志愿服务的重要内容之一，间接地决定了包括志愿服务文化在内的志愿服务推广的可能性。随着政府购买服务以及各类社会组织、社工机构的兴起，越来越多的社会组织与社工机构进入社区开展活动，但是很长时间以来，居委会以及社区居民并没有获得太大的收益，因为其中不少所谓专业活动拿给社区居民也照样能够开展，与以前的社区服务活动在效果上差异并不明显，由此便引发了社区、社区居民与社会组织、社工机构之间的信任度不足。可见，服务活动在社区志愿服务中具有重要作用，而探索适合社区的志愿服务活动也成为学术界和实务界研究探索的内容。以比较成功且成熟的社区楼门文化建设为例，其实这其中最重要的因素无非就是人与钱，但一些社区居民一开始想不到楼门文化建成后的好处，尽管看着别人家的楼门文化会不由地称赞，但自己并不能从心里接受。而随着楼门文化建设数量的增多，在报纸上、电视上出现的次数也越来越多，社区的支持强度也增加，之前不愿意建设楼门文化的居民也能够转变思维，主动出来和同楼的居民一道参与建设，这其实就是文化舆论的力量。另外，随着网络科技的发展，也出现了将社区志愿服务与网络结合的产物，比如手机App、微信群、实时健康监测等，这些新时代产物的出现也将社区志愿服务活动推上了一个新的阶段，如果可以广泛传播的话便能够利用网络的便捷性吸引更多的志愿者参加，并且形成一种志愿服务活动网络日常化的状态，真正让社区志愿服务成为社区居民一种离不开的生活习惯。所以，新时代中的志愿服务活动一定不能故步自封，让志愿服务流动起来才能够保证其活力与动力。

4. 舆论建设中的社区志愿服务目的

社区志愿服务目的具有广泛性的特点，其体现在社区内部与社区外部。社区内部的志愿服务广泛性通过志愿者、服务对象以及服务活动来体现，而社区外部的志愿服务广泛性则主要指其他社区的效仿，也就是说一个社区对于服务目的的发起极有可能影响到其他社区的志愿服务。社区的属性是居民自治，社区为了创造更好的服务，第一就是创新，第二才是效仿，可如今很多社区却还停留在效仿的阶段。其实，社区志愿服务目的具有广泛性的特点，不应该局限于社区内部去思考，更应该从全社会的角度出发，然后再锁定社区内部，从整体社会中去创新服务目的，再从社区内部根据服务目的去锁定服务对象和服务内容。由此一来，才能在更大范围内影响社区文化舆论的建设，同时根据社区的同质性，别的社区也会发起具有一致性目的的志愿服务，通过广泛传播，便能够在社会上流行起来，形成一阵志愿风气，让社区志愿服务真正具有传递性。

（二）社区志愿服务的价值体系

社区志愿服务价值体系构成的首要因素便是志愿服务价值观念，价值观念的形成便决定了价值选择与价值评价，所以社区志愿服务价值体系的真正含义是社区志愿服务价值观念，而这种价值观念又主要体现为价值认同与价值实现。

文化价值建设，是中国特色社会主义特别是发展志愿服务的重要议题。一方面，文化价值建设是以习近平同志为核心的党中央治国理政的重要基点，总书记在多次讲话中反复强调，“对一个民族、一个国家来说，最持久、最深层的力量是全社会共同认可的核心价值观”，道路自信、理论自信、制度自信、文化自信需要我们对核心价值观的认定作支撑，“中国梦意味着中国人民和中华民族的价值体认和价值追求”，强调了文化和核心价值观对于民族振兴、社会主义道路、中国梦的重要作用。2013 年 5 月 4 日，习近平同志同各界优秀青年代表座谈时，号召青年积极参与志愿服务，他明确指出，“一个没有精神力量的民族难以自立自强，一项没有文化支撑的事业难以持续长久”。另一方面，在与志愿者的交谈中，习近平总书记对中国特色志愿服务精神进行了多方面的论述，他多次强调“奉献、友爱、互助、进步”的志愿精神，强调“积极向上向善”，要从“赠人玫瑰、手有余香”中感受善的力量，积小善为大善，善莫大焉，要“强化社会责任意识、规则意识、奉献意识”，等等。这是对中国特色志愿服务精神与文化价值的高度概括与总结，也是对中国特色社会主义志愿服务文化建设的重要指导。应该说，志愿服务这一概念是从西方传入的，在基本价值观上内含着西方世界价值观中具有人类普遍意义的部分，但同时也是中国社会几千年发展的必然产物。早在 2015 年，习近平主席在出席第 70 届联合国大会一般性辩论时指出：“‘大道之行也，天下为公。’和平、发展、公平、正义、民主、自由，是全人类的共同价值”。在上述关于志愿服务精神和文化内涵的阐述中，也可以清楚地看到，总书记关于中国特色志愿服务文化精神的阐述包括三个重要部分：一个是中华民族传统文化的精华，一个是全世界人类共同价值，一个是中国共产党的执政理念和价值追求。

社区志愿服务文化中的价值内涵，应该是在上述基本构成即中华民族传统文化的精华、全世界人类共同价值和中国共产党的执政理念和价值追求基础之上的，具有当代中国城乡社区特点的志愿服务文化价值。其中的社区特点还包括有地域特点、人口特点的地方文化，表现在居民价值信仰、生活方式、行为特征等方面的习俗文化，相互依存、相互影响的家园文化，等等。

1. 社区志愿服务的价值认同

社区的产生将各种各样的人聚集在一起，其中每个居民都有不同的文化背景、不同的个性以及不同的价值观，而通过一定的沟通和碰撞，可以使社区居民的个性、生活方式、价值观念等慢慢融合。为了满足共同的需要，社区成员必须在价值观上谋求共识，由此便开始了从被动融合向主动融合的转变，这种价值选择的结果便会使社区居民形成基本的社区观念、社区认同和社区归属感等。社区志愿服务作为其中的一种价值观念选择，选择的人越多，越容易成为一种社区主流文化观念，进而成为影响社区认同与社区归属感的因素。但目前在很多社区，志愿服务价值观念仍然还处于被动选择的阶段，因此社区需要一定的措施和方法去引导居民主动选择，以形成更加牢固的社区志愿服务价值认同。

2. 社区志愿服务的价值实现

社区志愿服务的价值实现主要是指社区志愿者在参与志愿活动后的自身价值实现。社区志愿服务价值实现是个人对社区志愿服务价值选择后形成的价值认同的结果，也就是说参与社区志愿服务能够带给居民一定的收获，这种收获的本质便是自身价值的实现。居民自身价值的实现作为其参与社区志愿服务的一种结果，也可以成为社区鼓励居民进行志愿服务的一种激励，这种激励与物化的激励不同，属于一种发展性的激励，是真正以人为本、倡导自我实现的激励。在受到市场经济冲击的社会里，精神层面的、非物化的自我价值实现更应该受到人们的重视，也更应该被倡导，它不仅可以弥补一个人精神上的空虚，还能够激发人的热情与活力，促进个人的发展，获得在市场中得不到的满足感。因此，社区志愿者的价值实现应该成为社区营造志愿服务舆论的一种方式，因为价值实现对于社区志愿服务来说具有科学性、长效性和发展性。

二、社区志愿服务舆论建设的方法

经过对社区志愿服务舆论建设的基本内容与重要性的认识，我们也应该掌握一些舆论建设的方法。如今，“舆论”有时候会被看成不好的东西，着重强调警惕非理性下舆论的作用，但是社区志愿服务作为一种积极向上的事务，其中难以涉及名利关系，是广大人民群众满足对美好生活需要的一种内心追求，所以通过积极的舆论建设，志愿服务文化能够实现正能量的广泛传播。根据社区志愿服务舆论内容的两大方面，我们可以从社区志愿服务的文化体系与价值体系的建设的角度来进行分析。

（一）社区志愿服务文化舆论建设

1．创新社区志愿服务内容与形式

随着新时代的来临，国家处于改革开放的新阶段，在全民创新大众创业的时代，各行各业都在努力地创新自己生活的内容与方式，社区志愿服务也应该如此。因为社区志愿服务作为一个发展的行业，与蓬勃发展的时代浪潮相适应，一直快速发展，特别是进入新时代以来，无论是动员的广度还是基本的制度建设，无论是项目的开发还是在社会生活中发挥的作用，社区志愿服务都取得了显著的成果。但以习近平总书记提出的与中国特色社会主义建设发展“同行”的目标来看志愿服务，发展与创新的任务依然严峻。社区志愿服务应该如何紧跟潮流去创新内容呢？最重要的是把握时代潮流文化。时代精神的核心是改革创新，时代文化潮流的核心就是创新。首先是要在坚守志愿服务核心价值基础上，注重在形式上的创新。在今天的大众生活中，最能够体现、最能够进入人们眼球、最能够引发人们热情的便是大众的文化生活，包括娱乐。尽管有很多专家学者对娱乐节目进行批判，但是不得不说娱乐节目的内容确实引发了人们的兴趣。作为一种时代潮流文化，哪怕是短暂的，社区志愿服务也可以对其进行借鉴，用最受欢迎的形式吸引最广泛的人群参与。其次，将社区志愿服务建设与网络科技相融合。如今，新媒体包括手机App，已不再是大众陌生的东西，几乎各行各业都在使用，并且玩出了各种花样。通过网络科技来建设社区志愿服务文化，不仅可以节省人力，还可以更加及时、更加有效、更具有针对性，这也是社区志愿服务与时代接轨的最显著的特征。最后，社区志愿服务内容应做到与社会融合。社区志愿服务融入社会既是一个过程，也是一个结果，但同时也可以是起源。起源就意味着社区志愿服务需要从整个社会中寻找服务对象，然后再缩小到社区内去执行。社区志愿服务要想获得可持续发展，就需要从社会资本、人力资本、自然资本、物质资本、金融资本和政治资本六个方面去链接资源①，同时也需要从这六个方面去发现问题，寻找服务对象和服务内容。只有这样，可用资源与服务对象之间才能够形成互动与接洽，让社区志愿服务更加有条理、更加科学化、更加有效率，

---

① 金安平．国际志愿服务重要文献选辑［M］．张俊虎，刘皓，译．北京：中国文联出版社，2018.

让社区志愿服务文化在整个社会建设中发挥出积极的、不可替代的作用，也让社区志愿服务能够有规律地进行，而不再是看起来简单、做起来难。

2. 加强社区志愿服务宣传

社区志愿服务宣传是舆论建设的关键步骤，宣传可以制造舆论，制造舆论也同样是在宣传。制造舆论与宣传的区别是舆论具有形成一定规模化运作的目的，也就是以一种具有吸引力的宣传手法感染更多的人参与讨论与实践活动。社区志愿服务目前的宣传方式比较传统，更多的是针对社区内部的宣传，而对于外部的宣传也往往处于被宣传的状态，也就是只有做出一定的成绩后才会被媒体报道，尽管这样能够让别的社区看到并效仿学习，但是不足以感动他人，也不能够形成规模化的发展。因此，社区志愿服务宣传应该转变观念，由被动转为主动，由内部扩大到外部。第一，在推进社区志愿服务制度化发展中，要特别重视文化舆论宣传工作，特别是在所有的社区志愿服务项目执行中，将动员群众、普及志愿服务文化作为重要的工作内容，列入方案计划及评估内容体系当中；注意发挥社区志愿服务骨干，特别是在群众中有一定影响力、具有宣传能力的骨干的培养，形成以骨干为核心、以积极分子为外围的志愿服务文化价值宣传中心；要持之以恒，以小见大，通过表彰倡导等多种手段，逐渐形成社区志愿服务的文化氛围。第二，主动选择传统媒体和新媒体对社区内的志愿服务典型进行宣传，之所以同时选择传统媒体与新媒体是因为传统媒体在一定意义上可信度更高，但是传播效率并不是很高，而新媒体却能够弥补这一劣势，所以将两者结合，确保其舆论的质量与数量。第三，主动在新媒体发起各种社区志愿服务话题，让网民能够参与其中进行讨论。比如在微博上发起“我们社区的志愿者”话题讨论，将志愿者或者服务对象的感人故事进行传播，让助人精神展示在大众眼前，引起人们的关注与效仿，还可以吸纳大众的积极建议，扩充社区志愿服务智囊团。第四，将宣传方式做得更加立体。我们拿影视宣传来举例，可以跟踪几个社区志愿服务行动，对志愿者与服务对象开展真实的记录，最后以纪录片的形式发布，制作上并不需要太华丽，真实的故事才最能够感动人。这一点台湾做得比较好，我们也应该学习。其实并不需要专业的团队，只需要链接一下资源就完全可以做出来，而影视的传播效果是最好的，可以多方位立体地感染人，这样的活动还极易形成学习之风，进而能够直观地显示出我国社区志愿服务的现状。

3. 引导社区志愿服务方向

居民参与社区活动一般可以分为文娱型、互助型、共治型三大类，它们具有依次递进的发展规律，受到各种因素的影响，其中包括政治、经济、文化和个人意识等，而随着我国社会主要矛盾的转变，人们个性化、多元化、专业化的需求已不满足于普通的文娱型参与，政府也在鼓励社区居民参与社区活动，实现居民自治，所以社区应该响应居民需求以及国家政策，引导居民参与深层的社区建设，特别是志愿服务活动，并在这中间逐步提升对志愿服务文化价值的认知和理解。第一，引导志愿者参与互助志愿服务，推动志愿者体验“奉献、友爱、互助、进步”的志愿精神，从“赠人玫瑰、手有余香”中感受善的力量，强化社会责任意识、规则意识、奉献意识。邻里互助是社区志愿服务最主要的一部分，也是秉承人本主义与个人发展的志愿服务，但是随着居民需求的变化，邻里互助的对象也不应该再局限于弱势群体，其实每个家庭、每个人都有潜在的帮助需求，这就需要志愿者不仅数量上要多，还要种类上多，并且需要具有专业技能，这涉及各行各业的人，其实就是将人力资本的发现、整合与运用相结合。志愿者是一个社区最重要的资源，但整合的过程却需要一步步来，需要居民之间的互相感染，也需要社区工作人员与居民之间的互相感染。第二，引导志愿者主动参与社区治理，在社区居民当中普及善治、共治的文化价值观念。目前，参与型社区志愿服务也发展起来，在社区环境治理、安全治理等方面做出了突出贡献。但是，就目前参与的志愿者来说，大部分是社区内部的离退休人员，中年人与青年人几乎没有参与，说明社区内还有一大部分居民仍然对社区没有正确的认识，对于社区志愿服务依然没有秉持一种十分赞同的态度。这就需要社区努力营造一个社区大家庭的环境，在与居民接触交流的过程中，适当摒弃行政属性，以邻居的身份去与居民对话，增加亲切感。其实，社区制改革后，社区本就应该作为一个大家庭，与居民之间互相接纳与认同。所以，要想居民参与社区事务，还需要努力营造社区文化，引导居民正确价值观念的树立与价值选择能力的提升，形成价值认同，最终形成社区归属感，将这种认同舆论在社区内部形成一种氛围，并且代代相传下去。

（二）社区志愿服务价值舆论建设

1. 树立社区志愿服务主流价值观，抓住社区志愿服务建设内核

志愿服务是当今世界公认的衡量一个国家社会文明程度的重要标志。志愿精神以公共精神为旨归，同时也是公共精神生成的丰厚土壤。志愿服

务是社会主义核心价值观在当代中国的典型实践①。社区志愿服务本身作为一种正向价值观指导下的价值选择实践，如何加深主流价值观，进一步让更多的志愿者感到价值认同与价值实现，是当下社区志愿服务必须考虑的。2006 年我国正式提出要建设社会主义核心价值体系，十八大首次提出要倡导富强、民主、文明、和谐，倡导自由、平等、公正、法治，倡导爱国、敬业、诚信、友善，积极培育和践行社会主义核心价值观，这标志着我国主流价值观的成形。从十八大以来，社区志愿服务秉承核心价值观的理念，得到了快速发展。社区志愿服务作为一种公民实践活动，其首要的就是要让社区居民清楚自己的公民身份，树立公民意识。社区志愿服务作为人们参与社会政治生活的一种有效途径，只有认识、认同自身的公民角色，才能真正融入现代社会的价值体系。而这种公民意识就需要在社区志愿服务活动中进行宣传教育。此外，在开展公民意识宣传教育的同时还应该将志愿服务精神作为一种公共精神去实现。公共精神是指公民在公共生活中具备的基本精神，它维护社会整体利益，关注社会共同体中每个人的权利和尊严；公共精神也是社会成员在公共生活中对人们共同生活及其行为准则、规范的主观认可，它体现在客观行动上的遵守、执行，主要包括独立的人格精神、社会公德意识、自制自律的行为规范、善待生命的慈悲胸怀。公共精神通过伦理道德规范改善公民的思维方式和行为方式，促使每个公民时时处处都选择与公共利益相一致的行为模式②。所以，公民精神应当与公民意识一同建立，只有意识与精神两者都能够树立，居民才能够真正地感受到在志愿服务中的主人翁身份，进而能够认真、负责、广泛地参与社区志愿服务。这也是在进行社区志愿服务文化建设过程中必须把握的核心和主旨。

2. 建立社区志愿服务价值实现体系，抓住志愿者精神价值的实现

社区志愿服务强调不以个人营利为目的，不以家庭亲情圈为服务对象，而以增进公共福利为福祉，强调自愿参与而非动员强迫，强调社会道德文化建设，维护社会公平正义，关注人际公平和人的尊严，所以志愿者并不会在其中获得物质上的报酬。而目前的社区志愿服务在志愿者价值实现方面还没有形成一个比较全面的体系。随着新时代的到来，社区志愿服务与别的大型志愿服务的不同之处就在于社区志愿服务是在美化自己的居住场所，目的是使周围居民和自己的生活更加美好，进一步解释即为志愿

①② 孙宁华．志愿服务：社会主义核心价值观的公民实践［J］．中国高等教育，2016（22）．

者参与社区志愿服务就是幸福生活的一种体现，志愿者从中获得最大的满足就是幸福感，这也将成为目前志愿者的一种重要的价值实现。社区工作者意识到这一点，并且能够将志愿服务与幸福生活联系起来，是社区志愿服务文化建设的重要内容。当然，因为价值实现是志愿者自身的主观感受，每个人心中渴望的价值实现的表达和方式可能不一样，或者每一类志愿者心中所渴望的价值实现是不一样的，但价值实现作为志愿者的获得感，需要我们建立一套社区志愿服务价值实现体系，进而满足志愿者的内心渴望。此价值实现体系的建立肯定是艰难的，也是一个相当长的过程，目前各地社区建立的志愿者的志愿服务档案，记录他们的服务日常，并且邀请专家学者对他们的服务活动进行综述研究，通过研究服务日志等方法，了解志愿者的内心渴望，然后具有针对性地进行价值实现等都非常有意义，而且通过长时间的积淀慢慢会形成一套价值实现体系。这个过程非常重要。但也有一些社区工作者由于行政事务的烦琐以及对于价值实现的不正确认知，在工作中忽视了价值实现这一重要内容；有些专家学者也将这种价值实现与志愿服务激励机制混淆起来，导致很多社区志愿服务只能够依靠各种物质激励去吸引志愿者参与，这实际上有些本末倒置。

3. 建设社区志愿服务制度体系，对社区志愿服务文化建设予以制度保障

社区志愿服务制度建设是舆论引导的重要保障。正如我们在各类新媒体上看到的关于各种事情的舆论，在其达到一定规模的情况下，如果没有恰当的制度来保障的话，就会造成舆论泛滥，如果出现舆论失控，就会对一段时间内的社会秩序造成威胁，同时还可能出现各种炒作影响事情的正常发展。所以，社区志愿服务舆论建设同样需要一定的制度保障，当然，这样的制度保障机制也不能仅仅局限于舆论把控，还应该贯穿于整个社区志愿服务的过程，让社区志愿服务更加健康有效地发展。郭新保和王育从注册平台系统、履历档案登记、枢纽型组织功能三个方面提出了志愿服务制度建设的实践探讨，并阐述了志愿服务制度建设的重大意义①，这为志愿服务制度建设提供了方向。他们指出：第一，从制度上构建志愿服务项目与团队的网络管理系统。要通过完善的网络管理系统实现对志愿服务项目的发布、对接、整合，实现对团队的沟通、指导、培训，完善对志愿者和服务活动的注册、计时、星级评定。要充分利用社会公共资源平台，

① 郭新保，王育．进一步探讨志愿服务的制度建设［J］．北京城市学院学报，2013（2）．

建设好网络管理系统，公开展示志愿服务事业的推进，培育和践行社会主义核心价值观。第二，在个人履历档案中加入参与公益活动，主要是志愿服务情况的登记，通过双选的方式让志愿者身份更加重要，也让志愿者更加体会到自身的重要性，这种方法也同样是对志愿服务的科学管理。第三，实现志愿服务的常态化发展，必须从制度上逐一完善志愿服务管理组织的枢纽型功能，让其职能更加多元化、清晰化①。虽然这三点是对于广义上的志愿服务制度提出的建议，但是也可以用于社区志愿服务当中，尤其是前两者，更加体现了新时代对于社区志愿服务的科学化、精细化管理。

文化是新时代社会治理的一个重要因素，社区志愿服务作为社会建设、社区治理必不可少的一个环节，志愿服务文化氛围的营造十分重要。尽管营造的过程充满困难，但只要跟随时代发展趋势，高度重视社区志愿服务舆论建设，把握社区志愿服务的发展规律，创新志愿服务内容，充分地将其与各种社会积极元素相融合，培养居民的公民意识与公民精神，引导主流价值观，在长时期的积淀下就能够形成独具特色的社区志愿服务文化体系。

综合案例

魏善庄镇文体中心社区青年汇志愿者服务队

魏善庄镇文体中心社区青年汇志愿者服务队目前已经有200多人，在开展志愿服务的同时涌现出了许多感人的事迹：在月季主题公园志愿岗亭服务的志愿者杨超捡到手机一部，立刻通知博物馆工作人员广播失物招领信息，让游客及时挽回了损失；魏善庄镇后大营村志愿者张杰，自己出钱购买了200余个防暑鼻通喷剂，免费发放给月季主题园的岗亭志愿者；在园区做志愿者引导的时候，大家不嫌苦不嫌累，站在大太阳底下帮游客指引路线，特别有耐心。志愿者们充满志愿服务热情，被服务的人也被他们的热心、爱心所感染，有游客赞扬说，“这些年轻人服务真好，现在太阳这么晒，他们还能这么尽心地为大家服务”。

社区的青年们通过志愿服务，传递人与人之间的爱，通过一次次的志愿服务发扬“奉献、友爱、互助、进步”的志愿精神，弘扬正能量。

① 郭新保，王育. 进一步探讨志愿服务的制度建设［J］. 北京城市学院学报，2013（02）.

志愿服务队在招募志愿者期间，启动志愿家庭招募计划，先后有28个志愿家庭参与到服务中来，有的家庭甚至通过志愿服务活动建立了深厚的友谊。

资料来源：共青团北京市委员会，北京青少年社会工作协会. 都市青少年专业服务新模式：社会工作专业视角下的北京“社区青年汇”优秀案例［M］. 北京：中国社会出版社，2018.

以下为对上述案例的具体分析：

（一）社区需求评估与诊断

社区志愿服务自出现以来，就为社区的基层治理注入了新的活力，也为社区的发展添加了新的动力。随着我国社会主要矛盾的转变，人民对美好生活的向往体现在社区当中即是社区居民的多元化以及个性化需求。而如何满足社区居民的需求则成了社区基层治理的重要任务之一，同时也成了连接居民与基层政府的重要纽带。

随着社区内物质需求的满足，精神需求便会成为人们的最大追求。社区志愿服务本身是一种比较纯粹的实践活动，是独立的、自愿的志愿奉献，志愿者们追求的无非是在服务过程中可以看到自身价值，而这种价值体现就是对精神文化的一种追求。社区志愿服务的文化在社区中可以理解为志愿者在参与志愿服务的过程中所积累的物质文化、象征文化、社会文化以及精神文化的总和，所以，社区志愿服务文化并不是单独存在的，它应该是一个时代中人们对于物质追求和精神追求的抽象表达。社区的青年们通过志愿服务，传递人与人之间的爱，通过一次次的志愿服务发扬“奉献、友爱、互助、进步”的志愿精神，弘扬正能量，在实现了自身的精神文化价值的同时，也提升了社区整体精神文化。

社区文化作为一种新生的文化范畴，需要我们不断地探索和实践，以增强对社区文化建设的正确认识。一个现代化的社区的发展就是要形成具有特色的、得到社区居民普遍认同的社区文化，进而使居民获得精神文化上的满足，并且以此来规范、引导社区居民的行为。和谐社区一个非常重要的基础就是社区居民对社区文化的认同。

（二）项目设计

在魏善庄镇文体中心社区青年汇志愿者服务队的服务范围内，休闲旅游产业呈上升趋势，随着各类公益活动的增多，人们对于社区志愿服务的需求以及质量要求也不断提高。同时，在社区中形成志愿服务的文化需求也较为突出，社区志愿服务文化的多样性、时代性、传承性以及感召性要求志愿者更加专业且具备志愿服务文化的精神。因此，在项目的具体设计过程中应当注重志愿者文化的培养。

1. 搭建志愿服务平台，整合服务资源

为社区志愿者提供志愿服务平台，在社区志愿服务的开展过程中，创新社区志愿服务的内容、加强社区志愿服务宣传、合理引导社区志愿服务方向，整合社区内服务资源。

2. 培育社区志愿文化，发扬“奉献、友爱、互助、进步”的志愿精神

在志愿文化的培育中，首先培育志愿服务的价值认同会使居民形成基本的社区观念、社区认同和社区归属感等，在参与志愿活动后达成自身价值的实现。要树立社区志愿服务的主流价值观，建立社区志愿服务价值实现体系以及制度体系，培养居民的公民意识与公民精神，引导主流价值观，创新志愿服务内容，大胆进行社区志愿服务舆论建设，在长时期的积淀下形成特色的社区志愿服务文化氛围。

（三）项目实施

1. 志愿者招募

在志愿北京上注册“魏善庄镇文体中心社区青年汇志愿者服务队”。通过社区海报、微信、广播等方式招募志愿者，并完成志愿者的注册和服务项目登记工作。

2. 志愿者培训

对志愿者进行培训的目标在于提高志愿者的综合素质和服务能力，宣传志愿精神、培育志愿文化，完善个人发展，帮助志愿者成长、成才。同时针对社区内文化以及项目需求对志愿者进行志愿服务礼仪、团队意识、文化知识以及相关专业知识的培训。

3. 志愿者服务

组织相关志愿服务活动，在服务具体开展的过程中，志愿者坚守岗位，无私奉献，将志愿服务精神进行了良好的传承。

4. 志愿者奖励

志愿者按照服务时长积分，每年组织一次优秀志愿者评选活动，给优秀志愿者发放优秀志愿者证书、志愿者服装等奖励，表示对志愿者参与志愿服务的奖励。

思考与讨论

1. 你如何看待社区志愿服务文化?

2. 结合一个具体案例，设计社区志愿服务舆论建设计划方案并进行应用。

3. 社区志愿服务文化氛围应该如何营造?请举例说明。

第八章
社区志愿服务的评估与成果转化

引 例

社区公益微创投项目颁奖4年共培育70个项目

2018年12月，崇外街道第四届社区公益微创投项目颁奖展示会在东城区教育研修学院召开。现场，参与“微创投”的居民以短片的形式向来到活动现场的观众展示了崇外地区2015年至2018年70个微创投项目的发展历程。

新景东社区居民谭大爷说，社区在重阳节当天举办了尊老敬老为老服务大集，请来了专业医生问诊。家住都市馨园社区21号楼的刘阿姨说，社区每个月都会定期举办活动为居民义务理发、磨刀、修理家用电器等。居民还自发粉刷楼道，放上鲜花，清除小广告。

崇外街道工作人员说，2019年将继续挖掘培育社会组织，在居民带头人的组织构建上完成三级递进式志愿服务模式，将崇外街道打造成人文关怀浓郁且宜商宜居的东城新名片。

资料来源：http://www.sohu.com/a/279084899_161623.

崇外街道的社区公益微创投项目历时4年培育了70个项目，孕育了多个居民自组织成为新的社区志愿组织，在互帮互助的前提下进一步做到了居民参与社区治理，在展现人文特色的同时也将社区志愿服务的成果得以留存，让社区志愿服务成为社区宝贵的财富。由此看出，社区志愿服务的结果很重要，除了能够作为评估的主要内容，还能够让过程中的志愿服务得到成果转换，能够永久在社区中保持活力。本章即从社区志愿服务的评估与成果转化层面阐述以下内容：

（1）社区志愿服务评估的内容与方法。

（2）社区志愿服务成果以及成果转化的意义。

（3）社区志愿服务项目中成果如何转化。

第一节　社区志愿服务评估的内容与方法

案　例

“我是社工我骄傲”北京市东城区社区工作者心理建设项目

2018 年，北京市东城区益民创新社会工作服务中心策划实施了“我是社工我骄傲”北京市东城区社区工作者心理建设项目，活动历时 7 个多月，共开展各类活动 22 场次，直接服务社区工作者 400 余人次。该项目的目标是在社区树立和宣传社工正面形象，增强社区社会工作者幸福感、职业荣誉感和职业认同感。为实现这一目标，主要开展了“新时代社区工作者的新使命”主题讲座、社区工作者职业道德认知自主讨论会、社区工作者职业价值主题居民记者宣讲会等。

为评估项目实施成效，机构专门设计了量表问卷在活动开展前后进行测量比对，并在项目实施结束后，通过抽样访谈进行调查，综合各种评估手段获得了社区工作者的职业心理变化，数据结果显示项目活动有效促进了目标的实现。

资料来源：北京市东城区益民创新社会工作服务中心。

【点评】

案例中的社工服务中心在完成活动项目后主动进行了成效的评估测量，通过前后对比了解到社区工作者的职业心理变化，这本身就是一种服务的成效。所以，在志愿服务项目实施中，自我评估是很重要的，一来可以检测服务效果；二来可以寻找不足之处，在之后求得改进。

一、对志愿服务项目的总结

一个合格的社区志愿服务项目计划应该包括项目背景与目标、详细的活动设计、科学的流程、预期的服务效果以及时间和财务规划等，这些同样是在最后的项目总结中需要考量的指标。

1. 回顾项目背景与项目目标

项目背景是一个社区志愿服务项目出现的宏观原因，它所反映的是当前社会的主要矛盾所体现出来的主要或者次要的社会问题，这些社会问题分散到社区之中，在政府行政力量无法达到的情况下就需要凭借志愿的力量去协助解决。在一个项目背景中，有各种宏观的环境因素，比如政治、经济、文化等，还包括问题，同样也包括各级政府针对问题出台的政策。

评估中对于项目背景的回顾总结，第一是为了分析此次项目是否对解决社区存在的问题有利，第二是考量在此次服务过程中是否运用了相应的国家政策，这些政策对于服务起到了什么样的作用。我国行政体制具有自身的特点，所以社区志愿服务项目对于国家政策的运用十分必要，也十分重要。政策的严谨和科学可以避免项目实施走弯路，而且政策也是志愿服务项目最大的资源，政策资源在好的志愿服务项目中具有积极的引领作用和规范作用。在目前的社区志愿服务项目中，对于政策的运用往往是上传下达的行政式方式，主动研究政策并且将各种政策支持融汇到服务过程中来还很不足。对于项目背景没有充分的了解与认识，对于背景因素的忽视，对社区志愿服务开展影响很大。而很多项目在最后的总结评估中也会出现忽略背景回顾与总结的情况，认为这并没有什么用处，这也造成了项目与政策等志愿服务背景失联的现象。其实，在开展社区志愿服务项目过程中，政策支持是不可或缺的，只是很多志愿服务组织和志愿者有些时候没有主动搜集或者忽视了，这种思想意识和实际运作上的误区对于社区志愿服务活动影响很大。

项目目标是社区志愿服务项目的旗帜，规定了一个项目的走向，而项目最后预期目标的实现程度在一定意义上决定了项目能否成功。项目目标应该融合在实施过程中，并且在不同的时段设定分目标，这些分目标是为了项目大目标而设定。对于项目目标的回顾总结是对项目活动整体思路的把控，其中涉及项目的理念与项目管理等许多东西，项目目标的曲直就是项目运行者思路的曲直。其中还有社区工作人员、社区志愿者自身的目标诉求与项目目标是否一致的问题。有人会觉得这是一个伪命题，但是在实践中这种情况是经常出现的，如社区工作者、志愿者的目标诉求过大，或者目标不明确，往往需求过高、过虚。所以在项目设计和实施过程中一定要保持目标的简洁明了，尤其是在对目标的表述上。现实中对于社区志愿服务项目目标的评估往往未能做到科学合理，一些人认为目标存在主观性，并且需要时间的配合才能一步步实现，因而会更加关注项目活动内容的精彩程度而忽视目标，在最后的总结中也是几句笼统的客套话一笔带过，并不会严格把关，这也造成了因一个目标不断重复而导致的资金与资源的浪费与工作的冗赘，也一定程度上影响了社区与社会组织之间的关系。因此，在评估项目的时候，必须对项目目标进行分析评估，依照一定的指标对其进行认真总结，这不仅有利于社区志愿服务的健康发展，还有利于社区工作与社会组织的科学发展。

2．总结项目活动方案

一个社区志愿服务项目应该包括多个服务活动，活动的形式丰富多彩，但总体的目标应该是一致的，需要秉承一个正向的服务理念与服务价值去开展。总结项目活动，首先应该关注活动的内容是否与目标相符合，这一点决定了此次活动存在的价值与地位，如果不符合，在下次开展的时候就需要考虑换一个更契合主题目标的活动。其次是观察活动的各个环节。第一，观察各个环节之间的连贯性，一个活动最理想的是各个环节能够像流水线一样顺利地开展下去，中间不会出现什么危机状况。而现实中一个活动的开展却极有可能出现问题，在进行总结的时候就需要将这些问题记录下来并进行思考，看是否是因为活动环节设计而造成的。第二，观察志愿者与服务对象对各个环节的接受程度或者参与程度，其中关系到活动环节的趣味性和难易程度，在总结的时候也应该注意，因为对于社区活动来说，环节设计简单有趣，让服务对象乐于参与，是非常重要的条件，如果全程枯燥乏味，服务对象的参与积极性必然下降。第三，应该考量活动是否具有新意，是否满足群众的需求，喜闻乐见，这一点就要求项目活动必须要创新。目前社区志愿服务活动大多比较单一，活动缺少新意，常常一个活动开展了很久都没有新的创意，群众难免会产生倦怠。而观察一个活动是否创新，不仅仅要看其是否吸引了群众参与，还要看活动自身是否符合规律，是否真实有效，因为创新就代表着思考与评判，只有通过不断的自我否定才能够让活动更加符合群众的利益需求。

3．总结项目流程

对活动方案的总结是对项目横向的思考，对项目开展流程的总结则是纵向的思考。项目中包含多个活动，其中各个服务活动的主题应该是针对服务人群需要的，并且依照主题的难易程度从简单到复杂将活动进行排序，一个阶段接着下一个阶段去执行活动，这也是进行项目方案总结时首先应该做的。对活动次序的思考，第一是审视活动安排是否科学合理，其中不仅仅是对活动由易到难简单的排序，还必须抽象出其中的价值理念，否则活动就单单是一个活动而已，对于项目目标也不会起到什么作用；第二则体现在各个活动之间的衔接上，要清楚地知道活动之间的排序是一个量变到质变的过程，前期的活动主题可能比较简单，但却是为了团队建设所需，中期的活动则是在团队协作的情况下了解每个人的能力，知道他们都能够在服务项目中做些什么，最后则是科学地运用每个人的能力，让他们在服务中展现自身的价值，这样一步步递进的活动安排不仅保证了社区志愿服务项目有血有肉地进行，还自始至终不忘初心，在最后实现目标的同时还可以让更多的群众参与。实现自身价值，同时也为下一次的项目开展积累了人力资源。第三则要总结活动开展流程中出现的问题，一个项目不可能完美地进行，总会出现或大或小的纰漏，而不管活动设计还是开展流程进行得如何顺利，这些问题都不应该被忽略，反而应该慎重思考，它可能体现出哪一个阶段的目标不明确、活动安排不合理、上下诉求不对等涉及群众满意度等问题，这些可能是活动设计造成的，也可能是外部环境造成的，将这些问题进行总结思考，能够在下次开展项目时少走许多弯路。

4. 对量化的指标进行总结分析

社区志愿服务项目中也存在很多可以量化的指标，比如时间、经费等。对于时间的考量可以通过项目进度去观察项目的难易程度以及效度，从侧面反映出群众的积极性和满意度，也能够反映出一个组织对于此次项目的重视程度。严格地执行时间进度安排，有利于项目的科学开展，更能够反映群众的需求。而经费对于一个项目来说更是绕不开的量化指标，这也是在社区志愿服务项目中困扰志愿服务组织和志愿者的一个突出问题，因为按照我们的正常思维，对于一项服务来说，更喜欢去拿实实在在的东西去考核并且依据这些东西配发资金，这就往往将其中隐性的或者更有价值的劳动量忽视掉。这就要求在做财务预算的时候能够将显性的劳动与隐性的劳动都包含其中，并且凭借一个完整的服务方案去说服对方，最后也能够以一个完整的总结去证明方案的有效性以及经费利用的合理性，在真正物有所值的情况下让财务更加透明公正。

二、评估的内容

随着社区志愿服务项目专业化的发展，对于项目的评估显得越来越重要，政府也能够花钱让第三方的社会组织介入评估，目的就是保证社区志愿服务项目的质量。社区志愿服务项目评估的内容也包含在三个范围内，第一是对于结果的评估，第二是对于项目开展过程的评估，第三便是针对群众满意度的评估。

（一）结果评估

结果评估是检查社区志愿服务项目预期所拟定的服务目标是否达成，而目标的达成与否，常常体现在服务所取得的成效、成果以及志愿者和服务对象在互动的服务过程中所学习到的知识、方法与技术。

1. 成效评估

成效评估指的是对社区志愿服务项目效果的评判，与项目目标有着直接的联系。在一项社区志愿服务活动中，起初的目标可能是针对个人或群体，或是针对社区的发展规划，也可能是针对社区居民之间的关系。面对不同的服务对象，所指定的服务目标也应该是不同的，理想的状态是尽可能清楚地针对一个目标开展项目活动，但由于社区中、人际中的复杂关系，目标诉求往往不是单独的，比如既希望提高社区工作者与居民的自治能力，还希望提高他们的团结协作能力，有时候还会将政府推行的新的发展规划融入其中。这就要求能以以小见大的思维开展最后的成效评估。首先对个人类的服务开展评估，以制定的评估制度与测量标准为依据，以前后对比的方法观察服务对象的改变状况。一般情况下，通过一些具体指标的测量就能够看出服务对象的变化，而对于那些改变明显的个体应该作为典型案例收录，在其后的服务中予以补充。其次是对群体关系的测量，每一项社区志愿服务项目都会涉及团队，而团队运作的协调程度往往关系到最后的服务效果，所以团队建设也是成效评估的一部分，这项指标从中期的活动开展中便需要工作人员多多留意，以观察记录以及最终活动成功与否来进行评判。最后便是体现在全体的自治工作能力上，社区工作就是服务，服务的目标就是实现社区居民自治，社区志愿服务的最终目标也是动员居民参与，实现居民自治，享受美好生活。所以，自治能力也应该是成效评估的一部分，设想如果一个社区的居民自治能力达到一定程度，其完全有能力通过一系列的方法去开展任何活动，能够在政策的指导下积极、活跃地创新。因此，社区的自治能力是在最后也是最长期所表现出来的成效。目前很多社区行政化色彩浓厚，这也让目前的社区志愿服务项目自始至终缺乏自治理念，而且在最后的评估阶段往往也忽视了自治理念。

2. 成果评估

成果评估主要是针对社区志愿服务项目在项目结束后所呈现出的成果展示，其中包括项目的形式成果与内容成果。形式成果比较好理解，主要是针对外现的成果，就是项目中的各项活动在开展时所借用的载体，比如一个展览、一场歌舞会等，尽管这是一个项目活动，但由于其对目标理念的依存，在排练以及展示的过程中就锻炼了服务对象的能力，而最后形式展现的成功在一定程度上能够体现成果的大小。拿一场展览来说，其中务必要整合社区内的各种资源，包括文化、人力等，最后展览的成果展出则说明了在办展的过程中各方积极参与的程度，表现了各方对于活动的认同，以及在志愿服务精神传播等方面的成效。而这种展览形式还可以长期地保留下来，随着时间的积淀可以不断加工完善，最后成为社区志愿文化的一种特色。内容成果则是内化的成果，与项目目标不可分割。项目活动的开展是依据项目目标而制定的，所以活动内容在一定程度上体现了目标，服务对象从始至终参与活动，依照一个项目的方案理念，在项目结束之后，服务对象都会或多或少在活动体验中朝着项目目标去改进。这种在项目内容中所内化于服务对象自身的成果由于存在主观性，所以并不像形式成果那样容易体现出来，这可以通过一些测量方法如访谈、问卷等形式进行归纳整理，最后评判内容成果的大小。

3. 学习提高成效评估

社区志愿服务项目的重要目的是提高社区内的自治能力，所以，社区志愿服务在一定程度上是一项针对社区的赋能服务计划，主要是提高服务对象、志愿者以及社区工作者的自治能力，所以这三类人群在一项社区志愿服务项目中所学习到的知识、理念、技巧、方法等也应该成为评估的内容。首先说服务对象，特别是其中的弱势群体，在接受他人帮助的时候最理想的成效就是能够改变以往的生活态度，重新审视自己的生活状态，进而积极面对生活。好的志愿服务项目能够让受助者在接受服务的过程中感受到志愿者的真诚与热情，以及对他们自身潜能的发掘和不断的鼓励，这种帮助最能够感化自己，生命影响生命的力量不容小觑。服务对象一旦发生转变，他们便能够依靠自身的优势重新找回生活状态，转变的过程便是对于生活理念的学习，而对于弱势群体来说，学习并最后做出改变，便是最大的一种赋能。对于志愿者来说，随着社区志愿服务专业化的发展，社区志愿者也拥有了各种培训的机会，多样化的讲座、课程的开展让他们在服务活动中能够掌握更多的价值理念与服务技巧，并且在一线服务中结合经验有所提升，让社区志愿服务技巧越来越专业化、科学化，这种直接的能力提升便是学习的结果。其次还有间接的学习，就是从外人那里学到的东西，包括服务对象、社会工作者和社区工作者等，在与服务对象相处的过程中志愿者会越来越体会到生命的可贵以及生活态度的重要性，让他们更加开朗阳光；同时，社工带义工也会促使他们从社会工作者身上学到专业技巧与专业价值理念，并直接运用到服务中，让服务对象更加信任自己；他们还能够从社区工作者身上学到更多的管理知识，把握政策让自己的服务更加有效。最后是社区工作者，他们在一次次的组织社区志愿服务项目中日积月累，逐步加深了对自身服务工作本质的认识，也更加体会到了社区自治的重要性，促使自己放低自身的身份，更加和谐地与居民相处，也能够大胆地将部分工作交给志愿者去处理，一步步提升居民自治的能力。由此可见，评估社区各方学习能力的提升是至关重要的。

（二）过程评估

社区志愿服务过程指的是项目从制定到执行再到结项的全部过程，主要考察的是组织者与工作者、志愿者等在服务过程中各种步骤和程序是否科学合理，是否能够紧紧围绕服务目标，达成服务各种效能的实现，其中服务的专业程度、实践的规范性以及整体的进程，是反映服务主体责任和能力很重要的方面。

1. 步骤和程序进行情况评估

对志愿服务项目和活动的全面评估一般包括投入、过程、产出、成效、社会影响等几个方面，其中过程评估是重要的内容，而且是随着项目实施过程进行的多次评估。过程评估是一种动态的评估，目的是了解志愿服务项目实施的具体情况和过程，本质上是持续地证明服务项目的内容是什么，是否按照预期将服务送达有需要的团体和个人。动态评估实际上是对服务项目的现实状态和态势的评估，其目的是对志愿服务项目计划执行的动态实施高效的控制。好的过程评估可以帮助志愿者和组织依据评估反馈的信息，及时调整实施的各种策略，努力确保服务项目按预期目标完成。

过程评估主要是对志愿服务开展的主客观因素和制度化的流程进行评估，重点评估项目方案执行过程、服务送达的基本情况、服务质量以及资源整合利用情况等。过程评估是在项目进行过程中某一阶段和结束时，对上述情况的考量和监控，其既是一种动态评估，也是一种结果评估，是整个项目综合评估中对于项目执行过程各种重要元素的评估。通过过程评估纠正服务项目的偏差，是过程评估的重要功能。在内容上，过程评估的观测点包括，第一，对需求评估是否准确、服务方案推行的情况进行观察和评价；第二，对服务项目和机构人力资源及管理制度进行观察和评价，看其在服务过程中是否发挥了应有的作用；第三，通过访谈和调查，了解被服务方是否明确项目的内容，是否有所收益；第四，经费使用是否合规。在方法上多采用相关文件检查、实地观察、个别或小组访谈、问卷调查等方式。

2. 专业程度评估

政府购买社区服务的容量越来越大，社区志愿服务项目是社会组织进入社区必须开展的。而随着居民多元化、个性化需求的呈现以及专业社会工作者的配备，专业程度成为在社区志愿服务项目中越来越重要的指标。关于项目方案的专业性，在项目总结中已经谈到过，但仍然要强调，在关注项目的时候不能单纯看活动的规模与影响力，还要看整个项目的体系、理念和价值准则，一个项目方案如果没有这些，那就是对于活动的简单累叠。活动开展中的专业性可以从组织者的实施方法、技巧以及灵活性来观察。项目方案虽然是具有很强规定性的服务文献，但是遵循服务宗旨，组织者不能按照纸上的内容一步步死板地执行，而要依照一定的方法技巧，将各个环节巧妙地连接起来，其中的起承转合也是专业的表现；另外，因为现实因素的可变程度很大，服务对象也不再是以前那种单方的接受，在互动的过程中往往就会出现难题或者偶然的因素，这可以激发组织者的灵感，然后针对现场气氛进行调整。最后就是看在项目活动的安排中是否具有提升志愿者、社区工作者工作能力的内容，其中可能包括适当的课程讲座，包括聘请具有专业技能的志愿者，比如主持人、戏剧演员等。还要看是否具有让居民自行组织活动的安排，这一点十分重要，这是社区居民赋能的重要命题，只有组织居民自行开展服务活动才能够直接让他们体会到自身能力的提高以及自身价值的实现，进而找到动力，提高学习的积极性。此外，社区志愿服务项目实施的专业程度还体现在社区需求调查评估、落实政策、链接资源等多方面，科学客观地评估方案的制订，以及根据社区志愿服务具体项目的有效操作，是发挥动态评估作用的重要保障。

3. 规范程度评估

评估社区志愿服务项目是否规范应该从两个方面进行：第一是制度上的规范性。社区志愿服务项目的开展必须建立在一套规范的制度上，只有拥有规范的制度，社区志愿服务项目才能够按照规律开展，这首先表现为是否与宏观的政策制度相吻合。政策是社区志愿服务项目开展的保障，在政治、经济、文化、法律等各个方面都能够指导社区志愿服务有序展开，还能够让社区志愿服务的有效完成得到保障。其次表现为与社区共同建设的服务制度，由于社区具有行政性，社区志愿服务的开展必须在社区党委的领导下，发挥社区行政部门的主导作用，但同时也必须发挥社区服务组织的主体作用，与社区共同建立一个规范的制度，分清社区与志愿服务组织各自的权利与义务、各自需要负责的内容，分清各自应该做什么、不应该做什么，只有在合理合法的制度下各负其责，社区志愿服务才能够拥有最大的施展空间。当然，所有的服务都应该建立在与社区沟通并获得其同意的基础上，在服务内容上与过程中让志愿者施展才能，让社区去提供必要的服务。第二是管理上的规范性，这主要是针对组织者以及项目来说的。社区志愿服务项目的组织者内部也必须拥有明确的制度规范，需要规定清楚什么可以做、什么不可以做以及如何去做。随着社会组织的进一步发展，其在与社区合作时，也开始培育社区内部的服务组织，让这些组织开展自我服务、自我治理项目。但其中最大的问题就是在培育的过程中往往只是对其进行一定的资源支持和必要的技能支持，并没有对其建立内部的制度规范以及服务内容的提升予以必要的指导，这也让部分社区自组织在开展一段时间后就遇到了瓶颈，不能够持续进行下去。其次是对项目的管理，它建立在内部的规范制度之上。组织者内部具有完整的规范制度，其对项目的管理也相应具有一定的制度，比如对项目的严格制定、落实、总结与评估等，从项目的理念、价值、方法、技巧等各方面都能够体现出来。无论是制度上的规范还是管理上的规范，都能够对社区志愿服务项目的质量产生重大影响，所以应该受到重视。

4. 工作量度评估

工作量度其实就是工作任务的多少，它可以直观地用时间和任务去计算，当然，包括直接工作时间与间接工作时间。直接工作时间指的是在整个项目中面对服务对象的服务时间，它通常会通过一种制度要求记录下来，成为个人的服务时长，成为表彰评比的一项指标。直接工作时间一方面体现出志愿者参与的积极性，进而表现其对于社区志愿服务的认同；而另一方面则可以表现出组织者对于项目活动安排的合理性，是否做到尽可能动员以及保证活动内容的精彩度。另外就是间接工作时间，它通常不会直接表现在服务对象眼前，是志愿者在家中或别的地方对本次服务项目做一些功课，比如独自学习志愿服务课程、一个人思考如何开展服务等，这其实是对社区志愿服务内化的过程，这种工作时间尽管一般不被记录在案，但是对于志愿者来说却是最重要，也是他们对于社区志愿服务高度认可的一种具体表达，所以在进行评估的时候也应该想办法将这些时长作为工作量加入其中，并且成为评比表彰的一项指标。

（三）群众满意度评估

群众满意度是评估的一项很重要的内容，它可以直接反映此次社区志愿服务项目的成效，而社区志愿服务项目的开展是服务对象、志愿者和社区工作者三者之间的合作，所以满意度的评估也应该以这三者为主体。

1. 服务对象

服务对象在社区志愿服务中应该是第一受益人，通过项目的开展，志愿者接触到服务对象，并且经过需求调查、方案策划等对服务对象开展专业的、科学的精准服务，让服务对象在日常生活中感受到便利，时时刻刻被志愿者关注照料，尤其是那些孤寡老人会感到无比幸福。服务对象在结项后的改变其实就是服务项目的成效外现，而进一步的满意度测量，不仅仅是为了倾听服务对象对于此次服务的主观感受，更是为了进一步从自身实际体验出发去客观地评价服务项目，项目哪里好、哪里不好、哪部分设计对自己有利而自己别的需求却没有考虑到等等。这些评估内容一定会为之后活动的开展积累经验。

2. 志愿者

志愿者的满意度在社区志愿服务中往往被遗忘，而随着志愿服务的专业发展，越来越多的专家学者站出来为志愿者发声，其实志愿者参加社区志愿服务并不是无所欲无所求，他们在闲余时间能够积极参与社区志愿服务，除了一腔热血以外，还希望自身的价值能够在社区志愿服务中得以实现，并且能够在服务过程中学到一些东西。所以，社区志愿服务项目在制定的时候必须要将实现志愿者的价值考虑进去，否则社区志愿服务项目建设就是不科学、不合理的。此外，志愿者作为直接与服务对象打交道的人，项目设计是否合理，他们最具有发言权。对于志愿者的满意度调查可以反馈出项目建设很多关键设置问题。

3. 社区工作者

新时代中社区工作越来越受到关注与重视，服务为本的工作价值也逐渐在社区建立起来，而社区志愿服务也需要进一步创新并赶上时代潮流。随着社区居民自治的高潮迭起，社区工作者也在寻找加强居民自治以及提升自身管理水平的技能方法，社区志愿服务活动的开展作为居民自治的一种体现，也是社区工作者自己学习的一个过程，尤其是如何动员居民、如何做需求调查、如何设计活动等等，其中包含着理念的学习，包含着技能的学习。社区工作者作为服务的监督方，这些东西已经成为社区工作的一部分，一项社区志愿服务项目的好坏能够直观地表现在社区工作者眼前。所以，对于社区工作者来说，对社区工作者的满意度调查不仅是监督、学习的过程，还是自我思考、自我评判的过程；而对于社区志愿服务项目来说，满意度调查则是完整评估不可或缺的重要部分。

三、评估的方法

社区志愿服务项目的评估一定要建立完整的评估方案，从前期、中期、后期三个时段分别做好相应的工作才能够让社区志愿服务项目获得改进，才能够真正实现评估的价值。

（一）前期

1. 拟定评估制度

评估制度的拟定是社区志愿服务项目评估的第一步，只有确立明确的评估制度，后续的工作才能够有条不紊地展开。社区志愿服务项目评估看似是一件独立于项目本身的事情，现实评估中很多人也这样认为，所以只是简单地在项目结束后，找一个第三方的评估机构来进行测量，这种方法不能说不对，因为其毕竟是一种公平公正的方式，但是第三方的评估机构并不能被视为评估的唯一或是权威力量，在项目结束后草草进入评估，也难免会产生误差。所以这就需要一项公开的评估制度的建立，从项目开始的时候就邀请评估结构的工作人员一起参与制定，针对项目的内容与目的，商榷出一套围绕评估什么、怎么评估的完整的制度体系，让项目的开展方能够严格地举办社区志愿服务，也让评估机构从一开始就介入，这样首先能够确保服务的质量，另外还能看到评估机构的工作，避免最后评估误区的产生。其实，评估制度的设定能够让项目开展方与评估机构更好地合作，这对于项目活动以及社区来说是最好的，因为这样不仅能够提高项目实施的质量，还能够让社区放心。对于一个相对独立的志愿服务项目，特别是外来组织承担的项目，有些东西社区不一定全部了解，但是评估机构可以通过严谨的评估，全面了解情况，并且能够判断出好坏。而评估机构一开始的参与，与项目实施方和社区就形成了一个三方互相监督、制约的关系，同时三者之间还可以相互学习，进一步提升自身的专业性。

2. 制定测量方法

测量方法就是对怎么评估的具体执行。在评估的时候，我们针对项目的目的，在项目开展前、进行中进行一两次测量，项目结束后再开展一次测量，通过前后的对比得出服务对象的前后变化，再根据项目的目的确定此变化是否符合项目的初衷，以判断项目的成效。这种前后对比的测量方法使用得最普遍，但是如果评估机构在一开始就介入项目，并且在中间进行过程评估，那么之后的项目开展就会依据评估的方向去发展，如果只是单纯的前后对比，评估就显得不全面，所以测量方法应该设计得更加精细一些。比如，对每一次活动都进行一次测量，并且设计一些隐性的指标去探测服务对象的变化，还可以将项目实施方容易忽略的点作为测量重点，以保证项目的开展并不只是为了评估，更是为了内容。此外，服务对象也具有主观性，有时候为了配合项目开展或者配合评估，他们会有意地回答符合评估指标要求的内容，这就更需要多次测量以获得一个比较稳定准确的数据；还有一些隐性的变化是短期内不能够外现的，就需要评估机构能够进行长期的监测，这对于评估机构来说虽然工作量加大，但是无疑是一种专业的表现，而所得到的评估数据也会愈加凸显评估的地位和作用。因为很多社区志愿服务项目的开展都具有长期性，志愿者与服务对象也不可能在一开始就表现出特别明显的变化，现实中的社区志愿服务项目第一轮往往最大的成效是与服务对象确立了比较亲密的关系，服务对象的改变是志愿者在一次又一次的努力中逐步达成的，所以长期的监测评估才更能够评判社区志愿服务项目的优劣程度。而且社区本身具有一定的异变性、发展性，社区志愿服务项目也会受到这些特性的影响，评估的测量方法更应该做到适时变化，不能仅凭显性的变化作为评定社区志愿服务项目的硬性指标，当然，测量方法更不能过于单调而影响社区志愿服务。

3. 预设评估主体

对于志愿服务项目的评估，评估者与评估对象一般都是分开的，但是就社区志愿服务来说，由于其本身的独特性，评估机构在一开始就介入项目，从头到尾评估都显得很重要，这既是一种直接的评估，也是一种直接的监督。考虑到评估的公平公正，还可以设定评估机构以外的评估主体来进行评估。比如服务对象的自评、志愿者的自评与互评、社区工作者的评估以及上层领导的评估等等，这样既保证了评估制度实施的公平公正，还确保了评估主体的多元化。在评估机构的指导下，赋予其他主体一定的评估权，多方位地开展评估，更能够凸显评估的严肃与公正。目前在很多地方，尽管也设置了自评的环节，但最终的评估决定权往往集中在评估机构手中，服务对象与志愿者其实并没有起到多大的作用，这就导致项目的直接体验方尽管有许多体验，但是却没有机会完整表达给项目实施方听，这也就让项目评估本身失却了某些基本意义，严重时会影响评估机构与社区及社区居民之间的关系。现实中不止一次听到社区工作人员以及开展社区活动的社会组织对于评估机构的怨念，而这种情况长久下去便造成了三方的不信任，对于三方自身的影响不说，关键是不利于社区志愿服务的发展，让中间的社区志愿者也不知道该怎么做。所以，只有多元地评估主体才能够确保评估的公正，才更能够发挥出评估的作用。

（二）中期

1. 观察

观察是项目中期的主要任务，是评估者对于项目活动的主观感受，项目开展是否顺利在观察中便能够察觉出来，当然，观察活动只是其中的一部分，此外还需要认真观察服务对象、志愿者等。在现实的活动当中，观察者既不是直接的活动参与者，还不能完全将自己置身于活动外，这就需要观察者自身掌握必要的技巧。观察服务对象时要将自己无形地融入服务对象，尽管切身体验不到服务对象的感觉，但却需要从其反应中得到感知。比如，观测服务对象的动作，一个人是否对于另外一个人接纳，在动作上便能够轻易地体现出来，如果服务对象的动作很自然，能够放得开，并且没有丝毫的抵触动作，就说明服务对象对于此次服务的接纳；相反，如果动作僵硬，不时还会做出拒绝的动作，就说明对此次服务不满意或者抵触。还有就是聆听服务对象的语言，尽管对于一个人来说语言表达会受到性格的制约，有的人就是人来熟，能够很亲热地说话，有的人就是沉默寡言，但是对于服务的满意程度总能够从语言中表现出来，比如对于“谢谢”的表述或者是其他表示接纳和感恩的词汇，这些都是对于服务成效反应的一种体现。对志愿者的观察可以从其动作、语言中感受，亲密的语言和亲切的动作能够凸显一个人的热情和真诚。此外还要观察志愿者对服务是否有自我反省，这对于志愿者的评判及其重要，不仅可以反映出一名志愿者的积极性，还可以表明志愿者服务的真实性，涉及此项目对于志愿者的指导教育是否有用，志愿者能否在此次项目中学到东西，包括隐性的理念以及显性的技能，等等。当然，评判社区志愿服务项目的好坏需要观察的内容还有很多，这就需要针对具体的活动而做出及时的、多方面的调整，所以观察者的作用很重要，其自身的素质也需要不断得到培训从而得以提升。

2. 记录

记录是连着观察进行的，可能是在观察之后，也可能与观察同时进行。将观察中的所看、所思都记录下来，第一是为了保存，避免事后忘记；第二是为了之后有逻辑地整理使用。在现场记录中，几乎所有的内容都是值得记下的，比如现场的秩序、活动流程、服务对象的反应、志愿者的配合、观众的反应、社区工作者的反应等等，这就好比在聆听一场讲座中记笔记，这些内容一开始只是一种照搬，但是之后却可以成为一种工具或者成为一种反思。记录的主要作用是为了之后的评估，首先其可以作为一种间接的评估材料去运用，一定程度上可以反映出项目多方面的状态和成效；另外，通过这些记录的内容，可以进一步抽象出测量指标与测量问题，让评估更加具有针对性，也更加精细；它还可以成为质问项目实施方的问题来源，在相互的问答中不仅可以促进双方的理解，还可以让项目方直接反思并得以改进，评估方也能够直接学到不少东西，促进自身评估指标的完善，等等。所以，记录对于评估来说是极其重要的，就好像在作战中观察员与狙击手的不可分离性，在评估中也是，观察必须与记录同在。

3. 完善测量指标与测量工具

中期的工作中最重要的一步就是完善测量指标与测量工具，这一步没有完成，后期就无法及时开展评估。测量指标与测量工具对于评估来说是至关重要的，也是评估是否专业的表现，而测量指标与测量工具的设计完善就要建立在之前的工作之中，尤其是观察与记录。测量社区志愿服务的指标包括硬性指标与软性指标，硬性指标包括参与人数、活动规模、活动场次、内容丰富程度等等，这些都可以通过项目活动的开展而清楚地观测出来；软性指标包括服务对象的体验、志愿者的体验、社区工作者的体验等等，这些需要通过进一步的测量工具去得出主观内容，然后再进行指标转换。测量工具主要是问卷与访谈提纲的制定，这些虽然用得普遍，但是根据不同的项目内容与项目目的应该做出适时的改变，而目前很多问卷与访谈提纲都是千篇一律，甚至存在抄袭的现象，对于项目的结合也是简单的表面结合，不能够进行深度的测量。在这一方面，就需要制定者对于之前的观察报告与记录内容进行逻辑的排列与抽象的提炼，通过一些关键词再结合项目的细节内容，由易到难地整合出问卷与访谈提纲，再讨论进行修改，争取尽可能地贴近项目，在语言表达上也要尽可能地通俗易懂。此外，针对不同的人群需要做出不同的问卷与访谈提纲，否则就不具有针对性，最后得出的数据也会有偏差。其实，大部分的评估机构对于问卷与访谈提纲的制定不够重视，原因除了专业程度不够外，就是对于服务项目不够了解。所以，评估机构与项目实施方的合作依然很有必要。

（三）后期

1. 整合数据

整合数据的这一步主要是对之前包括问卷与访谈在内的所有所获得的内容进行归类梳理。首先是对问卷进行编码录入，以表格的形式将反馈的内容进行汇总分析，得出初步的占比数据，比如对此次项目活动满意的占到百分之多少、不满意的又占到百分之多少、提出的建议都涉及哪部分内容等等。其次就是对访谈内容的整理，将在访谈中获得的内容直接转换成数据比较困难，所以应该先对各个访谈问题进行归类，然后对照相应的回答进行梳理，以摘取主要观点的方法抽象出访谈对象对于项目的见解，然后再依照访谈问题的初衷去进行满意度的划分，最后得出比较客观的数据。其实，无论是问卷还是访谈，其中的主观性都十分强，因为每个成人都清楚问卷或者访谈的目的是什么，所以大家经常会将一些激烈的意见保留起来，进而选择比较折中的态度去回答，这就会对评估造成影响。这种误差或多或少都会存在，在整合数据的这一环节当中，我们应该设定一些标准值，如果部分数据与标准值的差距太大，那么就将这些数据隔离，最后可以采取二次调查等方法重新获取。另外，之前观察和记录的一些内容也应该在此环节中进行整合，因为作为第三方的直接感观，这些内容完全可以抽象出数据作为问卷和访谈数据的对比项，两者如果差距很大，那么或是问卷与访谈所获得的内容不真实，或是观察和记录所获得的信息不准确，需要再次调查。在数据整合中我们还应该注意千万不能太过于学术化，志愿服务活动和项目评估是对一种实务过程的评估，过分的学术化不利于达到指导实践、优化服务的评估目标，而且容易造成各方的不理解以至于引起不必要的矛盾。所以，在数据真实的情况下，描述数据的话语一定要通俗易懂且对项目具有针对性。最后需要注意的是数据的整合一定要全面，千万不能只顾及服务对象或者只顾及志愿者或社区，甚至有时候也应该顾及项目实施方，在把控全局的情况下才能够让数据更加具有说服力。

2. 量化绩效

社区志愿服务项目评估涉及的工作是多方位的，比如社区需求调查、社区资源链接与整合、对社会政策的运用等等，这些对于社区志愿服务来说虽然是必须要面对的，但是由于其工作的特性，有些内容并不能够通过一些量化的数据来呈现，而在现实的政府购买服务中，政府更愿意将绩效进行量化，正所谓能看到的东西才是真实的，所以在社区志愿服务项目中有时许多必要的内容却得不到行政方的赞赏，这难免会让项目实施方感到失落。比如说社区需求调查，随着城市化的发展，城市社区内人员复杂多变，需求也在时时变化，在需求调查的阶段往往需要挨家挨户地敲门调查，这本身就是一项量度大且比较困难的工作，但是有些社区往往在没有进行全面普查的情况下替代提出需求，这些需求界定很多时候会与项目实施方所获得的需求信息有出入，这也会直接导致在项目中不能够满足居民生活的切身需求，行政方对于项目的支持也会受到影响。而社区资源链接与整合是建立在调查之上的，只有全面的普查才能够了解社区之内到底有什么资源，尤其是人力资源，而这一环节却往往成了社区的难题，项目实施方由于精力有限不能去全面开展，就会导致资源链接不到位，每开展一次活动都需要重新做一次资源链接，所以资源库应该提前建立作为社区志愿服务项目的“后勤保障”；此外，资源包括了金钱、人力等许多内容，有些是可以量化的，比如金钱，但是不可量化的资源也很重要，必须受到重视。其实这些都是社区志愿服务项目重要的保障，对于这些不可量化的绩效也应该想一些办法尽可能地做到量化，尤其是对于那些不受重视的东西，首先应该呈现到项目书中以体现其重要性，其次应该想办法建立一个可量化的档案，将所有的工作都归档，这样就可以直观地看清工作内容，进而所取得的绩效也能够清楚地呈现出来。目前，绩效的量化对于社区志愿服务项目来说仍然是个难题，多方应该给予支持，例如在社区调查中提供具体方法让志愿者看到自己所服务过的老人的健康档案，其所取得的成效也能从数据的变化中直观地看出。因此，绩效的量化对于评估方以及项目实施方都是至关重要的，社区更应该配合双方进行此部分的专业化操作，这对于社区志愿服务的专业发展意义重大。

3. 考核质量

经过之前数据的整合与绩效的量化便可以考核社区志愿服务项目的成效，即质量。对于社区志愿服务项目的任何评估，用来衡量或判断服务的标准与准则是我们评估的关注点所在，因为这些标准或者准则对于服务质量有至关重要的作用。社区志愿服务项目评估的质量不仅在于证明服务的专业有效性、考察社会服务的效率与效能，还在于倡导先进理念、分析社会问题、建立社区志愿服务公信力和发展社区自我开展志愿服务的能力。评估目标的复合性，决定了社区志愿服务评估内容的多维性，也决定了对社区志愿服务质量评估的多面性。目前我国的社区志愿服务大多是政府购买或者政府资助的，大部分以项目制进行，但是单一的项目并不能充分体现社区志愿服务整体的质量，因此，以项目制为核心的质量评估在一定程度上就会影响评估的多维性与多面性，所以以项目为核心且能够顾及社区志愿服务长远发展目标的质量考核应该成为评估的重心之一。建立一套完整的质量考核体系，评估内容努力涵盖社区志愿服务项目愿景、专业方法、专业管理、专业成效、服务对象转变和志愿者成长等，才能显示评估的效能、适当、效率与能力四个要素。所以，对于社区志愿服务项目质量的考核不仅是考核项目和实施方，更是体现评估专业性与长效性发展的重要步骤。

4. 检查管理

检查管理便是评估者的自我审查，在得出评估结论之后要予以公示，在公示的阶段可能会收到不同方面的建议或者意见，评估者要虚心吸纳这些建议或意见，重新审视评估的各个环节，比如是否存在遗漏的问题或者是否做到了公平公正。在评估制度上也应该从头到尾回顾一番，尤其是在各个制度的细节上，结合评估的各个环节进行反思与完善。评估的检查管理其实是评估机构的自我完善，长期的自我反思积累有利于评估的专业化发展，也有利于评估机构的成长。

第二节　社区志愿服务成果转化

项目完成并不意味着一项社区志愿服务的结束，在政府购买社会服务的背景之下，社会组织与社区对接的项目往往只有一年时间，即便是长期合作也是一年一年地签合同，而社区每年所提出的需求又是不一样的，所以单从每个项目上来说，它们往往具有独立性，即便理念上具有承接，也不能保证具有同样目的的项目能够分层次地开展好几年。这种现实的状态对于社区志愿服务来说并不是什么好事，所以就需要在合作期尽可能开展对社区的赋能活动，让社区内部的人离开外部组织也能够将社区志愿服务开展下去，以让社区志愿服务长效发展，其中最主要的环节就是使社区志愿服务成果得以转化，也就是让社区志愿服务在某些成果的支撑之下细水长流。这不仅是为社区志愿服务的长期发展，也是着眼于社区文明建设、和谐建设。

社区志愿服务成果转化，是指将社区志愿服务中的专业内容转化为用之于民的惠民模式，通过志愿服务的相关成果来影响有关政策的出台，促进社区内各种问题的解决，促进社区志愿者和社区志愿组织的可持续发展，从而促进社区志愿服务朝着广泛化、机制化和常态化方向发展，并影响社区文明长远建设①。

一般意义下的志愿服务成果转化的主要步骤是：

（1）将成果进行总结与提炼，形成可复制、标准化的“产品”；

（2）进行成果转化需求调研，针对服务成果所影响的领域和地区进行

① 北京志愿服务发展研究会．中国志愿服务大辞典［M］．北京：中国大百科全书出版社，2014.

调研，了解当地或该领域实施志愿服务的适用性及其问题；

（3）进行成果转化规划，根据需求调研进行分析、研究和规划，确定成果转化方案；

（4）实施成果转化方案，并因地制宜地开展转化工作；

（5）对成果转化进行监测与评估①。

社区志愿服务成果转化具有一般性的志愿服务成果转化的基本规律，但也有自己的特点。

一、志愿服务项目模式的形成

社区志愿服务项目的开展必须要有完整的计划方案与运作模式，这对于社会组织来说是不可或缺的，也是与社区合作中第一步需要完成的内容，没有项目方案与运作模式就不可能与社区达成合作。但是，在服务项目结束之后，这些东西也极有可能会随着项目的完结而消失：第一，社区即使会从中学点东西，但是并不能精益求精地对运作模式进行仔细琢磨，时间精力上也不允许它们这么做；第二，目前的项目实施方很少将打造模式当作服务的目的之一，因为其中的工作量大，还需要一定的学术水准。现在不少社会组织扎根社区，凭借自己的专业力量孵化社区自组织，到最后社区自组织确实成立了不少，在社区中的作用也日益凸显出来，协助社区完成了很多事务，但是这些孵化出来的社区自组织虽然针对社区各自的问题都能够找到服务的对象，但是它们大都没有什么成型的模式可循。社区的大力支持，本质上使它们获取更多的资源，但是在实际的服务当中并没有获得很大的专业支持，尤其是在服务模式上。如果说服务内容是血肉的话，那么服务模式的营造就是骨架，一个完整的社区自组织，包括社会组织所开展的社区志愿服务项目，必须要做到有血有肉还得有骨架，这样才能让社区志愿服务规律化、专业化发展。由此看来，社区志愿服务模式的形成是尤其重要的，这就需要社会组织、社区居委会与社区居民志愿者共同努力。首先，社会组织应当将社区志愿服务模式的营造作为服务目的之一，让模式的营造化作为项目中的一项赋能计划，目的就是让社区居民志愿者能够独自开展志愿服务，在服务过程中有意识地将正确的理念与技巧教给居民，项目开展过程中，社会组织更多的是作为指导和托底，居民做不到的事情让社会组织做，居民如果能够做到就坚持让居民独立自主完

① 北京志愿服务发展研究会. 中国志愿服务大辞典［M］. 北京：中国大百科全书出版社，2014.

成，这样每完成一个服务项目，社区居民志愿者都能够真正学到很多东西。其次就是社区居委会，一些居委会往往将带领居民开展志愿服务活动视为一件难事，在政府购买的环境下不少居委会不知道该怎么做，社会组织进入社区后，很多居委会只是担当了联系人的角色。居委会这种将自身主体的位置放到了次位的意识是不正确的，非但在项目中学不到什么东西，有时反而还给了社会组织滥竽充数的机会，并且会让居民志愿者也产生惰性。最后就是社区居民志愿者，虽然居民目前在社区志愿服务中有很高的积极性，但是仍然缺乏活力。而且在很多社区，居民志愿者依然以退休后的老年人为主力军，他们虽然已经离开了工作岗位，但其中有不少是新时代的跟进者，这些人主动站出来干事，带领大多数老人更新思想，不懂的地方就问，想学的东西就学，还敢于向社会组织和居委会提出质疑，互相激励，让社会组织与社区看到了自己的激情。所以，社区志愿服务模式的形成与传承需要多方的共同努力，这是社区志愿服务成果转化的重点，也是难点，它关系的不仅仅是社区志愿服务的未来，更是社区居民自治的未来。

案　例

“邻里情”居民手作价值主题展

北京市东城区益生活知识传播服务中心于2016年在北新桥街道北新仓社区策划实施了“邻里情”居民手作价值主题展项目，活动以传统手作技艺为手段充分调动居民的兴趣，一方面组织教学，教授大家学习制作衍纸画，并以“邻里情”为主题举办衍纸画作品展；另一方面引导孵化有意愿的居民成立“北新仓衍纸画助老志愿服务队”。项目结束后，服务队充分发扬“奉献、友爱、互助、进步”的志愿服务精神，不断招募新的志愿者，在传授衍纸画手作技艺的同时，坚持开展助老志愿服务，成为该社区志愿服务队伍的优秀代表。

资料来源：北京市东城区北新仓衍纸画助老志愿服务队。

【点评】

本案例通过手工制作的形式来建立社区志愿服务文化，倡导志愿服务精神，以至项目结束后居民仍然继续开展活动，传授手作技巧，同时将助老服务坚持开展下去，形成了一个项目当中的社区志愿服务成果转化。

二、志愿服务队伍的壮大

社区志愿服务队伍壮大也是我们经常听到的话题，随着社区养老越来越重要，以老人为中心的社区志愿服务逐年增加，动员的社区志愿者也越来越多，同一社区内的助老志愿者年龄层次越来越丰富，相邻社区内也出现了志愿者交叉服务的现象，外来的志愿者队伍慢慢扩大，这对于社区老年人来说是一件好事，就其整体结构来看，我们可以做出以下分析。

目前的社区志愿服务可以分为三大类，第一类是文娱型志愿服务，第二类是互助型志愿服务，第三类是参与型志愿服务。文娱型志愿服务就是社区居民，尤其是老年人自行组织成队，以兴趣娱乐为载体，以身体健康和充实生活为目的而进行的自我服务。这种自我服务的队伍目前在社区内是最多的，甚至几个社区内的老年人组织起来一起娱乐。我国人口老龄化的程度越来越高，老年人群体的数量越来越多，虽然文化娱乐对于老年人来说是一种积极的休闲娱乐方式，但是不少退休的老年人思想开放，接受的新时代新事物越来越丰富，单纯的文化娱乐已经不能满足更多老年人的需求，所以如何创造新的活动让老年人进行自我服务成为一个发展社区志愿服务、建设和谐社区的新议题。互助型志愿服务的主要形式是邻里互助，这也是社区志愿服务一开始兴起的形式，尽管目前还有很多比较传统的互帮互助形式，但是随着物质生活的满足，城乡社区居民的需求越来越呈现出深层次、个性化、多样化的特点，对于专业化、应急化社区志愿服务的需求越来越突出，传统的、普通的互帮互助已经不能满足社区居民的需求。例如，在社区调研中发现，老旧小区中居民对于水暖电的应急服务需求很大，这些修理工作一般人干不了，也缺乏合适的工具，而求助于市场不仅会耽误时间，而且老旧小区普遍存在设施老旧问题，市场难以提供及时的服务。这就需要一支专业的应急志愿服务队，在最短的时间内解决专业的问题，而这种志愿者队伍在目前的社区内是极其缺少的，一旦建立起来，就能够辐射到周边几个社区；还有就是针对老年人的健康服务，尤其是空巢老人，他们本身自理能力较差，还没有亲人在身边照顾，而社区志愿者也只能抽空过去服务，在空隙时间内难免出现意外，所以需要专业的医护人员作为志愿者，同时利用信息网络将这些老人的健康指标与医院接轨，一旦出现意外，外边的人就能够接到警报并在第一时间内对其进行治疗。所以，互助型的志愿服务更需要专业的志愿者参与，但现实中却很缺少专业志愿者，这应该是扩大社区志愿服务队伍的重要任务。参与型志愿服务主要是在社区居民自治的理念支持下，居民志愿协助居民委员会参与社区治理。这类型的志愿者队伍在政府购买服务的份额中不断扩大，比如现在社区内的环境治理、停车整治、拆除违建等各方面的建设，都有社区志愿者的参与，也都证实了社区志愿者参与社区治理的重要作用。但是这类志愿者不同于前两类，它要求参与社区治理的志愿者必须具备一定的社会能力，是居民当中的群众领袖，而现实中由于这类事务往往涉及社区的各个方面，难度较大，而且不少社区缺乏完善的激励机制，所以组织动员有一定的难度，再加上这些问题往往涉及社区内居民的切身利益，大家各自有各自的想法，所以在很多社区，通过社区志愿服务实现居民在较高层次参与社区治理，仍然有很多工作要做。对于这类型的志愿者培育关键在于发现居民领袖，通过居民领袖的号召，最后能在社区内形成“招之即来、来之能战”的氛围。

三、志愿服务文化的持续传播

加强志愿服务文化建设首次提出于党的十七届六中全会，伴随着改革开放和中国志愿服务事业的不断发展壮大，党和国家以及全社会逐步认识到志愿服务在中国特色社会主义建设事业中的独特位置和重要作用，认识到志愿文化在推动志愿服务事业持久健康发展过程中的重要价值，进一步彰显了志愿文化作为当代中国核心价值观重要来源的独特文化魅力和培育新时代中国志愿文化的重大意义①。社区志愿服务文化作为我国志愿服务文化的一部分，在其中起着重要作用。自2008年北京奥运会以来，社区志愿者在我国重大国事中为维护城市治安发挥了重要作用，为国家节约了大量资源。从社区内部来讲，志愿服务文化的持续传播对于社区氛围营造和社区治理的作用都不可小觑。在我国学雷锋活动50多年、志愿服务20余年的发展进程中，我们可以清晰地看到学雷锋志愿服务是一项功在当代、利在长远的朝阳事业和重大工程，要从娃娃抓起、从干部做起，从落细、落小、落实干起，全民行动，驰而不息。而志愿文化的培育正是着眼于这样一个长久的过程，着眼于引导人们在送温暖献爱心的过程中陶冶道德情操、提升精神境界，推动形成男女平等、尊老爱幼、扶贫济困、扶

① 任志勇，王丽新．关于培育新时代中国志愿服务文化的思考［J］．学校党建与思想教育，2018（16）．

弱助残、礼让宽容的人际关系，将“奉献、友爱、互助、进步”的志愿精神深入和渗透到人们的内心之中，并逐渐内化成为一种品质、一种认同、一种信念，最终使志愿服务成为人们的自觉行为与生活习惯，不断推进志愿服务制度化建设，让任重而道远的中国志愿服务事业健康、科学、长久发展①。

随着社区志愿服务文化内涵的不断丰富，我们需要从以下三个方面进一步加强工作，以保证其长效发展。第一，不断加强对培育社区志愿文化宣传推广工作的认识，努力提升宣传意识。加强宣传引导是我国在长期学雷锋志愿服务中所积累的宝贵经验，也是培育新时代中国志愿文化过程中的基础环节。在社区中，要通过志愿服务团队和志愿者宣传志愿文化，耐心地解决广大志愿者在志愿服务中所遇到的各种问题，形成社区有利于志愿服务持久开展的小气候，努力把志愿文化理念深植于每个志愿者的心中，深入到社区居民当中，使更多的人由不自觉的行为到自觉的觉悟，逐步养成良好的志愿服务传统和习惯，把支持、参与志愿服务的浓厚氛围向社区推广，向整个社会推广，向志愿服务对象传递，形成群体效应。第二，不断加强对培育社区志愿文化的教育引导工作，努力提升主体意识。新时代中国志愿文化的培育是一项系统性、长期性的教育工程，先进志愿服务理念的树立、深厚志愿服务氛围的营造、良好志愿服务习惯的养成，都离不开在志愿服务实践中的各项教育引导。这在社区建设当中具有特别重要的意义，在社区里，开展志愿服务实践要坚持以人为本、循序渐进的原则，通过各级各类的志愿者培训，不断推广和普及志愿服务理论、知识和技能；通过开展志愿服务的思想指导，在志愿者和社区广大居民日常服务和生活中，通过舆论营造、思想帮助和生活救助，不断加深居民对志愿文化的认知与理解；通过在社区里普及“有时间就做志愿者”的服务理念，把志愿服务融入社区发展的各个方面，并注重推动转化为人们的情感认同和行为习惯。第三，不断加强培育志愿文化的机制建设工作，提升长期建设的意识。在新时代中国社区志愿文化的培育过程中，社区志愿服务的机制建设必将成为志愿文化持久传承的重要保障。伴随着国家《志愿服务条例》的颁布与实施，一系列适应志愿服务内在发展规律、维持其有效运行的工作系统和工作制度正在逐步成为志愿服务健康、长久发展的生命线。这在社区志愿服务文化建设中具有重要意义，因此，要进一步建立、完

① 任志勇，王丽新．关于培育新时代中国志愿服务文化的思考［J］．学校党建与思想教育，2018（16）．

善和强化社区志愿服务的各项制度保障，为社区志愿文化培育奠定坚实的理论基础、思想基础和工作基础，充分发挥社区在培育志愿文化中所形成的政治优势、组织优势和宣传优势，不断提高社区志愿服务的科学化、规范化、专业化和社会化水平，努力提升社区志愿服务的社会影响力和社会美誉度，吸引更多的人加入志愿者队伍，鼓励更多的志愿者成为良好社会风尚的倡导者，成为社会主义核心价值观的传播者和践行者，从而使社区志愿文化不断地持久性、创新性发展。

四、社区志愿服务文化氛围的常态化

培育新时代中国特色的社区志愿服务文化，是体现文化自信的重要内容。同时，服务于“五位一体”总体布局和“四个全面”战略布局，也为新时代社区志愿文化的发展带来了新挑战、新机遇，它要求我们从更高站位、更广视野来培育和弘扬新时代的中国志愿服务文化，要立足于“两个一百年”和“中国梦”，紧紧对接国家发展战略，对接社会治理创新，对接志愿服务事业发展的实际，广泛深入开展接地气、得民心、促和谐的志愿服务活动，不断挖掘和探索志愿服务的文化根源和历史内涵，不断树立价值坐标，引领社会风尚，弘扬中国精神，凝聚中国力量，不断推进文化创新①。习近平总书记多次强调文化复兴中国，而且将志愿服务作为中国特色社会主义文化的一部分，在强调志愿服务重要性的同时强调志愿服务的制度化、法律化、专业化发展，强调志愿服务对于我国文化建设的重要作用。社区是社会最重要的结构，也是广大居民生存生活的基地，社区志愿服务对于社区文化建设起着重要作用。社区文化氛围营造不仅是社区治理与社区服务的重要部分，同时，社区特色文化的形成是帮助居民在快节奏的社会生活中树立社区认同感，逐渐找到社区的归属感，进而把社区当作自身的大家庭的重要途径。所以，社区志愿服务文化氛围的常态化发展极其重要。

我们可以从以下几个方面进行社区文化氛围营造。第一，物理空间的重塑，依托于物理空间里各种具象的表达，促进社区志愿服务文化空间的构建。对社区物理空间采取显性化和形象化的策略，使隐性的社区邻里互助传统文化资源利用“亮化”“上墙”等形式，以崭新的、亮丽的形象呈现给社区居民，为厚重的传统文化做现代化的解读与注解。第二，

① 任志勇，王丽新．关于培育新时代中国志愿服务文化的思考［J］．学校党建与思想教育，2018（16）．

社区资源的特色化打造，借助社区文化产业发展普及志愿服务文化。文化产业被称为“21 世纪的最后一桶金”，已经成为社会经济发展的一个新的增长点。从党的十七大开始就强调要“大力发展文化产业，实施重大文化产业项目带动战略，加快文化产业基地和区域性特色文化产业群建设，培育文化产业骨干企业和战略投资者，繁荣文化市场，增强国际竞争力”。充分利用社区传统文化资源，大力推进文化产业的发展，已经成为社区文化建设的一个重要议题。随着大众创业万众创新的进一步提倡，社区创业成为新的创新点，而其中最值得关注的内容就是包括志愿服务文化在内的社区亚文化的建构与使用，这对社区文化氛围的营造极其有利。第三，教育社会化与社会教育化相互促进，实现社区文化育人目标。社区文化建设的目标在于实现其文化育人的教育职能，而文化育人功能的实现，不仅仅是对区域传统文化的传承，更是一种积极的文化反哺与文化再生，能够赋予社区文化建设新的活力①，其中志愿服务文化是重要组成部分。

五、社区生活质量特别是精神生活质量的提高

社区生活质量是社区物质生活、文化生活、精神生活等的结合体，尽管生活质量对于每个居民来说都可能是不一样的，其主观性比较强，但是就物质生活、文化生活、精神生活来说，仍然能够找到合适的数据去进行考量。首先我国社会主要矛盾的转变就意味着居民在物质生活上已经获得了一定的满足。其次是文化生活越来越在居民生活中占有重要位置。习近平总书记一再强调文化的重要性，社会变迁带来的快节奏的生活对于文化的复兴形成了挑战，目前在大多数社区，居民的文化生活需求从整体上还无法得到充分满足，这是一个长期建设，而主体正是每个居民自己。最后是精神生活，参与社区志愿服务是精神价值的体现，但是由于目前志愿服务激励机制并不是很健全，对于个人志愿精神的价值回馈的长效制度尚未建立起来，这在一定程度上会影响居民对精神世界建设的追求。精神文化建设对于社区生活质量的提高是一项长远的任务，因为尚有缺陷，特别需要我们一代代人为之不懈努力。

---

① 车淼森，许建康. 新时代社区文化建设实践研究：以南京市文化特色街区为例 [J]. 中国成人教育，2018 (14).

综合案例

社区党组织服务居民美好生活赋能计划

受北京市朝阳区八里庄街道工委的委托，2018年生活好课堂幸福志愿者服务总队策划了社区党组织服务居民美好生活赋能计划项目，落地八里庄西里社区实施开展。项目以“提升居民幸福力，营造和谐社区文化氛围，打造积极社区休闲生活方式”为宗旨，构建社区党委领导下的社区居民自组织生态体系，孵化培育以党支部骨干为主要力量的社区居民组织，提升其自主开展党群文化活动的能力，并在活动中潜移默化提升居民核心素养，增进人际和谐、家庭和谐、社区和谐。最终形成在社区党委领导下，社区居民组织自主参与社区建设、社区治理，服务居民美好生活需求的氛围。

项目经历了筹备、实施、总结3个阶段，历时8个月。项目期间机构与社区联合建立了“生活好课堂民众幸福力建设——八里庄西里社区基地”，组建成立了4个以社区党支部骨干为主体的党群活动工作小组；4个小组分别为社区老年、儿童、青年开展4个主题22场次文化活动服务，600余人次居民直接参加活动，其中参加项目活动的居民为其他社区居民开展志愿服务活动4场次、33人次参与，项目举办综合汇报文化演出暨社区春晚活动1场次。

经过项目实施，初步形成了3个品牌居民文化活动，即“八里庄西里社区居民朗读大会”“八里庄西里社区居民手作价值主题展”“八里庄西里社区春晚”等。通过项目孵化培育在党群工作小组基础上成立了两个志愿服务队“八西社区居民朗读志愿服务队”“八西社区居民手作志愿服务队”，影响社区青年组建一支志愿服务队——“八西社区吕亮形体礼仪志愿服务队”。项目立足长效，一方面帮助社区梳理社区资源，初步建立了社区资源库；另一方面编制了“社区宣传居民动员”基础工作方案。这两项基础工作，为该地区其他项目的实施和社区相关工作，提供了积极的工具支持。同时，项目注重制度和机制化建设，经过总结整理，一定程度上形成了一套长效管理机制。

该项目的实施，提升了八里庄西里社区的党建工作，塑造了党组织的良好形象；积累了新时代社区建设、社区治理八里庄西里实践经验；营造了八里庄西里社区和谐文化的氛围，促进了八里庄西里居民积极社区休闲生活方式的形成。

以下为对上述案例的具体分析：

（一）社区需求评估与诊断

生活好课堂在充分把握“构建社区党委领导下的社区居民自组织生态体系”的社区需求之下，进一步了解了社区其他需求以及现有的资源，尤其是社区之中的党员骨干，通过对他们能力的调查评估，着眼于积极动员，激发他们的兴趣，为之后的项目实施打下了基础。

（二）项目设计

在项目设计的过程中，生活好课堂始终以孵化培育党支部骨干为主要力量的社区居民组织为目标，致力于提升社区党员骨干自我开展活动、实现自我服务的能力，让党员骨干在项目中成为活动主体，进而开展赋能计划。形成了4个以社区党支部骨干为主体的党群活动工作小组，之后的所有活动都由党群活动小组来牵头开展，党员骨干在社区志愿服务中发挥先锋模范作用。

（三）项目实施

持续8个月的项目实施，生活好课堂在鼓励社区党员骨干开展特色活动下，最终形成了3个品牌活动、3个志愿服务队，还为八里庄西里建成了初步的社区资源库，这些都将成为社区志愿服务转化的成果。从长远来看，这些成果都会进一步提升社区党员骨干自我开展活动的能力。从结果来看，不仅满足了社区最初的基本需求，还有利于社区志愿服务的长效开展，促进了八里庄西里居民积极社区休闲生活方式的形成。

思考与讨论

1. 如何针对某一社区志愿服务项目做出完整的评估方案并实施？
2. 社区志愿服务成果转化包括哪些内容？
3. 结合具体案例说明社区志愿服务成果转化应该如何进行？

第九章
社区志愿服务的宏观管理

引 例

“社区党组织服务居民美好生活赋能计划”项目管理机制

2018 年生活好课堂幸福志愿者服务总队联合北京朝阳区八里庄街道共同策划了“社区党组织服务居民美好生活赋能计划”项目。为保障项目实施，机构首先参照三社联动制定了项目各方职责、信息联通制度、经费保障规定等。项目期间，形成了机构与社区党委之间的沟通工作机制——每月社区工作会制度；针对辖区共建单位，联合社区党委成立了“项目实施共建单位顾问小组”，并编制了与共建单位之间的《友好支持服务协议书》，使共建单位对社区和项目的支持更加具体有力。另外，按月编印项目简报进行分发，使各方更加直观了解项目实施过程和效果，增强项目社区宣传和居民动员力度。以上各项举措确保了活动的有效开展。

资料来源：生活好课堂幸福志愿者服务总队。

从案例中可以看出，“社区党组织服务居民美好生活赋能计划”的顺利开展是因为生活好课堂在项目的宏观管理——准备期、实施期、总结期方面都做了大量工作，最重要的是形成了有助于项目实施的一些制度，比如“信息联通制度”“沟通工作机制”等等。这些制度不仅确保了工作上的有序进行，还能够确保志愿者的积极性，并且有助于组织的后续成长。所以，制度管理在社区志愿服务当中是不可或缺的，本章也将围绕社区志愿服务的宏观管理论述以下内容：

（1）与社区志愿服务相关的政策法规体系。

（2）社区志愿服务管理运行制度化的重要性。

（3）培育专业人才的技巧与方法。

第一节　政策法规体系保障

政策法规体系的保障，有利于弘扬志愿服务精神，完善志愿服务体系，壮大志愿者队伍，提升志愿服务水平。就我国目前的志愿服务发展而言，法律体系与体制机制仍然不够完善，而解决这些问题的关键还在于志愿服务制度化进程的推进，这些既需要基层社区工作者深入的学习与运用，以及通过积极社区志愿服务实践，不断为法治化建设提供更丰厚的现实基础。

我们先系统地介绍我国关于志愿服务方面的法规和制度。

一、党的指导思想性质的文件

指导思想性质的文件是首先应该被重视的，因为这一类文件往往是对于志愿服务之前成果的总结以及对于之后发展的全面部署，而志愿服务作为社会治理的特殊工作，尤其应该紧随国家的引导。

中央精神文明建设指导委员会于 2014 年 2 月 19 日发布了《关于推进志愿服务制度化的意见》，其中强调了推进志愿服务制度化的重要意义和指导思想，文件中指出：

（1）充分认识推进志愿服务制度化的重要意义。开展志愿服务，是创新社会治理的有效途径，是加强新形势下精神文明建设的有力抓手。近年来，广大志愿者围绕扶危济困、应急救援、大型活动，广泛开展形式多样的志愿服务活动，志愿精神日益深入人心，志愿者队伍不断发展壮大，志愿服务的热潮在城乡基层蓬勃兴起。但总体而言，我国的志愿服务还处在初始阶段，活动开展不够经常、体制机制不够完善、服务水平不够高等问题，在一些地方不同程度地存在。解决这些问题，关键在于健全志愿服务制度。推进志愿服务制度化，对于推动志愿服务持续健康发展、促进学雷锋活动常态化，对于培育和践行社会主义核心价值观、在全社会形成向上向善的力量，具有十分重要的意义。

（2）推进志愿服务制度化的指导思想。高举中国特色社会主义伟大旗帜，以邓小平理论、“三个代表”重要思想、科学发展观为指导，贯彻落实习近平总书记系列讲话精神，坚持把开展志愿服务与创新社会治理结合起来，与学雷锋活动结合起来，大力弘扬“奉献、友爱、互助、进步”的志愿精神，建立完善的长效工作机制和活动运行机制，积极构建中国特色志愿服务制度，推动志愿服务活动广泛深入开展，营造“我为人人、人人为我”的良好社会风尚①。

在如何建立健全志愿服务制度方面，文件进一步指出：

（1）规范志愿者招募注册。志愿者的招募和注册，是组织引导人们参加志愿服务的重要环节。要坚持以需求为导向，根据群众的实际需要，由城乡社区、志愿服务组织、公益慈善类组织、社会服务机构等，及时发布志愿者招募信息，根据标准和条件吸纳社区居民参加志愿服务活动。依托全国志愿者队伍建设信息系统志愿服务信息平台，为有意愿、能胜任的社区居民进行登记注册。

（2）加强志愿者培训管理。做好志愿者的教育培训和日常管理，是提高志愿者素质和志愿服务水平的前提和基础。要坚持培训与服务并重的原则，由城乡社区、志愿服务组织、公益慈善类组织、社会服务机构等，根据志愿服务项目的要求，通过集中辅导、座谈交流、案例分析等方式，对志愿者进行相关知识和技能培训，提高服务意识、服务能力和服务水平。要加强志愿者骨干的培养，使他们成为志愿服务的中坚力量。

（3）建立志愿服务记录制度。志愿服务活动结束后，由城乡社区、志愿服务组织、公益慈善类组织、社会服务机构等，根据统一的内容、格式和记录方式，对志愿者的服务进行及时、完整、准确记录，为表彰激励提供依据。要实行服务记录的异地转移和接续，使志愿者的服务记录不因工作岗位和居住地的变动而失效，把志愿者的积极性保护好、发挥好。

（4）健全志愿服务激励机制。城乡社区、志愿服务组织、公益慈善类组织、社会服务机构等，要按照有关规定建立志愿者星级认定制度，根据志愿者的服务时间和服务质量，对志愿者给予相应的星级认定。建立志愿者嘉许制度，褒扬和嘉奖优秀志愿者，授予荣誉称号。建立志愿服务回馈制度，志愿者利用参加志愿服务的工时，换取一定的社区服务，同时在就学、就业、就医等方面享受优惠或优待。回馈要适度，充分体现志愿服务自愿、无偿、利他的特点，不能搞成等价交换。

（5）完善政策和法律保障。把志愿服务的要求融入各项经济、社会政策之中，体现到市民公约、村规民约、学生守则、行业规范之中，提倡和鼓励志愿服务的行为，维护志愿者的正当权益，形成崇尚志愿服务的社会

---

① 关于推进志愿服务制度化的意见［EB/OL］. http://mzj.beijing.gov.cn/news/root/jc-zqysqjs/2016—12/121125.shtml.

氛围。把志愿服务纳入学校教育，研究制定学生志愿服务管理办法，鼓励在校学生人人参加志愿服务，可将大学生志愿服务活动折算成社会实践学分。根据志愿服务活动的需要，为志愿者购买必要保险、提供基本保障。认真总结推广志愿服务地方性立法的经验，加快全国志愿服务立法进程①。这就指导各基层单位、社会组织等需要在此五个方面进一步进行制度化设计以及规范化的应用。

文件中还强调了党和各级政府应该如何推动志愿服务的制度化建设：

（1）切实加强志愿服务领导。各级党委和政府要把志愿服务融入城乡社区治理，作为加强精神文明建设的重要任务，摆上重要议事日程，切实抓紧抓好。各级文明委要加强总体规划、协调指导、督促检查，文明办要发挥好牵头作用，推动志愿服务制度化发展。各有关部门要发挥自身优势，制定相关政策措施，各负其责、密切配合，形成共同推进志愿服务制度化的良好局面。要支持和发展各类志愿服务组织，推动企业、机关、学校、医院等成立志愿服务队进社区服务，引导公益慈善类、城乡社区服务类社会组织到社区开展志愿服务。

（2）大力弘扬志愿服务文化。志愿服务是美好的道德行为和重要的道德实践。要大力弘扬中华传统美德，结合时代条件深入挖掘和阐发，进行创造性转化、创新性发展，赋予志愿服务深厚的传统文化内涵。大力弘扬“奉献、友爱、互助、进步”的志愿精神，广泛普及服务他人、奉献社会的志愿服务理念，培育全社会志愿服务文化自觉，使讲道德、尊道德、守道德成为人们基本生活方式。要发挥新闻媒体传播社会主流价值的主渠道作用，发挥精神文化产品育人化人的重要功能，积极营造有利于志愿服务的舆论文化环境。

（3）搭建拓宽志愿服务平台。要充分发挥社区在志愿服务中的主导作用，依托社区综合服务设施，建立志愿服务站点，搭建志愿者、服务对象和服务项目对接平台。把空巢老人、留守儿童、残疾人作为服务重点，围绕家政服务、文体活动、心理疏导、医疗保健、法律服务等内容，设计接地气的项目，有针对性地开展顺民意的活动，力争覆盖群众所需的各种服务。充分发挥社区居民的主体作用，精心培育植根群众的活动载体，把志愿服务活动做进城乡基层、做进社区、做进家庭。大力推广社会工作者带志愿者的活动方式，组织志愿者在社会工作者的带领和安排下，有针对性

① 关于推进志愿服务制度化的意见［EB/OL］. http://mzj.beijing.gov.cn/news/root/jczqysqjs/2016—12/121125.shtml.

地开展服务。要立足经济社会发展和人民群众愿望，积极搭建志愿服务活动平台，不断拓展志愿服务领域，扩大志愿服务覆盖面，为百姓分忧，为政府助力①。

二、国家立法层面的志愿服务法规

为了保障志愿者、志愿服务组织、志愿服务对象的合法权益，鼓励和规范志愿服务，发展志愿服务事业，培育和践行社会主义核心价值观，促进社会文明进步，我国于 2017 年出台了第一部关于志愿服务的法律法规——《志愿服务条例》（以下简称《条例》），这意味着志愿服务将在我国呈现规范化、规模化发展的态势。

《条例》中的第一章对志愿服务进行了简单的阐述以及本《条例》所适用的范围；第二章主要对志愿者和志愿服务组织进行了简单的界定，做出了相应的规定，例如第六条，“本条例所称志愿者，是指以自己的时间、知识、技能、体力等从事志愿服务的自然人。本条例所称志愿服务组织，是指依法成立，以开展志愿服务为宗旨的非营利性组织”②。

第三章主要对志愿服务活动的开展进行了详细的规定，所强调的则是志愿者与志愿服务组织在其中的责任、义务和权益等，《条例》中所讲：第十三条，需要志愿服务的组织或者个人可以向志愿服务组织提出申请，并提供与志愿服务有关的真实、准确、完整的信息，说明在志愿服务过程中可能发生的风险。志愿服务组织应当对有关信息进行核实，并及时予以答复。第十四条，志愿者、志愿服务组织、志愿服务对象可以根据需要签订协议，明确当事人的权利和义务，约定志愿服务的内容、方式、时间、地点、工作条件和安全保障措施等。第十五条，志愿服务组织安排志愿者参与志愿服务活动，应当与志愿者的年龄、知识、技能和身体状况相适应，不得要求志愿者提供超出其能力的志愿服务。第十六条，志愿服务组织安排志愿者参与的志愿服务活动需要专门知识、技能的，应当对志愿者开展相关培训。开展专业志愿服务活动，应当执行国家或者行业组织制定的标准和规程。法律、行政法规对开展志愿服务活动有职业资格要求的，志愿者应当依法取得相应的资格。第十七条，志愿服务组织应当为志愿者

---

① 关于推进志愿服务制度化的意见［EB/OL］. http://mzj. beijing. gov. cn/news/root/jczqysqjs/2016－12/121125. shtml.

② 志愿服务条例［EB/OL］. http://mzj. beijing. gov. cn/news/root/jczqysqjs/2017－10/125028. shtml.

参与志愿服务活动提供必要条件，解决志愿者在志愿服务过程中遇到的困难，维护志愿者的合法权益。志愿服务组织安排志愿者参与可能发生人身危险的志愿服务活动前，应当为志愿者购买相应的人身意外伤害保险。第十八条，志愿服务组织开展志愿服务活动，可以使用志愿服务标志。第十九条，志愿服务组织安排志愿者参与志愿服务活动，应当如实记录志愿者个人基本信息、志愿服务情况、培训情况、表彰奖励情况、评价情况等信息，按照统一的信息数据标准录入国务院民政部门指定的志愿服务信息系统，实现数据互联互通。志愿者需要志愿服务记录证明的，志愿服务组织应当依据志愿服务记录无偿、如实出具。记录志愿服务信息和出具志愿服务记录证明的办法，由国务院民政部门会同有关单位制定。第二十条，志愿服务组织、志愿服务对象应当尊重志愿者的人格尊严；未经志愿者本人同意，不得公开或者泄露其有关信息。第二十一条，志愿服务组织、志愿者应当尊重志愿服务对象人格尊严，不得侵害志愿服务对象个人隐私，不得向志愿服务对象收取或者变相收取报酬。第二十二条，志愿者接受志愿服务组织安排参与志愿服务活动的，应当服从管理，接受必要的培训。志愿者应当按照约定提供志愿服务。志愿者因故不能按照约定提供志愿服务的，应当及时告知志愿服务组织或者志愿服务对象。第二十三条，国家鼓励和支持国家机关、企业事业单位、人民团体、社会组织等成立志愿服务队伍开展专业志愿服务活动，鼓励和支持具备专业知识、技能的志愿者提供专业志愿服务。国家鼓励和支持公共服务机构招募志愿者提供志愿服务。第二十四条，发生重大自然灾害、事故灾难和公共卫生事件等突发事件，需要迅速开展救助的，有关人民政府应当建立协调机制，提供需求信息，引导志愿服务组织和志愿者及时有序开展志愿服务活动。志愿服务组织、志愿者开展应对突发事件的志愿服务活动，应当接受有关人民政府设立的应急指挥机构的统一指挥、协调。第二十五条，任何组织和个人不得强行指派志愿者、志愿服务组织提供服务，不得以志愿服务名义进行营利性活动。第二十六条，任何组织和个人发现志愿服务组织有违法行为，可以向民政部门、其他有关部门或者志愿服务行业组织投诉、举报。民政部门、其他有关部门或者志愿服务行业组织接到投诉、举报，应当及时调查处理；对无权处理的，应当告知投诉人、举报人向有权处理的部门或者行业组织投诉、举报①。

---

① 志愿服务条例［EB/OL］. http://mzj.beijing.gov.cn/news/root/jczqysqjs/2017－10/125028.shtml.

在第四章中则是阐述了推动志愿服务在我国的规模化发展的促进措施：第二十七条，县级以上人民政府应当根据经济社会发展情况，制定促进志愿服务事业发展的政策和措施。县级以上人民政府及其有关部门应当在各自职责范围内，为志愿服务提供指导和帮助。第二十八条，国家鼓励企业事业单位、基层群众性自治组织和其他组织为开展志愿服务提供场所和其他便利条件。第二十九条，学校、家庭和社会应当培养青少年的志愿服务意识和能力。高等学校、中等职业学校可以将学生参与志愿服务活动纳入实践学分管理。第三十条，各级人民政府及其有关部门可以依法通过购买服务等方式，支持志愿服务运营管理，并依照国家有关规定向社会公开购买服务的项目目录、服务标准、资金预算等相关情况。第三十一条，自然人、法人和其他组织捐赠财产用于志愿服务的，依法享受税收优惠。第三十二条，对在志愿服务事业发展中做出突出贡献的志愿者、志愿服务组织，由县级以上人民政府或者有关部门按照法律、法规和国家有关规定予以表彰、奖励。国家鼓励企业和其他组织在同等条件下优先招用有良好志愿服务记录的志愿者。公务员考录、事业单位招聘可以将志愿服务情况纳入考察内容。第三十三条，县级以上地方人民政府可以根据实际情况采取措施，鼓励公共服务机构等对有良好志愿服务记录的志愿者给予优待。第三十四条，县级以上人民政府应当建立健全志愿服务统计和发布制度。第三十五条，广播、电视、报刊、网络等媒体应当积极开展志愿服务宣传活动，传播志愿服务文化，弘扬志愿服务精神①。

第五章的条款主要是说明违反《条例》的自然人或者法人所必须要承担的法律责任，例如：第三十六条，志愿服务组织泄露志愿者有关信息、侵害志愿服务对象个人隐私的，由民政部门予以警告，责令限期改正；逾期不改正的，责令限期停止活动并进行整改；情节严重的，吊销登记证书并予以公告。第三十七条，志愿服务组织、志愿者向志愿服务对象收取或者变相收取报酬的，由民政部门予以警告，责令退还收取的报酬；情节严重的，对有关组织或者个人并处所收取报酬一倍以上五倍以下的罚款②。第六章在最后又强调了《条例》的地位与作用，并且阐述了境内与境外的适用对象与范围，当然，我们最大的期望就是能够将志愿服务的法律法规不断完善，争取与国际接轨。

①② 志愿服务条例［EB/OL］. http://mzj.beijing.gov.cn/news/root/jczqysqjs/2017－10/125028.shtml.

三、政府主管部门文件

对于志愿服务队伍建设的指导文件中，民政部于2013年12月27日印发了《中国社会服务志愿者队伍建设指导纲要（2013—2020年）》，将志愿服务队伍建设的指导直接规划至2020年，这体现的是国家对于志愿服务的重视，更体现了对于志愿服务的期望。文件中指出了志愿服务队伍建设的四个基本原则：

（1）以人为本，服务社会。社会服务志愿者队伍建设要从社会发展需要和人民群众愿望出发，以满足服务对象的社会服务需求为根本，把服务他人、服务社会与实现个人价值有机结合，使社会公众在志愿服务活动中实现自身发展。

（2）广泛动员，自愿参与。广泛宣传志愿理念，弘扬志愿精神，营造志愿服务氛围，不断激发公民的道义、良知、爱心和社会责任感，充分调动社会各方参与志愿服务。

（3）讲求实效，鼓励创新。树立成效意识，用实际效果作为衡量社会服务志愿者队伍建设标准。鼓励各地各领域结合实际，积极探索发展社会服务志愿者队伍的新机制、新方式。

（4）统筹协调，合力发展。加强社会服务志愿者队伍建设规划、管理和协调，充分调动各方面志愿服务力量，形成推进社会服务志愿者队伍建设的合力①。

文件还强调了志愿服务队伍建设的总体目标，指出当前和今后一个时期，社会服务志愿者队伍建设的总体目标是：建立健全社会服务志愿者法规、政策、制度体系，畅通志愿者参与社会服务的渠道，夯实志愿者参与社会服务的基础，营造人人愿为、人人能为、时时可为的社会服务志愿者发展环境，使社会服务志愿者队伍的数量、质量与结构适应构建社会主义和谐社会的需要，满足社会成员尤其是困难群体日益增长的社会服务需求。

（1）队伍规模不断扩大。到2020年，注册社会服务志愿者占居民总数的比例达到10%。

（2）能力素质不断提升。具有专业特长的社会服务志愿者不断增多，能开展专业社会服务的志愿服务组织不断涌现，志愿者的服务理念不断强

---

① 中国社会服务志愿者队伍建设指导纲要（2013—2020年）[EB/OL]. http://mzj.beijing.gov.cn/news/root/jczqysqjs/2016-11/120997.shtml.

化，服务知识不断丰富，服务技能不断增强，服务方法不断完善。

(3) 队伍结构不断优化。社会服务志愿者群体覆盖社会各类人群，社会服务志愿者队伍的区域结构、城乡结构、领域结构、专业结构和年龄结构不断优化。

(4) 发展环境不断改善。社会服务志愿者招募、注册、培训、管理、考核、评价、激励、保障等方面政策制度不断健全，志愿服务记录制度全面建立，志愿服务网络进一步拓展，志愿服务组织布局更加合理、治理更加科学、作用更加突出。

(5) 服务效益不断增强。志愿服务时间逐步增加，志愿服务领域不断拓宽，志愿服务更加规范、科学，志愿者和服务对象满意度不断提高，志愿服务在改善社会福利、开展社会救助、完善社会保障、创新社会治理、促进社会文明方面的成效更加明显①。

志愿服务队伍建设，尤其是在社区层面的志愿服务队伍建设对于社区和社会组织开展社区志愿服务是一个重要的命题。文件中也给出了志愿服务队伍建设的主要任务，给予了志愿服务队伍建设具体的指引：

在规范招募注册方面：

(1) 规范人员招募。建立经常性招募与应急性招募相结合、社会化招募和组织化招募并举的招募机制，规范志愿者招募组织资质、招募信息发布、招募工作流程，吸引各阶层、各职业、各年龄段人员自觉自愿加入社会志愿服务。

(2) 实施注册管理。全面推行社会服务志愿者注册登记制度，鼓励参加志愿服务人员登记成为注册志愿者。

在深化教育培训方面：

(1) 完善培训体系。实施社会服务志愿者队伍能力提升工程，以加强社会服务志愿者能力建设为根本，将志愿服务基础培训和特定专业知识技能培训相结合，志愿者初次培训、阶段性培训和临时性培训相衔接，逐步建立健全志愿者分级分类培训体系。

(2) 加强基础建设。支持各地依托高等院校和相关培训机构，建立社会服务志愿者培训基地，研究开发社会服务志愿者培训课程与教材，建设专兼职相结合、理论型与实务型相结合的师资队伍，不断创新培训方式，加强培训质量评估，提升培训效果。

---

① 中国社会服务志愿者队伍建设指导纲要（2013—2020 年）[EB/OL]. http://mzj.beijing.gov.cn/news/root/jczqysqjs/2016－11/120997.shtml.

在加强记录管理方面：

（1）规范服务记录。深化志愿服务记录试点，全面建立公民志愿服务记录制度，规范志愿服务组织、公益慈善类组织和社会服务机构志愿服务记录行为，建立专人负责、流程规范、监管严格的工作机制，将志愿服务记录贯穿于社会服务志愿者管理与服务全过程。

（2）强化服务管理。引导志愿者参与组织化、规范化、常态化志愿服务活动。

在完善评价激励方面：

（1）完善评价机制。建立志愿服务统计体系和志愿服务成效评估体系。完善以服务时间和服务质量为主要指标的社会服务志愿者评价制度。

（2）健全激励保障。完善以精神激励为主、物质奖励为辅的社会服务志愿者表彰激励机制。鼓励有关部门、社会组织和企事业单位对优秀志愿者和优秀志愿服务组织进行表彰奖励。

在加快平台建设方面：

（1）支持组织发展。鼓励各地简化登记程序，降低登记门槛，放宽登记条件，加快成立各类行业性、专业性志愿服务组织，建构覆盖面广、服务能力强的社会志愿服务网络体系。实施志愿服务组织孵化工程，鼓励支持各地建立志愿服务组织孵化基地，为进驻扶老、助残、救孤、济困、赈灾等基本民生领域的志愿服务组织优先提供项目开发、能力培养、合作交流等服务。

（2）加快信息化建设。要改善志愿服务管理设施，充分利用网络信息技术优化管理与服务流程，创新志愿服务记录手段，促进志愿服务供需有效对接。

在推进服务开展方面：

（1）推进基地建设。鼓励广大城乡社区和社会服务机构设立志愿者服务站，配备志愿服务标识和必要工作设施。加快建设有专职人员、有稳定服务岗位或服务项目的规范化志愿服务基地，为人民群众参与和接受志愿服务提供便利条件。

（2）加强项目开发。建立健全志愿服务项目化运作机制。鼓励各地立足实际，紧贴民生需求，自主开发灵活多样、社会认同度高的志愿服务项目，为社会公众提供“菜单式”志愿服务，增强志愿服务的实效性和影响力。

（3）建立社会工作者与志愿者联动机制。充分发挥社会工作专业人才在组建团队、发现需求、规范服务、拓展项目、培训策划等方面专业优势，形成社会工作者引领志愿者、志愿者协助社会工作者的服务格局。鼓励志愿服务组织吸纳社会工作专业人才，推动社会工作服务机构为志愿者开展工作提供必要条件，进一步丰富社会服务人才资源，拓展社会服务范围，增强社会服务效果①。

四、地方政府相关文件

北京市民政局办公室于2011年印发《北京市社区志愿服务促进办法》，文件中的第六条指出："建立健全社区志愿者工作的组织体系，充分发挥社会组织的作用，统筹协调、组织实施和推动社区志愿服务工作，为鼓励和引导广大社区居民及各级各类社会组织参与社区志愿服务搭建广阔的平台。"② 其中肯定了社会组织在志愿服务中对资源的统筹协调作用；第二十一条指出："大力倡导国家机关、社会团体、企事业单位和其他组织的工作人员及广大学生在所在社区登记注册成为社区志愿者，参加社区志愿服务。"③ 进一步鼓励志愿服务应当是社会的广泛参与和社会资源的广泛利用；第二十三条也要求："各级民政部门及街道办事处、乡镇人民政府要将社区志愿服务事业纳入发展规划和预算，提供支持和保障，用于社区志愿者组织的培育、社区志愿服务工作的开展及表彰奖励等。社会建设专项资金投入一定比例用于支持社区志愿服务。各级民政部门及街道办事处、乡镇人民政府在开展社区服务的过程中，要积极转变思路，区分服务类型，采取政府购买服务、项目补贴和项目奖励等方式，将可以由志愿者来完成的工作交由社区志愿者组织承担，以支持其发展。社区公益事业专项补助资金中，应安排一定比例资金用于社区志愿服务活动的开展及社区志愿者的表彰奖励。"④ 强调了政府在志愿服务中的主导作用，政府应该设立专项资金去支持志愿服务发展。

中共北京市委宣传部、首都精神文明建设委员会办公室、中共北京市委教育工作委员会、北京市民政局等部门于2017年5月24日联合印发《关于支持和发展志愿服务组织的实施意见》，在如何加强志愿服务组织培育中强调：

（1）健全志愿服务组织孵化机制。鼓励社会组织孵化基地优先吸纳志

① 中国社会服务志愿者队伍建设指导纲要（2013—2020年）[EB/OL]. http://mzj.beijing.gov.cn/news/root/jczqysqjs/2016—11/120997.shtml.

②③④ 北京市社区志愿服务促进办法[EB/OL]. http://mzj.beijing.gov.cn/news/root/jczqysqjs/2016—12/121124.shtml.

愿服务类社会组织进驻，在项目开发、能力培养、合作交流、业务支持等方面提供有针对性的扶持。发挥政府主导作用，在优惠政策制定、场地设备提供、资金经费投入、专业人才培养和公益岗位设置等方面为志愿服务组织发展提供支持，积极搭建志愿服务组织与政府、群团组织和其他社会组织沟通交流的平台。鼓励法律服务机构为志愿服务组织提供免费咨询服务。支持志愿服务组织与政府部门、科研机构开展互动合作，通过建立北京志愿服务研究基地等形式，提升志愿服务组织的政策理论水平。

（2）完善政府购买志愿服务机制。逐步增加北京市社会福利彩票公益金购买志愿服务的项目领域，以项目资助方式支持全市志愿服务组织开展社会公共服务活动。支持区、街道（乡镇）枢纽型社会组织申报可由小微志愿服务组织开展的公共服务项目。支持购买面向志愿服务组织培育扶持的项目，以促进志愿服务组织民主管理、规范运作、能力提升①。

在强化志愿服务组织能力建设方面，提出创新人才培育机制。研究开发志愿者培训课程与教材，加快培养一批志愿者组织管理人才和骨干力量。探索建立线上线下互为补充的教育培训体系，设立网上培训平台，探索推行志愿者在线学习模式。深度挖掘、着力培育志愿服务带头人，带动队伍整体效用的发挥。倡导鼓励公务员、专业技术人员、企事业单位干部职工、公众人物等积极加入志愿服务组织，不断优化志愿者队伍结构。鼓励专群结合，发展培育专业性志愿服务组织，引入社工理念，推广“社会工作者＋志愿者”协作机制，从服务老年人、残疾人、困境儿童等特殊群体试点楔入，充分发挥社会工作者在组织策划、项目运作、资源链接、专业服务等方面的优势，提高志愿者的专业化服务水平②。

文件还强调重视社会资源链接与运用。强调：“加强经费保障。探索建立公共财政对志愿服务组织发展支持机制，逐步扩大财政资金对志愿服务组织发展的支持规模和范围，加强对志愿服务组织的财税政策支持，落实各项财税优惠政策。积极推进政府购买服务，支持志愿服务组织承接相关服务项目。积极鼓励企事业单位、公募性基金会和公民个人对志愿服务组织进行资助，形成多渠道、社会化的筹资机制。发挥北京市志愿服务基金作用，保障志愿服务组织培育、志愿服务项目研发、志愿公益活动推广

①② 关于支持和发展志愿服务组织的实施意见［EB/OL］. http://mzj.beijing.gov.cn/news/root/jczqysqjs/2017—05/125171.shtml.

等必需的经费投入。”①

广东省于2012年颁发了《政府向社会组织购买服务暂行办法》②，其中强调要“竞争择优。按照公平、公正、公开的原则，通过竞争性方式选择承接政府购买服务的社会组织，实现‘多中选好、好中选优’。购买服务的政府主体应向社会公开购买服务的有关项目及其内容，符合条件的社会组织平等参与服务供给的竞争选择”。在规定购买范围时也着重提到了“社区事务”，并且对政府购买的程序与方式也进行了规定：

（1）购买主体应根据当年政府向社会组织购买服务目录，结合同级党委、政府工作部署以及部门预算安排、本单位工作实际等因素，编制年度购买服务计划，经同级财政部门审核后，主动向社会公开所需购买服务项目的服务标准、购买预算、评价方法和服务要求等内容，按规定开展向社会组织购买服务。

（2）政府向社会组织购买服务根据《中华人民共和国预算法》《中华人民共和国政府采购法》《中华人民共和国合同法》等有关规定组织实施。重大项目、重大民生事项或党委、政府因工作需要临时确定的重要事项需向社会组织购买服务的，由财政部门委托第三方机构通过公开招标方式组织实施。其余购买服务项目中，属于政府采购范围的，购买主体应按照《中华人民共和国政府采购法》等相关规定，通过公开招标、邀请招标、竞争性谈判、单一来源采购等方式实施；不属于政府采购范围的，除单笔金额较小的项目外，均应通过公开竞争方式实施，具体操作办法由省财政厅会同有关部门另行制订。

（3）通过以上方式确定承接服务项目的社会组织后，购买主体或其委托单位应及时与该社会组织签订购买服务合同，明确购买服务的时间、范围、内容、服务要求、资金支付和违约责任等内容。购买主体应将合同报同级财政部门备案。

四川省成都市于2016年印发《成都市民政局关于开展城乡社区可持续总体营造行动的通知》③，其中强调社区可持续总体营造行动的目标是在居民自发组织的过程中，塑造公民意识，构建社区的主体性，提升社区的社

① 关于支持和发展志愿服务组织的实施意见［EB/OL］. http://mzj.beijing.gov.cn/news/root/jczqysqjs/2017－05/125171.shtml.

② 政府向社会组织购买服务暂行办法［EB/OL］. https://www.gdmz.gov.cn/gdmz/shzzs/201207/820d45d4142847918c229966dd799561.shtml.

③ 成都市民政局关于开展城乡社区可持续总体营造行动的通知［EB/OL］. http://cdmzj.chengdu.gov.cn/cdmzj_gb/c121888/2016－05/03/content_270240f3c9bf4474ac1cfc20cdd7cdeb.shtml.

会资本，提供社区公共产品，解决社区冲突与问题，提升居民的生活品质和幸福指数。在其主要任务中也说到以下几点：

（1）激发自组织。引导本社区的居民自发组织不同类型、不同功能的自组织，自我管理、自我服务、自我发展、自我监督。通过建立自组织提升居民组织能力、协商能力、行动能力，解决社区问题，满足居民差异化需求。自组织的数量、种类、功能、运行机制、可持续发展能力等是衡量城乡社区可持续总体营造行动水平的重要指标。

（2）转化自组织。将自娱互益的自组织转化为公益组织，在满足居民兴趣爱好的同时促进社区公共利益，为居民提供维护院落秩序、维护社区安全及环境、居家养老、低龄老人志愿服务高龄老人、幼儿托管、残疾人康复、社区就业、垃圾分类、社区融合、留守老人和留守儿童关爱、公共素养公民意识教育等公共产品。将社区自组织成员培育发展为社区志愿者，积累社区社会资本，激发社区互助活力。

（3）培育社区自组织领头人。在社区活动、集体行动中发现有公心有担当有能力有志愿精神的居民，对其给予资金、资源、组织、培训等多方面的支持，将其发展成为居民自组织的领头人，从而不断提高其组织能力、沟通能力、协商能力、协调能力、活动能力、处理矛盾冲突能力和建立规则的能力，使自组织在其带领下能够常态运行发展，提高社区自主管理的水平。这与我们现今所倡导的社区自组织基本吻合。

（4）整合社区资源与多方协同努力营造社区。第一，整合资源推动社区发展。开展社区调查，深度挖掘社区内外部资源，为社区发展提供可持续动力。政府为社区赋能提供的公共服务和社会管理专项资金、政府为解决民生问题配置的老旧院落整治资金和各级政府职能部门、群团组织配置给社区的资源，是社区发展的外部资源。辖区的单位、企业资源，社区的产业、环境、生态、文化、组织、公共空间资源，社区内各式各样的能人、乡贤、达人、精英等，是社区发展的内部资源。探索通过社区公益基金（会）的形式有效整合各类社会资源，支持社区自组织或专业社会组织从社区居民的实际需求出发，以慈善、公益、自治、互助的方式满足居民个性化的服务需求，化解社会矛盾。第二，多方协力共同营造城乡社区。各级民政部门要发挥好“三社联动”牵头作用，提出社区总体营造的鼓励方向，由专业社会组织、居民自组织自行提交营造方案，由政府职能部门、街道（乡镇）、群团组织或社区通过项目评估给予相应项目支持。专业社会组织提供专业服务，引入外部资源，进行跨域合作，激发居民的主体意识，协力推动社区总体营造。村（居）委会作为联结社会组织、社区自组织、居民群众的平台在社区总体营造中发挥枢纽和协调的作用，将各方力量汇聚起来，凝聚社区共识，提升社区的社会资本，让社区成长为有自治能力、有普遍信任、能够自然生长的生态社区。

第二节　管理运行制度化建设

在民众志愿热情高涨的今天，特别是当前我国在教育均衡、基层社区治理、环境保护、卫生医疗、助老助残、弱势群体保护等方面存在诸多社会需求的情况下，尤其需要将管理运行制度进一步完善。面对我国志愿服务存在着短期效应、规范不足、管理不善以及志愿服务理论研究与实践之间的链接不畅，志愿服务理念不够深入，志愿者的参与渠道窄、流动率高以及部分志愿者的功利主义等问题，包括社区志愿服务在内的志愿服务组织需要从多方面入手进行制度创新，在新问题中寻找新的发展机会。

一、社区志愿者组织、培育和管理制度

在社区志愿服务中，志愿者的组织动员关系到志愿服务项目是否能够顺利开展。随着城市社区居民复杂化程度的加重，居民的流动性越来越强，对于社区的认同感也很难在短期之内达到文化认同的高度，这也造成了社区志愿服务在制度化和常态化上的某些缺失。如何组织动员志愿者是社区志愿服务建设的基础工程。不少地区的实践证明，在志愿者组织管理制度建立过程中，下述步骤十分关键。

1. 注重建立精神的凝练、传播制度和运行模式

北京市八里庄西里社区在与社会组织的合作之下，根据社区自身特色进行了志愿者组织动员，效果十分明显。八里庄西里社区的居民大部分是纺织工人，对于纺织精神有着独特的感悟，居委会与社会组织根据这一点，首先以纺织精神为引线，对居民开展了一次纺织印象追溯会，让居民在会上分享自己的纺织故事以及对于纺织精神的理解。每一位退休的纺织工人就好像重新回到了生产线上一样，激情满满，振臂有力，以自身的经历将纺织精神有力地展现出来，这不仅让之前的纺织工人重温了过去，找到了力量，还让新一代的年轻人感受到了纺织精神，就连辖区的企业单位也纷纷为之动容，这为后来的志愿者招募奠定了精神和文化基础，并且在之后的服务活动中帮助志愿者一直保持着激情。所以社区志愿者的组织动

员首先应该寻找社区自身内部的思想文化力量，通过对这种力量的弘扬与扩散去感染居民，这能够让居民在短时间内形成向心力，鼓舞人心，进而能够积极支持社区志愿服务项目。其次，在找到这种核心力量后，还需要特定的载体将力量呈现出来，而这种载体本身就应该具有一定的扩散力和感染力，进而能够将社区的内驱力量进一步放大，能够在服务项目实施期间吸引到志愿者。最后，志愿者的组织动员其实不能仅仅依靠一场动员大会去实现，而必须在项目活动中步步体现，这就要求服务方案中应该提前将这一内容落实，保证志愿者的力量能够贯穿整个服务项目。项目最大的期望就是能够始终持续下去，进而形成社区感召力，让居民拥有社区认同感。

2. 建立志愿者培育制度和独具本社区特色的培训模式

志愿者的培育是保证社区志愿者绵绵不断的有效措施，发现、培育社区志愿者是社区推进精神文明建设的重要步骤。事实上，随着新时代的发展，在基层社区，通过服务他人，实现自身价值；在温饱之余，希望有更多的力量服务社会等志愿服务的基本价值普遍存在于居民当中，而发现这种力量，为他们创造、提供服务机会，是推进社区志愿服务建设的重要方面。北京都市馨园社区的书记曾经看到有一位大爷在社区内自己补车胎，考虑到社区的几十个楼门长期没有人维修，而眼前的这位大爷能不能帮上忙呢？他顺口的一问没想到就得到了回应，大爷还真把楼门维修好了，并且后来成了辅助社区工作的好帮手。这看似简单的聊天，其实是居委会培育志愿者的举措之一。社区的工作人员服务居民，能够与居民打成一片，平时与居民聊得开，可以知道居民需要什么、都有什么本领，这样才能及时发现居民当中积极的力量，调动更多的居民加入志愿服务的行列。久而久之，居民便可以在其中获得满足感，尤其是对于一些老年人，退休之后可能面临价值缺失的危机，进入志愿服务中，可以使之重新找到自身价值，成为长期服务社区的骨干力量。同时这一过程也是发现、培育社区居民领袖的过程，可以一步步地支持、引领这些骨干协助社区解决一些难题，目的是加深其他居民对这些居民领袖的信任，进而产生跟随居民领袖的意愿，最后便可以在居民领袖的号召下拧成一股绳参与社区志愿服务。随着党风党纪建设的加强、对党群工作的高度重视，基层党组织和党员在社区志愿服务当中的作用越来越突出，培育党员志愿者不仅关系到社区志愿者队伍建设，而且关系到执政党自身的建设与发展。党员带头参与志愿服务，是党员的带头作用与模范作用的具体表现，可以进一步拉近党群关系，完善党的形象，在人民群众中扩大党的影响力。同时必须重视对社区志愿者的培训。其中的要点并不仅仅是为了让志愿者指导如何开展服务，而是让志愿者能够真正地爱上志愿服务、心甘情愿地付出。目前很多社区志愿者培训主要是开一些讲座、设心理辅导等课程，这在一定程度上只能满足社区志愿者外在的需要。培训不一定是死板的课堂，要通过一些实景的体验，以有趣、活泼的方式去开展培训，让志愿者和居民体会到其中的乐趣以及自身价值，真正从心里爱上志愿服务，并且愿意长期成为一名志愿者。所以，社区志愿者的培育关键还在于转变思维，创新方式，让居民爱上志愿服务。

目前，上述很多工作各地社区都在进行，关键是要重视机制、制度、模式的建设，每一次实践都是对基本模式的总结和探索，逐渐将这样一些模式用文件的方式固化下来，长期使用并不断巩固加强。而不是简单地打一枪换一个地方，总是从头开始，没有固定的模式可承继，没有相关的文件制度予以保障。这是在社区志愿服务机制建设当中，需要予以高度重视的。

社区志愿者的管理是一个难题，也是保证志愿人才不流失的关键。

第一步，建立健全志愿者登记制度。社区在志愿者缺乏的情况下更应该加强志愿者登记制度。社区志愿者登记的目的并不只是扩大志愿者队伍，而是为了让志愿者能够长期地开展志愿服务。志愿者登记注册目前也是国家所提倡和要求的，目的就是让志愿者管理能够制度化、信息化、精细化，能够保证志愿服务中人力资源的充裕，进一步有效地做到什么样的志愿者开展什么样的服务。这就要求志愿者登记并不仅仅是名字的登记，还需要对其基本的信息——学业、职业、特长等等进行登记。要建立社区志愿者资料库，直接与志愿服务项目链接，让志愿者也能够有秩序地参加服务。

第二步，要建设好长期志愿服务项目和短期志愿服务项目相结合的志愿服务项目体系。要想社区志愿者不流失，仅仅将志愿者登记在册还不行，还需要有丰富的志愿服务项目活动支持，让志愿者能够有事可干。在此，我们应该重视志愿者的主动性，能够做到让志愿者找项目，而不仅仅是项目招募志愿者。因此，也可以根据社区的现实情况，开发一系列的志愿服务项目，同时建立一个项目库，让志愿者能够从中选取适合自己的服务项目，项目开展过程中可以给予志愿者一定的发挥空间，让他们自己去策划、组织、服务，必要的情况下可以寻找社会组织进行培训指导，但是他们不直接参与服务。如此一来，志愿者便能够将志愿服务真正地当作自己的事情去做，并且能够从中得到成长、获取价值。

第三步，完善志愿服务激励机制。这是志愿者管理的后勤保障，志愿服务激励机制在目前是众专家学者以及实践者们所研究的话题，但是实质性的突破可能还需要一定的时间。我们可以按照目前的两种激励机制去落实，首先是物质激励，通过志愿服务积分等方法，将志愿服务时长上升为一种等价物，可以去换取一定的商品，或者在某些行业里能够给予志愿者一定的优惠，等等；其次是精神激励，最简单的便是优秀志愿者评选，这种荣耀可以满足精神需求。随着社会企业的发展，商业价值与精神价值有时候也要有机结合起来，这也是志愿服务激励的一个新方向，通过一些服务项目，让志愿者既能实现物质价值，又能实现精神价值，如此便能吸引到更多的志愿者，也可以让志愿者管理制度化更上一层楼。

二、例会制度等运行机制

日常的运行机制对于社区志愿服务组织来说是至关重要的，它能够确保志愿组织长久健康地发展下去，可以保证志愿者的力量绵绵不断。

首先，社区志愿服务组织应该设立例会制度。这一制度的目的并不是开会，而是通过一次次的例会对接社区志愿服务力量，对接社区志愿服务的需求，在思维的碰撞之下创新社区志愿服务的内容。例会上第一应该对上段时间开展的服务进行总结讨论，归整在实践中的优势与劣势，针对优势讨论应该如何发挥并进一步扩大，针对劣势讨论如何改进或者避免。让专门的会议负责人对例会上所有的内容进行记录存档，这些记录下的内容可以作为社区志愿服务发展的资料进行研究；同时也是服务工作的一部分，能够彰显社区志愿服务组织的先进性、专业性以及发展性。第二应该创造机会，让志愿者讲述各自的服务心得或者前段时间的所见所闻，可以是自己的服务项目，可以是别人的服务项目，也可以是看到或听到的外来的服务项目。自省只是第一步，能够做到互相借鉴学习才能够真正保证有质量的发展，在此过程中还能够让志愿者开阔视野，学习到更先进的东西，然后再一起商量如何将其运用到自己的服务当中，将社区志愿服务当作一项事业来发展。

其次，社区志愿服务应该建立自己的“财务制度”，其实社区志愿服务组织在一定程度上并没有独立的财务权，必须要和社区或者社会组织合作才符合国家财务制度，所以，这里的社区志愿服务组织“财务制度”中的“财务”并不是单纯地指金钱，而是指在志愿服务项目中所需要的各种资源。每一项财务都有特定的金额，对于社区志愿服务组织来说也一样，每一项服务都需要配备必要的资源，在这些资源里有些东西可以重复利用，有些东西只能利用一次，而对于节衣缩食的社区志愿服务来说，如何做到对资源的有效利用则显得至关重要。所以，社区志愿服务组织应该将这些资源看作服务的必要财产，进而设立一定的财务制度来严格把关。第一是对于金钱，对于钱的严格把关不仅能够做到节省，还可以让队伍更加凝聚，从另一角度来看还可以成为监督的一种手段，让社区志愿服务从下到上都能够做到清清白白。第二是对于非钱财资源的把控，其中包括各种社会资源以及人力资源等。现实当中，这些资源的可变程度十分高，所以，社区志愿服务组织应该严格把控这些东西，对不能重复利用的资源要做到充分地实现价值，而可以重复利用的资源更应该合理安排，以避免资源的浪费。通过这种“财务制度”的把关，在志愿服务项目结束后还可以打出一张“财务报表”作为志愿服务的一种结果，在表中可以清晰地看出“财务”的往来，进而可以对一些社会资源、人力资源等进行合理的表彰及存储，为下次的利用打好基础。第三，社区志愿服务组织应该成立严格的项目管理制度。项目管理制度可以从两个方面来看待：第一种是只作为参与者的社区志愿服务项目，在项目中应该做到向上汇报、向下执行，目的并不是应对行政要求，而是确保自己的服务工作能够得到支持以及监督，最重要的还是能够避免失误。第二种是志愿者自己组织并参与服务的志愿项目，类似的服务项目可能有第三方参与，也可能是自己单打独斗。这就要求社区志愿组织能够制定完善的项目管理制度，不仅要将自己看作服务者，还应该将自己看作管理者，要考虑到服务项目的方方面面，包括项目策划、群众动员、活动方式、服务模式等等，虽然这对于社区志愿服务组织来说是一个挑战，但是却能够促进其迅速成长，并且有可能开辟新的社区志愿服务路径，志愿者在其中也更能体会到自我价值的实现。

目前，社区志愿服务组织的组织力度还不够强，志愿者的规模也不够大，对于社区志愿服务的认知仍然与理想中有一段距离。所以，要建立健全的日常运行机制，进一步加强志愿组织的基础建设，这是最基础的建设。一定要让志愿者拧成一股绳，能够在社区的指导下成立社区志愿服务组织，让基层政府和社会组织真正看到自己的力量，这样才能够真正地将志愿组织运行机制融合到志愿服务体系当中，才能够真正地实现志愿者组织的制度化发展。

三、信息共享制度

信息共享已经成为当下社会环境中各项工作中极其必要的一种保障，

无论是企业还是志愿服务，只有进行信息共享才能够在大环境中与各行各业联系起来，更为有效地进行合作与竞争，也只有在充足的信息保障下求生存发展，才能够让社区志愿服务更加科学、永远保持上进。随着大数据时代的到来，各大企业都在建立自己的云服务数据库，从商业的角度来说大数据意味着消费者市场，进一步分析就可以看出，这些可以分享的大数据用在消费者身上其实就是精准服务，将消费者自身的需求通过数据展现出来，后台再根据消费者的喜好进行精准的匹配，保证消费者每一次都能够看到符合自身喜好的商品。对于社区志愿服务来说，志愿者、服务对象、社区情况等都可以看作大数据的内容，将这些基础的数据进行整合分享就意味着社区不再是一个单独的单元，类似于区块链的概念，任何一个社区元素都可以成为其中的主人，根据自身的需求在数据库中将志愿者与服务对象联系起来，为精准服务提供前提与保障。对社区志愿服务来说，这种信息共享的方式的重要目标是项目活动的研发，这同时也是共享程度最高的内容。

在社区志愿服务当中，各大社会组织都在研发自己的服务项目，有些项目确实很好，但是大多数的社会组织很少将这些拿出来共享，包括社会组织孵化机构也是一样，很少进行项目活动上的填充。从知识产权的角度看这种行为可以理解，但是不论是社会组织还是志愿服务组织，研发项目活动的目的是扩大社会影响力，进而实现社会价值，但是现实中社会组织往往将自己研发的项目活动看作自己的财产，甚至是吸金的渠道，让社会组织成了软商业组织，这尽管与商业行为在根本上不尽相同，但是却背离了社会效益，忽略了广泛参与，违背了项目活动是实现社会效益重要手段的基本定位。因此，在政府的牵头下建立一个项目活动共享数据库是十分必要的，这首先能够打破社会发展不平衡的欠缺，让发达地区和贫困地区都能够开展同样的服务活动，让项目活动只成为一种方法，而不是某些社会组织的代言词，同时也让社会组织进一步考虑公共利益的状态到底应该如何搭建，而不是说创新几个服务项目活动就可以实现利益的平衡。其次项目活动共享数据库可以让志愿服务更加节省资源。在社区服务实践中，社区志愿服务组织有的时候会将更多的精力花费在如何设计项目和开展服务上，在走访调研中也发现有部分社区志愿者和志愿服务组织不知道干什么，或者怕搞得不好就不搞了而导致专项经费花不出去的情况，建立数据库能够打破这种僵局，让包括社区居委会在内的志愿服务主体不再发愁干什么，而是去用更多的时间思考如何结合自身的需求开展好服务。同时，项目活动共享数据库的建立可以让政府购买服务更加专业和科学，可以将每一个项目活动都明码标价，一来是保护知识产权；二来是可以发动所有的群众进行研发，而不仅仅是部分社会组织，这样不仅可以保证群众的广泛参与，不会再发生某些社会组织凭借项目就可以从中圈钱的现象，而是真正提供居民所需要的服务，还可以节省政府购买服务的资金；三来还可以激发志愿者的服务热情，在志愿服务中也能够真正学到不少东西，可以减轻很多“繁文缛节”，让志愿服务变得简单起来。最后，项目活动共享数据库的建立还可以加强社会联系，建设中国特色的志愿服务共享文化，进而不仅成为我国共享制度中的组成部分，而且成为我国新时代文化建设的重要部分。

所以，志愿服务信息共享制度的建设是有意义的，尽管存在很多困难，但却是符合时代发展的，同时也是触手可及的事情。社区志愿服务信息共享制度包括多方面的内容，首先是信息共享平台的建立和完善，在这一平台中要特别重视网络平台的建设；其次是包括社区信息报送制度、信息公开发布制度、信息使用制度、信息分级保密制度等维系信息共享平台的相关规定；同时还包括通过联席会议制度实现对于信息的综合分析，定期公布信息汇总后由专人负责的信息总结、分析报告等等。社区和居委会层面的行政性机构是社区志愿服务信息共享制度的领导者和指导者，可纳入整个社区信息网络，亦可借用相应的志愿服务组织、专业的社会组织单独、具体运行。

第三节　社区志愿者队伍管理

关于社区志愿服务人才的相关问题，前面有专门章节进行论述，本节着重谈社区志愿者队伍管理的问题。

社区志愿者队伍的管理与建设，是社区志愿服务建设发展的重要任务，也是社区志愿服务活动开展的基础，一直以来都是志愿服务指导机关和基层社区高度重视的问题。率先在全国开展志愿服务活动的中国青年志愿者协会所属的团中央机关专门发文对相关问题做了规定，各地社区也都纷纷制定了本社区的志愿者管理制度。

这些制度一般包括如下内容：

第一，志愿服务体系中志愿者的相关管理制度。主要是招募制度、登记注册制度等。

第二，关于志愿服务运行中涉及的志愿者服务内容等的界定，有服务内容、项目设计规定等。

第三，志愿者队伍长期建设的相关机制，如志愿者奖励制度、培训制度。

第四，社区志愿者管理机制，包括领导体制、具体负责职能部门和社区各个方面在社区志愿者队伍建设当中的义务和责任等等。

范　例

社区志愿者管理制度

范本一

为倡导“奉献、友爱、互助、进步”的志愿精神，规范和促进志愿服务活动，推动精神文明建设，有效使用志愿者资源，保证志愿者队伍素质，进一步推动志愿者服务工作规范化、制度化，促进社区教育的发展和深化，制定本管理制度。

一、志愿服务队必须具备“六个有”

有一支相对稳定的志愿者队伍，有志愿者和服务对象的档案，有相对固定的服务项目，有一个相当稳定的服务基地，有完整的活动计划，有规范的规章管理制度。

二、志愿者的注册与管理、权利与义务

志愿者的管理推行注册志愿者制度。志愿者组织长期接纳志愿者的报名申请。

志愿者和志愿者组织享有以下权利：

（一）志愿者接受志愿者组织的培训。培训分为：志愿者基本知识培训、服务技能培训。

（二）志愿者在志愿服务活动中遇到困难和问题，可以请求志愿者组织的帮助解决。

志愿者和志愿者组织应当履行以下义务：

（一）在法律法规规定的范围内开展志愿服务；

（二）遵守志愿者协会的章程；

（三）完成志愿者组织安排的服务工作等；

（四）维护志愿者和志愿者组织的声誉和形象，保证服务质量；

（五）志愿者每个月应至少参加一次服务活动，吃苦耐劳，热情主动，服从分配的任务；

（六）志愿者因工作、学习、生活等原因短期内无法参加服务的，应将原因告知组长，不得无故不参加志愿服务活动。

三、服务范围和重点对象

志愿服务的范围包括社区教育服务、环境保护、文化服务、帮困服务、治安的服务工作等公益事业。这些服务以志愿者及其组织的行为能力为限。

志愿服务的对象是全体社区成员，重点是残疾人、老年人、优抚对象和其他具有特殊困难需要救助的社会成员。志愿者组织根据服务对象的申请或者实际需要，提供力所能及的志愿服务。志愿者、志愿者组织与服务对象之间是自愿、平等的服务与被服务关系，应当互相尊重、平等相待。

范本二

第一章　总则

第一条　为倡导“奉献、友爱、互助、进步”的志愿精神，规范和促进社区志愿服务活动，为推动社区精神文明和和谐社区建设，健全和完善社区保障体系，特制定本制度。

第二条　社区志愿服务是在各级政府领导和文明办的指导下，从社区成员多种需求出发，组建以社区居民为主体的组织网络，开展各种无偿公益服务，协助解决社区问题，倡导社区居民互助，共同推动社区建设的公益服务活动。

社区志愿服务的主体是社区志愿者组织。

第三条　社区志愿者是在本社区志愿者组织登记并获得其同意，自愿为他人和社会提供无偿服务的人员。

第二章　机构和职责

第四条　志愿服务组织机构由社区志愿者服务领导小组和社区志愿者服务队组成。

第五条　志愿者组织机构的职责：在上级党组织和共青团的领导下，招募、培训、管理志愿者，确立服务项目，落实服务活动，为社会公益工作和社会保障工作等提供服务。

第六条　一个规范化的社区志愿服务队必须具备：有一支相对稳定的志愿者队伍，有志愿者和服务对象的档案，有相对固定的服务项目，有一个相当稳定的服务基地，有完整的活动计划，有规范的规章管理制度。

第三章　志愿者的注册与管理、权利与义务

第七条　志愿者的管理推行注册志愿者制度。志愿者组织长期接纳志愿者的报名申请。

第八条　注册志愿者的基本条件：凡18周岁以上的个人，志愿从事志愿服务工作并具有相应的服务技能，承认志愿者协会章程，履行入会登记手续，接受入会辅导，均可到社区志愿者组织申请。

第九条　注册志愿者的申请程序：凭本人有效证件到社区志愿者组织填写注册登记表，社区志愿者组织按照志愿者的基本条件对申请人情况进行审核，对审核合格的志愿者建立志愿者档案。

第十条　志愿者和志愿者组织享有以下权利：

（一）志愿者接受志愿者组织的培训，培训分为：志愿者基本知识培训、服务技能培训；

（二）志愿者在志愿服务活动中遇到困难和问题，可以请求志愿者组织帮助解决；

（三）志愿者享有监督、建议、批评、出入组织自由的权利。

第十一条　志愿者和志愿者组织应当履行以下义务：

（一）在法律法规规定的范围内开展志愿服务；

（二）遵守志愿者协会的章程；

（三）完成志愿者组织安排的服务工作等；

（四）维护志愿者和志愿者组织的声誉和形象，保证服务质量；

（五）开展志愿服务时应当佩戴统一的标志。

第四章　服务范围和重点对象

第十二条　社区志愿服务范围包括社区服务、环境保护、社区文化、社区教育、社区帮困、社区治安以及大型社会活动的服务工作等公益事业。这些服务以志愿者及其组织的行为能力为限。

第十三条　社区志愿服务的重点对象是残疾人、老年人、优抚对象和其他具有特殊困难需要救助的社会成员。志愿者组织根据服务对象的申请或者实际需要，提供力所能及的志愿服务。志愿者、志愿者组织与服务对象之间是自愿、平等的服务与被服务关系，应当互相尊重、平等相待。

第十四条　各级党、团组织要加强自身建设，积极参与社区志愿服务工作，在社区志愿服务中发挥主体作用。

第十五条　社区党员志愿者组织、妇女志愿者组织、社区老年人协会、关心下一代协会、老年科协等统一纳入社区志愿者服务管理体系，接受社区志愿者组织的协调管理。

范本三

第一章　总则

第一条　为倡导“奉献、友爱、互助、进步”的志愿精神，规范和促进社区志愿服务活动，加快推进和谐社区建设，健全和完善社区保障体系，特制定本制度。

第二条　社区志愿服务是指在各级党委、政府的倡导和扶持下，从社区成员多种需求出发，组建以社区居民为主体的组织网络，开展各种无偿公益服务，协助解决社区问题，倡导社区居民互助，共同推动和谐社区建设的公益服务活动。社区志愿服务的主体是社区志愿者和各社区志愿者组织。

第三条　社区志愿者是在本街道各社区志愿者组织登记并获得其同意，自愿为他人和社会提供无偿服务的人员。

第二章　机构和职责

第四条　志愿服务组织机构由各社区志愿者服务队组成。

第五条　志愿者组织机构的职责：在上级党组织的领导下，招募、培训、管理志愿者，确立服务项目，落实服务活动，为社会公益工作和社会保障工作等提供服务。

第六条　一个规范化的社区志愿服务站必须具备“八个有”：有常设的领导机构，有统一的标识（统一悬挂“管城区北顺城社区志愿服务站”牌匾，规格为55cm×35cm），有一个相对独立的办公场地和必要的办公设备，有一支相对稳定的志愿者队伍，有志愿者和服务对象的档案，有相对固定的服务项目，有完整的活动计划和活动内容记录（图片文字影像资料），有规范的规章管理制度。

第三章　志愿者的注册与管理、权利与义务

第七条　志愿者的管理推行注册志愿者制度。志愿者组织长期接纳志愿者的报名申请。

第八条　注册志愿者的基本条件：热心于公益事业，不怕困难，具有奉献精神；具备与所参加的志愿服务项目及活动相适应的基本素质；根据自身愿望和条件选择一个志愿服务项目，从事一定时间的志愿服务工作；思想品质优良，无不良嗜好，无违法乱纪行为，遵纪守法；能遵守《邵武市志愿服务条例》的相关规定，服从各级志愿者组织的管理；年龄16周岁以上（16周岁以下的可以跟随监护人或在有组织情况下参加志愿服务）。符合以下条件者均可到社区志愿者组织进行申请。

第九条　注册志愿者的申请程序：凭本人有效证件到所在社区志愿者组织填写注册登记表，所在社区志愿者组织按照志愿者的基本条件对申请人情况进行审核，对审核合格的志愿者建立志愿者档案。

第十条　志愿者和志愿者组织享有以下权利：

（一）志愿者接受志愿者组织的培训，培训分为：志愿者基本知识培训、服务技能培训；

（二）志愿者在志愿服务活动中遇到困难和问题，可以请求志愿者组织帮助解决；

（三）志愿者组织根据志愿者所从事志愿活动的需要，可要求相关部门为参加志愿服务的志愿者提供相应的人身保险；

（四）志愿者享有监督、建议、批评、出入组织自由的权利。

第十一条　志愿者和志愿者组织应当履行以下义务：

（一）在法律法规规定的范围内开展志愿服务；

（二）遵守《市志愿服务条例》的相关规定；

（三）完成志愿者组织安排的服务工作等；

（四）维护志愿者和志愿者组织的声誉和形象，保证服务质量；

（五）开展志愿服务时应当统一着装或佩戴统一的标志。

第四章　服务范围和重点对象

第十二条　社区志愿服务范围包括社区服务、环境保护、社区文化、社区教育、社区帮困、社区治安以及大型社会活动的服务工作等公益事业。这些服务以志愿者及其组织的行为能力为限。

第十三条　社区志愿服务的重点对象是残疾人、老年人、优抚对象和其他具有特殊困难需要救助的社会成员。志愿者组织根据服务对象的申请或者实际需要，提供力所能及的志愿服务。志愿者、志愿者组织与服务对象之间是自愿、平等的服务与被服务关系，应当互相尊重、平等相待。

第五章　保障与奖励

第十四条　社区要确保有专门的志愿服务工作场所，配备必要的办公设施。

第十五条　社区志愿服务活动的经费可接受社会捐赠和资助。任何单位和个人不得侵占、私分或挪用。经费的筹集、使用和管理依法接受街镇团组织和上级团组织的监督。

第十六条　社区党组织、居委会要落实专人分管志愿服务工作。

第十七条　各级党、团组织要加强自身建设，积极参与社区志愿服务工作，在社区志愿服务中发挥主体作用。

第十八条　社区党员志愿者组织、妇女志愿者组织等统一纳入社区志愿者服务管理体系，接受社区志愿者组织的协调管理。

第十九条　建立志愿服务时间累计和绩效评价制度，统一发放《注册志愿者工作手册》，志愿服务的时间累计数和绩效评价结果作为考核、表彰志愿者的重要依据。注册志愿者每年至少要参加 20 小时的志愿服务。

资料来源：http://sh.qihoo.com/pc/9346712704f5e9184?cota=4&tj_url=so_rec&sign=360_e39369d1&refer_scene=so_1.

思考与讨论

1. 你如何看待促进社区志愿服务制度化、专业化、规范化的政策法规?

2. 针对实际情况，对社区志愿者的组织、培育、管理设计相应的制度体系。

3. 你所认为的社区志愿服务专业人才包括哪些? 如何发现、培育他们?

第十章
社区志愿服务特色品牌项目“邻里守望”

引 例

中国志愿服务联合会“邻里守望”志愿服务活动倡议书

全国志愿服务组织，志愿者朋友们：

为传承中华传统美德，大力弘扬志愿精神，积极培育志愿服务文化，中国志愿服务联合会发起“邻里守望”志愿服务活动，我们倡议：

邻里守望从关爱做起。志愿服务立足社区，我们要重点关爱空巢老人、留守儿童、农民工和残障人士，用邻里守望编织社区的爱心网，用志愿服务使每一个遇到困难、渴望帮助的人得到及时的关爱。

邻里守望从身边做起。志愿服务时时可为，通过综合包户、结对帮扶、亲情陪伴等多种形式，让空巢老人身边有儿女般的关怀，让留守儿童身边有父母般的关心，让农民工身边有朋友般的关照，让残障人士身边有亲人般的体贴。

邻里守望从你我做起。志愿服务人人可为，要发挥共产党员、共青团员在志愿服务中的示范带头作用，动员公务人员、公众人物积极参加志愿服务活动，团结社会各界志愿服务组织和广大志愿者，汇集一切志愿力量，让人们感到社会的温暖。

邻里守望从日常做起。志愿服务事事可为，让我们从日常做起，从小事做起。当别人遇到困难时，主动搭上一把手；当社会需要帮助时，积极出上一分力，小善大爱，点滴汇聚，让志愿服务融入我们的生活。

志愿者朋友们，让我们用实际行动，积极参与志愿服务，传递社会正能量；让我们携手并肩，汇聚志愿力量，同心共筑中国梦！

中国志愿服务联合会

2013年12月19日

中国志愿服务联合会在全国开展“邻里守望”志愿服务活动，号召广大志愿者从关爱做起、从身边做起、从你我做起、从日常做起，关爱空巢老人、留守儿童、农民工和残障人士，用志愿服务使每一个遇到困难、渴望帮助的人得到及时的关爱。所以，作为一名志愿者，我们应该了解“邻里守望”的内容：

（1）邻里守望的目标和主要定位。

（2）邻里守望获得的成果以及从中可以汲取的经验。

（3）邻里守望的运行机制以及发展邻里互助志愿服务的可行性建议。

第一节　邻里守望的目标和主要定位

一、邻里守望的目标

中国志愿服务的重要社会功能举世瞩目。在北京奥运会、新中国成立60周年、上海世博会、新中国成立70周年等各类重大活动期间，志愿者的笑容已经成为展示城市风貌的最好名片。在“5·12”汶川特大地震等天灾救助期间，全国上下到处都是志愿者奔波的身影，不仅如此，在扶老助残、日间照料、环境保护等各个领域，志愿者都发挥了重要的作用。

中华民族的传统文化从来都不缺乏关爱他人的思想和观念，从古传颂至今的“老吾老以及人之老，幼吾幼以及人之幼”、墨家倡导的“兼相爱”“爱无差”，体现了我国从古代开始就有的关爱他人、帮助他人、为他人奉献的志愿精神。雷锋精神更是中华民族传统美德在当代最集中的诠释。

随着改革的深入以及社会主义市场经济的发展，社会中利益关系更趋复杂化，各种关于改革和发展的深层次问题日益显著，协调各个方面的关系、化解社会矛盾的任务更加重要。在这种情况下就需要政府和全社会的共同努力，让那些特别需要社会关爱的群体在现实生活中得到帮助。党的十八届三中全会明确指出要“支持和发展志愿服务组织”。这是党中央从全面深化改革的全局和战略高度，着眼于完善现代社会治理体制，激发社会组织活力，加快推进社会志愿服务事业做出的一项重要部署。

在2013年12月5日和2014年3月4日，习近平总书记分别给华中农业大学“本禹志愿服务队”和“郭明义爱心团队”回信，针对志愿服务的活动提出了与祖国同行和为人民奉献等殷切期望，指出“当有人需要帮助时，大家搭把手、出份力，社会将变得更加美好”。中央的决策部署和总书记的回信为志愿服务工作设立了新的目标，提出了新的要求。

2013年12月18日，中国志愿服务联合会在北京正式成立，时任中共中央政治局委员、中央文明委副主任、北京市委书记刘淇同志担任会长。在12月18日中国志愿服务联合会第一次会员代表大会上，刘淇同志指出：“志愿服务作为一种新型社会动员方式，能够广泛动员社会各方面力量，为困难群众和需要关爱的人提供帮助，是促进社会和谐、引领社会文明风尚的重要途径”，并且多次强调“志愿服务活动平凡而伟大，志愿服务事业任重而道远”；“我们要积极践行‘行善立德’的志愿理念，努力推动志愿服务制度化，不断提升志愿服务的整体水平”。这就代表着中国的志愿服务事业在将来会成为我们整个社会常态化、制度化的一种形式。中国志愿服务联合会鲜明提出“行善立德”的志愿服务理念，就是在全国上下普及现代志愿服务的思想和理念，让更多的人知道，志愿服务是以奉献他人、服务社会为主题，以利他、自愿、无偿为特征。志愿服务就是“行善”，提升道德水平就是“立德”，“行善立德”有利于促进社会文明进步和人际关系和谐，有利于集聚和放大社会正能量，有利于提升国家软实力。

“邻里守望”是中国志愿服务联合会成立后向全国发出的第一个倡议，旨在营造一种“邻里相亲”“行善立德”的浓厚氛围。国无德不兴，人无德不立。要实现中华民族伟大复兴的中国梦，我们需要从基础做起，从点滴小事做起，在做善事和奉献爱心的过程中，脚踏实地，立德修身，以善举集聚和放大社会正能量。

2013年12月，中国志愿服务联合会会员本着贯彻落实全国志愿服务工作座谈会的精神，积极推动“邻里守望”志愿服务活动。12月19日，全国志愿服务工作座谈会在京召开，中共中央政治局委员、中宣部部长刘奇葆和中国志愿服务联合会会长刘淇出席并讲话。刘奇葆同志强调，要坚持把志愿服务与创新社会治理结合起来，与学雷锋活动结合起来，大力弘扬“奉献、友爱、互助、进步”的志愿精神，推进志愿服务制度化，探索建立中国特色的志愿服务制度，营造“我为人人、人人为我”的良好风尚。刘淇同志部署了中国志愿服务联合会工作，明确了工作任务和要求。中国志愿服务联合会向全国志愿服务组织、志愿者发起了一项倡议，开展“邻里守望”志愿服务。会后，中国志愿服务联合会成员积极响应，贯彻落实全国志愿服务工作座谈会精神，组织开展“邻里守望”志愿服务活动①。

各地迅速响应，开展了具有地方特色的邻里守望志愿服务活动。

北京：多措并举，狠抓落实

12 月 20 日，北京市志愿者联合会召开秘书处全体工作人员会，学习并传达全国志愿服务工作座谈会和中国志愿服务联合会第一次会员代表大会精神，提出要从五个方面贯彻落实大会精神：一是关注“邻里守望”，开展广泛的志愿服务活动。二是积极搭建志愿服务参与平台，促进志愿者积极参与服务。三是加快“志愿北京”信息平台建设，完善注册计时和星级评定工作。四是强化志愿服务理论研究，推进志愿服务工作制度建设。五是完善北京市志愿者联合会自身建设。

12 月 21 日，中国民生银行贸易金融部青年志愿者与北京琉璃厂小学结成对子，青年志愿者们亲情陪护 30 名农民工子女一起参观首都博物馆，让孩子们了解到了北京的民俗文化，感受到了北京的城市魅力。

12 月 22 日，北京市西城区志愿者协会组织了 150 余名注册志愿者集体学习，探讨如何落实领导讲话精神并且推出“邻里守望”志愿服务活动倡议。大栅栏街道联合地区工商联企业深化“综合包户”的捐资助学活动，届时将开展“成长加油站”青少年社区拓展项目，通过“社工＋志愿者”团队模式，将特色的专业服务与日常志愿服务相结合。北京市丰台区团区委结合北京市园艺博览会志愿者总结分享大会，推出大型活动志愿服务“丰台模式”，同时成立“小 V 蜂志愿服务团”，推出“每天绿色一分钟”的志愿服务项目，将志愿服务从园博园开展并且做到基层，走进社区，走进家庭，倡导志愿者通过志愿服务引领新的生活方式，让志愿者服务成为一种新的生活状态②。

上海：搭建平台，做好服务

上海市志愿者协会坚持将志愿服务与创新型社会治理结合起来，并结合学雷锋活动，大力推进志愿服务活动制度化，探索建立有中国特色的志愿服务体系。首先，积极响应号召，广泛开展了以“邻里守望”为主题的志愿服务活动，具体实施从四个方面入手：第一，在常态化开展志愿服务的基础上，利用传统节庆日，开展特色活动。第二，动员党员、公务员和公众人物成为志愿者，扩大志愿服务的队伍。第三，建好服务平台，发挥

①② http://www.cvf.org.cn/show/134.html.

窗口的作用。第四，结合加强和改进基层社区党建和社会治理工作，创新志愿服务模式。其次，要进一步推进制度化，使志愿服务事业更加发达。第一，继续坚持文明委领导、文明办主管和协会自我管理的组织管理体系。第二，培育志愿服务文化，继续凸显价值领导力。第三，坚持机制、方法和载体创新。第四，重视法律法规和具体制度建设，完善激励和保障措施①。

湖北：关爱结对，定期服务

湖北省武汉市百步亭社区也积极响应这项倡议，并启动了 3 万多名志愿者，与社区空巢老人、残障人士、留守儿童建立了服务的关系。分区包片，志愿者进大楼、进入家庭，并为服务对象定期提供帮助。一是发放“亲情卡”，推动“邻里守望”制度化；二是依托中国社区志愿服务网，联络全国 6 000 个社区共同行动②。

河北：积极谋划，推动落实

河北省志愿服务指导委员会向所有成员单位和主要志愿服务机构传达了中国志愿服务联合会成立大会的精神，指导志愿服务组织开展“邻里守望”志愿服务活动。计划在春节、元宵节期间，在全省组织开展以“温暖新春、邻里守望”为主题的大型讲文明、树新风活动，促进“邻里守望”活动在全省城乡的开展。拟在全省建立 100 个社区志愿服务示范站，总结推广其经验，推动实现志愿服务站在全省各社区的全覆盖③。

二、邻里守望的主要定位

实际上，邻里互助志愿服务的本质是建立自愿的互帮互助服务机制，相比于政府提供的服务，这种邻里间的志愿服务，以地缘关系为依据，开展半自助的互帮互助更及时、准确，也更人性化。社区居民互助的社会功能是不可替代的。在解决空巢老人、留守儿童、进城务工人员、残障人士等社会问题时，邻里志愿服务机制可以触及政府无法关注的角落，深层次地化解社会问题。特别是在社会快速发展变迁当中，弱势群体承受了生活的多重压力。社会发展需要一个稳定、公平、公正的环境，邻里互助的社区建设是有效化解弱势群体困境、缓解社会问题的重要途径。

广泛开展“邻里守望”志愿服务，是中国志愿服务联合会成立后向全国发出的第一个倡议。“邻里守望”直接面向基层、直接服务人民，是接

---

①②③ http://www.cvf.org.cn/show/134.html.

地气、受欢迎的一项品牌活动。作为一项长期任务，必须扎实深入地推进。

1. 把“邻里守望”活动作为志愿服务的重点工程

志愿服务在我国已经开展了很长时间，且必然要发挥越来越重要的作用。落实习近平总书记关于志愿服务与中国特色社会主义建设“同行”的指示精神，进一步推动“邻里守望”志愿服务活动，是打基础抓落实的重要举措。邻里守望针对不同需求设计各种项目，通过丰富志愿服务的形式和载体，为更多的普通老百姓搭建服务他人、奉献社会的平台，是以老百姓的最基层的居住单位、社区街道为阵地，通过邻里之间的日常服务，满足不同层次人们关爱他人、服务社会的需要；就是把困难群众作为服务重点，通过“综合包户”“结对子”等制度化活动安排，积极开展扶贫帮困、扶老助残志愿服务，照顾有需要的普通群众和老年人、残障人士、孤儿等群体，覆盖他们所需要的各种服务，让每一个有需要的人能够在日常生活当中接受左邻右舍贴身的服务；就是与社会治理紧密结合起来，通过挖掘和整合公共服务资源，组织各类专业性机构深入社区，积极开展医疗保健、心理咨询、文化活动等志愿服务项目，实现与人们日常生活的深度融合。以社区为主要场所，开展“邻里守望”志愿服务，就是动员广大志愿者从关怀入手、从身边做起、从你我开始、从日常做起，鼓励群众参与，进一步推动志愿服务进基层、融入社区、走进家庭，志愿者和志愿组织不仅要为老弱孤残等困难群体提供物质上的援助，更要给其精神上的安抚与慰藉。

2. 要充分发挥党团员的带头示范作用

志愿服务是反映党的群众路线教育实践活动成果的现实载体。在中共十七届四中全会通过的《中共中央关于加强和改进新形势下党的建设若干重大问题的决定》中，明确提出“鼓励党员带头参与志愿服务，推广党员承诺制等做法，探索建立党员在居住地发挥作用机制”，发挥基层党组织和共产党员服务群众、凝聚人心的作用。事实上，在不同地方参与志愿服务的群体中，有一半以上是党员和团员。因此，要深化志愿服务事业，必须注重充分发挥共产党员和共青团员的示范作用，努力营造全社会参与志愿服务的浓厚氛围。百步亭社区的志愿服务做得好的重要原因之一，就是充分发挥社区党组织和广大党员联系群众、服务群众的战斗堡垒和模范示范作用。要促进单位党团组织与社区党团组织结对，鼓励党政机关、企事业单位，开放公共资源，开展社区志愿服务项目，充分发挥专业优势，服务社区，将党团志愿者队伍建在社区上。要按照中组部的要求，推动在职党员向社区报到，实行“一方隶属、双重管理”，构建党员“工作在单位、活动在社区、奉献双岗位”的新机制，从而激发党员内在动力，促进服务群众常态化。发挥社区党员和团员的示范带头作用，有必要建立社区党员、团员责任区，了解责任区群众的现实需求，形成切实有效的对口帮扶模式。

3. 建立“邻里守望”长效机制

“邻里守望”是中华民族的传统美德，也是精神文明建设和志愿服务事业的一个品牌和亮点，这需要我们长期坚持和发展。衡量一个地方的志愿服务工作水平有两个关键标准，一是要看党员带头作用是否得到充分发挥，二是要看是否实现了长期和可持续发展。要完善体制机制，加强服务网络建设，整合社区各方资源和优势，发挥社区行政部门在“邻里守望”项目中的主导作用，形成齐抓共管、协调推进的整体合力。在这个方面，百步亭社区开了个好头。百步亭从体制机制和服务网络入手，构建了社区志愿服务中心、志愿服务站、志愿服务团队三级服务网络体系，建立社区居委会、物业公司和业主委员会“三方联动”机制，与周边学校、医院、警务站等形成配对关系，精心编制了一个多层次、全方位的社区爱心网络，实现了“小事不出楼栋，大事不出苑区，矛盾不出社区”。各地也应该积极探索和整合，探索适合本社区需要的志愿服务项目模式，建立科学完整的日常工作机制，整合社区资源，精心构建网络，完善服务机制，建立制度保障，形成“邻里守望”志愿服务的长效工作机制。

第二节　邻里守望的主要成果和经验

一、邻里守望的主要成果

邻里守望活动自开展以来，从中央到地方，全国上下进行了积极的探索，形成了很多可以学习复制的经验模式。

1. 全国妇联倡导开展“邻里守望·姐妹互助”巾帼志愿服务活动

2015年12月5日，“邻里守望·姐妹互助”巾帼志愿服务活动正式在全国范围内展开。这一天，全国各地社区志愿者先后开展了对困难家庭的走访、免费的法律和医疗咨询以及其他活动。仅在北京，“邻里守望·姐妹互助”巾帼志愿服务活动就涵盖了朝阳京民邻里互助社等16个社区，调动了“金玫巾帼志愿服务队”“雷锋亲情服务队”等多个女性志愿者团体。此外，来自福建省的巾帼志愿者们组建了社区义诊服务团队、理发服务队，发起了“爱心敲敲门”活动以温暖社区空巢和残疾老人。山东省和其他省份的巾帼服务团队还为贫困家庭展开志愿服务，如提供爱心棉衣、为老人打扫卫生以及传播居民生命接力急救知识等志愿服务。

“邻里守望·姐妹互助”项目以“立足基层、面向家庭、见诸日常、细致入微、持续发展”为理念，发动广大女性志愿者，以“邻里守望”为主题，以空巢老人、留守儿童、农民工、残障人士为重点服务对象，采取结对帮扶的方式，从关爱做起、从身边做起、从日常生活做起，开展形式多样的志愿服务活动，构建邻里互帮、互助、互信、互爱的平台，推动形成服务他人、奉献社会的良好氛围。

“邻里守望·姐妹互助”是以需求为导向的。中国传统文化中讲究远亲不如近邻，但随着近几十年的经济发展，居民生活形态也发生了较大变化。从城乡二元结构的形成到国家着力推进城市化发展，数以万计的家庭从乡村搬进城市，以乡土文化为基础的邻里关系发生了一定程度的改变，社区的邻里互助等功能相对减弱，居民的邻里关系意识逐渐淡漠。当前，中国已经步入老龄化社会。同时，留守儿童问题也值得关注。教育部曾经公布的数据显示，当前，中国义务教育阶段留守儿童就有 2 200 万。由于父母外出打工，留守儿童缺乏有效监护，生存问题、教育问题堪忧。由于亲情缺失，留守儿童群体的心理健康问题也较为明显。同时，党的十七大首次正式将“基层群众自治制度”纳入中国特色政治制度范畴。从顶层设计的角度看，社区居民自治是未来社会发展的重要方向。从解决社会问题、重塑城市邻里关系的需求上看，居民自治也是十分必要的。

“邻里守望·姐妹互助”项目正是抓住了这些社会需求，为社会弱势群体提供必要的志愿服务，如空巢老人、留守儿童等。邻里的力量是帮助弱势群体渡过难关、创造和谐社区取之不尽用之不竭的力量。“邻里守望·姐妹互助”巾帼志愿服务已经在全国各地形成了广泛的影响力。如影响范围很广，全国各地的社区均有特色亮点活动，多点开花，彼此呼应，有利于形成邻里互助的社会风气；志愿者更有针对性，姐妹互助与巾帼志愿者的出现和活跃，使女性在社区志愿服务中的作用得到强化、女性志愿者对志愿服务的认可得到加强，在吸收更多女性志愿者方面起到积极作用；产生品牌效应，由于这是在全国范围内开展的统一活动，轰轰烈烈的活动宣传产生了多点开花的效果，有效地创造了一个社区邻里志愿服务的知名品牌。

2. 武汉百步亭“邻里守望”制度化，建立社区志愿服务全国联络总站

2013 年 12 月 22 日下午，来自武汉百步亭社区 100 余名志愿者齐聚在志愿服务广场，开展轰轰烈烈的“邻里守望”志愿服务活动。现场有 20 多名志愿服务团队代表，宣誓承诺为空巢老人、留守儿童、残障人士和农民工提供配对服务。在活动现场，社区志愿者将空巢老人和残障人士送到“邻里守望志愿服务亲情卡”现场。在卡片上留下自己的服务承诺和联系方式。在空巢老人和残障人士有需要的时候，只要一个电话，志愿者就会为他们送去及时、贴心的服务。武汉市文明办副主任田冰，社区志愿服务全国联络总站执行副总站长、百步亭社区党委副书记王波为空巢老人戴上爱心围巾，并为 30 多位空巢老人、残障人士和农民工送去食用油、大米等慰问物资。

为了确保“邻里守望”志愿服务的正常化，百步亭社区不断完善志愿服务体系，要求志愿者为受助者提供“六送服务”，即每天发送问候，每周发送服务，急难送救助，生病送医疗，生日送祝福，节日送慰问；做到“六知道”，即知道他们的生活问题、身体疾病、药物过敏史、爱好、经常活动的地方、亲属的电话；实现“六必须”，即必须有志愿关爱对子，建立服务档案，并发送“邻里守望”亲情卡。同时给老人配备一键式手机，建立规范服务检查系统，建立志愿服务网络。

2010 年 7 月，中央文明办将社区志愿服务全国联络总站设在百步亭社区，开通了中国社区志愿服务网。中国志愿服务联合会“邻里守望”志愿服务活动发布后，中国社区志愿服务网首次发布了活动专题、各地举措、公益广告等，呼吁社会共同开展“邻里守望”志愿服务活动。总站结合正在开展的“中国梦·社区美”好人故事汇和第三届全国社区网络春晚活动，在全国 6 000 多个社区大力推动“邻里守望”志愿服务活动。

中国社区志愿服务网介绍了河南洛阳涧西区重庆路街道以“社区邻里节·邻里一家亲”为主题开展的“邻里守望”志愿服务活动。依托社区资源，建立卫生保健志愿服务队伍，向社区居民推广健康知识，进行健康检查，送医送药；建立公安巡逻志愿服务队伍，积极配合警方做好巡逻预防工作，健全群防群治网络；坚持就近就便原则，在空巢老人、残障人士和特困学生的分区内结对，互帮互助；组织文化志愿者为广大居民开展喜闻乐见的大众文化活动，弘扬尊老、爱幼的传统美德，丰富居民的精神文化生活；以 20 号街坊的“百家宴”活动为载体，评选“好媳妇”“好邻居”

“热心业主”等，进一步密切邻里关系，突出邻里一家亲。

江苏无锡转发倡议书，以空巢老人、留守儿童、农民工和残障人士为重点，利用邻里守望编织社区爱心网。组建“爱心关怀服务联盟”，运用96158紧急呼叫系统，与3 273位空巢老人建立联系；推广“老伙伴客厅”居家养老新模式，以老养老，互相帮助；整合市政、卫生、金融和其他力量，组织“便利服务大篷车”深入250个社区，覆盖75万户家庭；推进“社区学雷锋志愿服务伙伴”计划，市文明办、民政局等部门加强联系，整合各级文明单位、两新组织和部队等其他力量，与社区建立了200多个互助关系，并且定期开展志愿服务活动。

各地社区干部群众高度评价“邻里守望”志愿服务活动。洛阳重庆路二社区书记林莉说：“对面不相识、邻里不往来是当前邻里关系的写照，开展‘邻里守望’志愿服务活动，能够重构邻里亲情，这是和谐社会建设的必然。”百步亭社区居民牛倩说：“中国志愿服务联合会一成立，就把目光聚焦在基层社区，‘邻里守望’志愿服务既贴近百姓需求，又贴近社区实际，‘邻里守望’志愿服务活动从关爱做起、从身边做起、从你我做起、从日常做起，说到了我们的心坎上。”

3. 天津河西区“1+1+1”助老志愿服务

河西区位于天津市中心城区，总面积42平方公里。近年来，河西区为了实现建设“国际商务城区、多元文化城区、生态宜居城区”的奋斗目标，努力建设全国文明城市，以困难群众需求为切入点，以打造服务品牌为抓手，结合群众性精神文明建设，精心培育并且创建了多个志愿服务创新项目，如“邻居节”“互助节”“志愿服务大家庭”“红帽使者”“微笑服务行动”，形成“一街道一品牌，一社区一特色”的格局。同时，他们将照顾老年人作为所有志愿服务活动的重点，建立一个好邻居、一个志愿者，共同帮扶空巢老人的“1+1+1”助老志愿服务品牌，把就近便捷的照料送到每一位老人的身边，既满足了老人们生活的需要，也实现了帮扶的日常化，产生了良好的社会反响。

河西区委区政府高度重视志愿服务，把完善社区服务网络列入重要日程，积极探索注册志愿者招募机制，拓展志愿服务活动领域，不断壮大志愿者队伍。目前，该区学雷锋志愿服务队达1 230支。由区文明办及民政局牵头的“大力推广‘1+1+1’助老志愿服务”新模式，已在全区普及。

河西区60岁以上的老人占该区总人口的24.3%，已超过了老龄化的社会标准。老年人在精神以及生活等方面的问题越来越多。为此，河西区将老年人的关心纳入经济社会发展规划，并将其纳入党委和政府重要议事日程，纳入社会综合保障体系，建立了区、街道、社区三级管理服务机制，初步形成了由党委和政府统一领导、区文明办组织指导、相关部门协调联动、志愿服务组织积极响应、社会各界广泛参与，共同关爱空巢老人的工作模式。

为了给空巢老人带来实实在在的帮助，他们除了逐户走访、逐一建立老人的家庭档案及好邻居每天问候外，还不断拓展“1＋1＋1”的服务内涵，街道、社区成立了由医生、律师、水电气维修工、理发员等专业人员组成的志愿服务队，为老人提供免费的现场服务，形成“多种帮助”模式。对行动不便的老人，区里不仅有7个配餐中心提供食品送餐服务，还提供烹饪、清洁、购物及陪同就医等服务。对于经济上处于不利地位的空巢老人，帮助其申请慈善援助或社会援助。另外，全区还对80％以上的社区综合服务载体进行了升级改造，以进一步完善老年活动场所，设置城市书吧、文化活动室、老年人聊天室、老年人茶俱乐部等，满足更多老年人希望能够就近参与活动的需求。事实证明，天津河西区以“七助七送”为主要内容的“1＋1＋1”志愿服务，是受欢迎、接地气、有影响力的品牌。

轰轰烈烈的邻里守望活动，造就了一大批以服务他人为己任、能够坚持若干年的志愿者。马鞍山市花山区矿院社区“周圣清平安志愿服务队”就是一支已经坚持了很多年的优秀团队。

73岁的周圣清老人是矿院社区的一位普通居民，自1998年退休后，就积极参加社区志愿服务活动。矿院社区属于开放式老旧小区，居住点相对比较分散，商业网点四处遍布，环境卫生比较差，再加上人员流动量大，社区的治安问题比较突出。周圣清组建平安志愿服务队，带领志愿者们开展义务巡逻、整治环境卫生、扶贫助困等多项志愿服务工作。队员们分成2～3人一个小队，每天早、中、晚各巡逻一次。随着巡逻队工作的开展，社区的治安状况明显好转。有一次，队员在巡逻时发现有3个小男孩儿在玩火、烧树叶，紧挨着不远处就有仓库，他们及时上前制止并教育，之后把小孩子分别送回家，将安全隐患及时消除。还有在下雨前帮居民收衣服、随时调解邻里吵架矛盾等各种小事。之后，他们还开展了“手帮手志愿服务活动”和“心连心志愿服务活动”。这么多年过去了，周圣清平安志愿服务队的队员们，始终坚持为居民提供各种服务，成为社区一道亮丽的风景线。这支队伍里先后有36名老人向社区党总支递交了入党申请书，4名队员光荣地加入了中国共产党。队长周圣清还荣获2012年马鞍山市“十大巾帼志愿服务之星”“马鞍山市第二届优秀志愿者”，并于2013年入选“中国好人”。

“小善渐而大德生”，想要实现中华民族伟大复兴的中国梦，就需要我们从基础开始，从点滴做起，脚踏实地，甘于奉献，集聚善举和放大社会正能量①。

二、邻里守望的积极社会成效

“邻里守望”志愿服务的最大意义在于就近为空巢老人、留守儿童、残障人士等社会弱势群体提供必要的志愿服务，结合邻里的力量，帮助弱势群体克服困难，创建和谐社区。全国各地“邻里守望”志愿服务活动实践取得了丰富的成果，逐渐凸显出一些促进社会和谐和文明的积极成效。

第一，“邻里守望”志愿服务活动完善了邻里信息，特别是互助志愿者服务的信息更新。过去，社区居民信息更新不及时、不全面，导致社区志愿活动参与不足，居民主动性差。大多数社区居民并不是对社区中的弱势群体漠不关心，但是由于生活方式的改变和社区信息的不透明，居民对社区事务并不了解。“邻里守望”活动为社区居民提供了一个机会，不仅使居民掌握了社区多方面的信息，投入到社区帮助弱势群体的服务，也拉近了社区邻里之间的距离，加强了居民对社区基本情况的了解。

第二，实现了政府在社区志愿服务中的作用的转变。我国最初的志愿服务并非是由群众自发产生的，而是由政府有序组织展开的，这种行政主导的服务导致政府在邻里互助和志愿服务中的某些“越位”。“邻里守望”活动由志愿服务组织组织志愿者进行自发的志愿服务活动，从服务形式到服务内容都更加多样化和人性化。政府的角色已经由最初的组织者转变为倡导者和主导者，这在一定程度上从政府的角度倡导、认可了志愿服务，同时也消除了社区志愿服务更多的行政色彩，增加了社区志愿服务的社会化程度，使社区志愿服务真正回归居民主体。

第三，建立了以社区为基础的邻里志愿服务体系，让“邻里守望”成为一项长效性志愿服务。以社区居民值班室和邻里观察员为例，这些“邻里守望”志愿服务的机构设置都具有鲜明的特色，形成了立足社区的、经常性的服务机制体系。这些机构，24 小时值班，社区志愿者组织居民随时准备提供志愿服务。根据责任分配，定期与消防警察沟通，避免空巢老人和留守儿童出现接触火灾隐患等安全风险。这些系统的建立不是为了在某

① 中国志愿大行动“邻里守望”聚集社会正能量［EB/OL］. http://www.cvf.org.cn/show/2474.html.

个时间节点回应行政指令，也不是为了应对突然检查，而是为了解决社区的实际问题，在日常生活中随时做好准备。这些机构的存在，真正为社区生活的居民提供了安全感和归属感。

第四，提高了居民志愿服务的针对性，这种针对性可以从两个方面去看，一是能够接受志愿服务的社区居民，二是为社区提供志愿服务的社区志愿者。从全国范围内的“邻里守望”系列活动中不难发现，有针对性的主题和目的性明确的志愿服务在更为有效解决社区弱势群体居民困难的同时，也会对志愿者更具吸引力。同时，当服务对象的需求更具针对性时，相关的服务就会更加增强特定志愿者群体的使命感和责任感。例如在“邻里守望·姐妹互助”活动中针对女性志愿者的号召，调动了 34 万支 70 余万名女性志愿者，取得了较为明显的效果。

第五，提高了社区志愿服务的专业性。不少地区的“邻里守望”活动，引入了法律援助、医疗援助和心理援助等专业性较强的志愿服务。一些社区利用居民自身的专业技能，而一些社区是将资源分配给志愿者，并邀请专业人员提供相应的志愿服务。对于自我照顾能力差的空巢老人、留守儿童、残障人士等群体来说，提供专业咨询服务是非常必要和有效的，空巢老人的养老问题和留守儿童的心理健康问题通常需要通过专业人士的专业知识的帮助。

第三节　邻里守望运行机制及发展

一、邻里守望运行机制

1. 运行机制

运行机制是指导和限制与人员、财务和物资有关的决策和活动的基本规则和相应制度，它是决定行为的内部和外部因素以及相互关系的总称。要想保证社会各项工作的目标和任务的真正实现，由于各种因素彼此相关并且相互作用，必须建立一套协调、灵活且高效的运行机制，如市场运行机制、竞争运行机制和企业运行机制。我们常见的运行机制有很多种，如企业运行机制是指企业生存和发展的内在功能及其运行模式，它是引导和制约企业生产经营决策，涉及人员、财力、物资相关的基本规范和相应制度，是决定业务运营的内部和外部因素以及相互关系的总称。企业的运行机制包括企业的运作过程、技术创新体系、金融体系等，是连接内部和外部之间相关联和相互约束的工作方法的总和。而商业运行的基本要素是劳动力、材料、资本和信息。劳动力要素包括企业运营所涉及的所有人力，这是企业的主体；材料要素包括劳动资料和劳动对象，它们是在具体的运行过程中被劳动力所利用或被作用的对象；资本要素包括运行的全部资本垫付，这是商品经济条件下，实现企业与外部联系的必要手段；信息要素包括内部管理信息与外部市场信息，它是连接企业内外关系、连接企业运行过程中人与人之间、人与物之间以及物与物之间关系的纽带。在市场经济体制下构建企业新的运行机制，是在重新思考传统规划体系下企业运行机制的基础上，恢复企业的原有特征，使企业实现权力、责任、利益的有机统一，人、财、物的有机结合。

一般而言，运行机制中很重要的是驱动要素如行政驱动，这是传统体制下企业运行机制中的核心要素，即企业的所有活动都是由国家行政指令无一例外地发起的，企业本身也成为名副其实的行政性单位。这种机制通常有以下特征：决策机制方面高度集中，激励机制方面主要是利益的行政激励，约束机制相对疲软，发展机制萎缩等。另外一个方面是利益驱动，按照社会主义市场经济体制改革企业运行机制，可以分为决策、激励、约束和发展四大机制。而机制运作的原理一般包括机构操作的主体、机构操作的对象、机构操作的方式以及机构操作的结果。

2. 邻里守望的运行机制

所谓邻里守望的运行机制，是以社区邻里间的志愿服务为运行主体，借鉴企业运行机制等管理办法，凸显志愿服务特殊的目标特别是特殊的价值观，而形成的一套行为模式和管理办法。

首先是动员机制。一般来说一个社区的志愿服务参与程度是由多方面的因素决定的，包括通过对志愿者参与动机的激励不断激发和形成志愿者的内在原动力；通过志愿者组织管理、组织文化的建设以及核心骨干的带头形成的志愿者互动而成的群体激励动员；通过社区整体建设，提高居民素质，使社区文明程度不断加强、人文素养的不断提升而形成的环境支持与动员；还有通过法律和相关的法规建设，对志愿者组织和志愿者本身权益的保护，包括相关损失的补偿等实现对志愿者和志愿服务行为的有效保障。这是在社区层面，对于广大居民自觉参与邻里守望服务活动具有根本意义的动员机制，也是社区邻里守望活动的基础建设。

其次是运行管理机制。事实上社区邻里守望志愿服务的管理运行包括两部分，一部分是具体项目的运行和管理，另一部分是整个社区邻里守望志愿服务整体的运行与管理。对于具体项目的管理第一是计划的制订，确定服务活动的主题、目标、基本内容、具体要求、时间安排、组织领导等一系列活动的基本内容。第二是志愿者招募和培训，主要是根据项目计划招募适合需要的志愿者，并根据服务内容对志愿者进行基本培训和专业技能培训。第三是组织实施，即依照制订的计划，分工合作，具体实施服务。第四是挖掘和整合资源，这包括社会资源，也包括社区内的资源；包括行政资源也包括社会资源；包括政策资源也包括资金资源和人力资源等。第五是督导和过程监测，随时指导和监测，保证项目的服务方向和成效。第六是总结和效能评估以及成果转化，通过正规的手续，借助各方面的力量，对项目进行综合评估，并对项目持续的社会影响进行设计和推动。整个社区邻里守望志愿活动整体运行和管理，则包括通过印刷宣传册、张贴宣传画、设立宣传单、设计统一标识、开展宣传周等手段，扩大志愿服务理念的宣传和普及；通过建设领导机构、培育志愿服务组织、完善评估机制、建设社区志愿者培训学校等手段，不断提升社区邻里守望志愿服务活动的运转能力；通过完善志愿者注册登记和服务记录制度，设置星级志愿者制度，评选社区优秀志愿者、社区好人等方式，明确标准，实施有效激励；通过设立明确的评估制度，设置专门的社会监督机构，完善考核、评估、简报制度，有效实施服务评估和社会监督。

再次是激励机制。不少人把志愿服务的激励渐渐理解为记录评奖等，但实际上，在激励机制中，处于基础和核心地位的是志愿者通过服务，获得的个人自我价值的实现和精神的满足。这是广大志愿者参与志愿服务的内在基本驱动，所以应该将其作为激励的核心部分，应予以高度重视。在对具有激励作用的制度建设方面，也要注意并避免功利化倾向的引导。例如，“时间银行”是一个传来已久的概念，近年来随着国内对志愿者事业的重视与推广，各级政府及社区都进行了对“时间储蓄”的有益探索，在一定程度上推动了社区志愿服务的发展并获得了志愿者的认同与支持。时间银行，旨在将无私付出的劳务以时间的形式记录下来，其实质是一种善的储存，是一种对善的激励，是一种对社会道德的助推。人们用自己的劳务或知识，为他人提供的解答或帮助以时间为货币价值表示，来换取相对应的服务或物品，是一种在帮助别人、为人付出的同时也能获得实质性回馈并受人尊重的服务理念，其本质是一种非经济与非对价的交易形态。事实上目前各地的不少时间银行都面临着科学记录以及长期发展的挑战。因此时间银行的持续发展必须摒弃资本思维概念，不能将其固化为一种付出就有物质回报的激励手段。时间银行的本质源于公益志愿服务组织，是一种使志愿服务常态化、持续化的管理模式。志愿者登记注册、服务时长的记录、星级志愿者的评选等机制的建设，必须同样秉承志愿服务的初心与源头，道德本身就是一种善意的表达和精神的追求。

最后是队伍管理机制。志愿者的管理在社区志愿服务当中处于基础的位置，必须高度重视。任何一支社区志愿服务队伍，能够开展常态的积极的志愿服务活动，都必须具备几个基本条件，即有一支稳定的志愿者队伍，有志愿者和服务对象的档案，有相对固定的服务项目，有一个或多个相对稳定的服务阵地，有完整的服务计划，有规范的规章管理制度。这其中稳定的志愿者队伍是服务的基础，规范的规章制度是上述所有要素实现的保障。社区志愿者的管理具有志愿服务队伍管理的基本属性，在内容上包括志愿者的登记注册制度、日常服务活动中的管理制度、培训制度、激励表彰制度等等。但就社区志愿者队伍管理而言，在志愿者队伍管理工作中，需要特别注意通过培育管理，让越来越多的普通居民自觉投入志愿服务，并清晰地明确自己的权利和义务；注重发挥志愿者骨干的带动引领作用，以及具有专业技能的居民在服务中的特殊作用；注重志愿服务活动常态化运行和管理，让定期参与固定内容、形式的志愿活动成为社区志愿者的日常生活的一部分。

3. 通过志愿服务推动基层社区自我管理、自我服务、自我教育

1999 年，政府根据《城市居民委员会组织法》的规定推动居委会建设，实现“自我管理、自我服务、自我教育”的职能和性质，党的十九大更是明确提出打造共建共治共享的社会治理格局。各地在推进社区综合治理、引领居民参与方面做了积极的探索，党建引领、社区服务、多元参与、商居共治成为不少地方社区建设的基本工作思路。在这一建设体系中，通过对社区志愿服务的管理，促进社区志愿服务健康常态发展，不仅是社区重要的抓手，也是基础的建设。

从这个视角出发，社区志愿服务的管理要紧密围绕共建共治共享的社会治理格局，注重从以下三个角度推进社区的民主自治。

第一，传统的社区邻里是一个封闭的场域，这个场域既无外来网络资源，又缺乏结社传统，居民间的相互信任更多地来源于制度化的组织资源。然而自上而下行政性的资源配置模式强调的是单个组织的管理力量和纵向的行政联系，这种集中的配置结构使社区建构成了简单的纵向治理关系，而非横向邻里间的互惠关系和信任关系。社区志愿服务深入普通居民，使得社区中产生了更多非正式组织和开展更多的共同活动，这些共同活动可以丰富人们的社区文化生活，更能激发和增强社区居民间的社会联系和情感沟通，从而增强人们对社区的认同，促进邻里社会资本的增生。在一

定意义上，开展科学长期的社区志愿服务，可以扩展居民的横向关系，其作为社会资本反过来又会变成新的组织资源，以减少行政管理的成本。针对社区的共同需要发掘并且开展一些参与性比较广泛的、多种形式的社区志愿服务活动，既有利于增强居民的归属感，也有利于帮助居民实现成就感，是邻里社会资本建设的重要形式。

第二，通过活动开展和组织建设，培育社区领袖。常态化的社区志愿服务深入百姓日常生活，在发展过程中能够聚集和培育出一些具有社区外部资源并有能力协调内部事务的精英分子。他们专注于社区居民的内部需要和诉求，懂得国家发展事务和相关政策，有较强的社会交往能力，在民众中有较高的威望和影响力，包括社区志愿服务组织领导人在内的社区骨干，是现代社会社区建设不可缺少的民众领袖，也是落实中央共建共享社会治理方针的基础力量。一方面，社区志愿组织的法人身份，使得其需要建立相应的有决策能力和管理能力的组织体制和管理机构，行使权力，承担责任；另一方面，社区志愿组织所接受的社会捐赠和享有的财政支持，使得其经营者与捐助者之间也形成了一种特殊的关系，为了避免其经营者违背捐赠者意愿、滥用权力谋取私利，组织中形成和执行规范的治理制度成为必须，这也为社区领袖的成长奠定了坚实的基础。

第三，通过活动开展和组织建设，推动居民参与社区事务。长期有序的社区志愿服务活动可以塑造一种活跃的邻里互动关系，调动更多的人关心社区事务，从简单的生活需求的满足、自我实现的满足上升到关注国家大事、参与社区治理的层面。随着社区志愿服务的发展，居民深层次的需求越来越突出，参与社区管理、参与具体的如邻里冲突协调、组织评议政府工作质量等等项目势必逐渐渗透在社区志愿服务当中。事实上，在目前的社区生活中，一个很重要的问题就是公共空间的缺失，社区当中缺少可以供大家相互交流和熟悉的公共平台，这在客观上阻碍了邻里之间的交往。要想使城乡社区真正成为邻里相扶、守望相助的生活共同体，关键在于居民之间能够有共同的需要、共同的活动。因此在社区志愿服务机制建设中，要注重努力营造一个居民相互接触和交往的公共空间，架起一座邻里之间沟通的桥梁。在长期的共同交往过程中，邻里之间才会逐渐从陌生走向熟悉，才会有更多的感情交流，才会有更多的互帮互助的事情发生。

二、邻里互助志愿服务的发展建议

1. 互联网＋志愿服务

互联网的作用不仅反映在经济增长上，互联网＋志愿服务能更有效地解决社区居民自治、邻里互助中的问题。例如，创建邻里互助 QQ 群、微信群，实现居民信息共享，在服务对象有需要时，志愿者第一时间响应。此外，在条件允许的情况下，社区还可以为空巢老人安装智能健康设备，随时监测老人的心率和血压等指标，帮助老年人掌握自身健康状况。同时，还可以为空巢老人和残障人士建立电子健康档案，在社区提供医疗咨询服务时，将其作为参考资料，帮助社区居民排查健康问题等。

2. 志愿服务队伍的统一管理

近年来，社区志愿服务队伍不断发展，对促进居民自治发挥了积极作用。但是，志愿服务团队数量的激增也会带来水平参差不齐的问题，这就需要政府有关部门吸纳志愿服务队伍管理人才，对社区居民自治进行有效监督。避免邻里间的志愿“守望”有名无实，或是造成好心办坏事的尴尬局面。

3. 制定居民自治法律法规

实现居民自治，让居民以邻里社区为单位解决空巢老人的健康问题，解决留守儿童的教育问题，解决贫困居民和残障居民的生活问题本质上是回归居民参与解决社会问题的权利。但是，必须明确界定这些权利，不得超越界限，必须坚持党委领导、政府主导、社会协同、民众参与、法治保障的基本原则，这就需要制定相应的法规，规范居民自治的权责范围，让包括志愿服务在内的居民参与、自治有法律可循。

思考与讨论

1. 你认为什么是“邻里守望”?
2. 邻里守望的成果以及经验对你有怎样的启示?
3. 你对邻里守望的未来发展有什么建议?

图书在版编目（CIP）数据

社区志愿服务组织与管理/李向显，马彬主编. --北京：中国人民大学出版社，2022.12
（志愿服务实务丛书）
ISBN 978-7-300-27717-2

Ⅰ.①社… Ⅱ.①李… ②马… Ⅲ.①社区管理-志愿-社会服务-组织管理-中国-教材 Ⅳ.①D669.3

中国版本图书馆 CIP 数据核字（2019）第 253912 号

志愿服务实务丛书
中国志愿服务联合会
中国志愿服务基金会 组编
社区志愿服务组织与管理
主　编　李向显　马　彬
Shequ Zhiyuan Fuwu Zuzhi yu Guanli

出版发行	中国人民大学出版社		
社　　址	北京中关村大街 31 号	**邮政编码**	100080
电　　话	010－62511242（总编室）		010－62511770（质管部）
	010－82501766（邮购部）		010－62514148（门市部）
	010－62515195（发行公司）		010－62515275（盗版举报）
网　　址	http://www.crup.com.cn		
经　　销	新华书店		
印　　刷	北京七色印务有限公司		
开　　本	720 mm×1000 mm　1/16	**版　　次**	2022 年 12 月第 1 版
印　　张	15.75 插页 1	**印　　次**	2025 年 7 月第 2 次印刷
字　　数	270 000	**定　　价**	55.00 元